U0592771

货币与金融经济学

（第二版）

李俊青 张 云 李宝伟◎编著

MONETARY
FINANCIAL
ECONOMICS

and

（the Second）

经济管理出版社
ECONOMY & MANAGEMENT PUBLISHING HOUSE

图书在版编目（CIP）数据

货币与金融经济学 / 李俊青，张云，李宝伟编著.
2 版 . -- 北京：经济管理出版社，2024. -- ISBN 978-7-
5096-9913-3

Ⅰ . F820

中国国家版本馆 CIP 数据核字第 2024NR3797 号

组稿编辑：王光艳

责任编辑：王光艳

责任印制：许　艳

出版发行：经济管理出版社

（北京市海淀区北蜂窝 8 号中雅大厦 A 座 11 层　100038）

网　　址：www. E-mp. com. cn

电　　话：（010）51915602

印　　刷：北京市海淀区唐家岭福利印刷厂

经　　销：新华书店

开　　本：720mm×1000mm/16

印　　张：18. 5

字　　数：343 千字

版　　次：2024 年 9 月第 2 版　　2024 年 9 月第 1 次印刷

书　　号：ISBN 978-7-5096-9913-3

定　　价：68. 00 元

· 版权所有　翻印必究 ·

凡购本社图书，如有印装错误，由本社发行部负责调换。

联系地址：北京市海淀区北蜂窝 8 号中雅大厦 11 层

电话：（010）68022974　　邮编：100038

前言 Preface

　　本书的特色是以马克思的货币金融理论为基础，重点介绍了马克思政治经济学中的虚拟资本理论及其最新的拓展性理论研究，深入探讨了如何融合金融不稳定理论、结构性内生货币金融理论和存量—流量一致分析方法，以上内容形成了本书的理论研究部分。在本书前沿实际问题研究部分，我们运用上述理论和数理方法对经典宏观问题进行了研究，包括经济、金融自由化发展的本质、金融不稳定、金融周期、债务—美元国际货币体系、货币金融政策渠道与效率等问题。我们衷心希望这本书能够帮助学生和研究者开拓视野和进一步学习存量—流量模型。

　　本书内容是在多年学术交流和讨论中逐渐形成的，得到了广大同事和朋友的支持，刘凤义、赵峰、李帮喜、郭玉清、胡秋阳、袁辉教授等学术同人为本书提供了许多有重要价值的学术研究建议，张嘉明、苗春、孙尧、董陆君、尹艺霏、马峥、范猛等同学，以及历年参加课程研讨的各级研究生同学，以各种方式对本书的形成做了积极贡献。谨以此书致敬此研究领域的前辈，在此感谢前辈的杰出学术贡献。另外，我们谨以此书特别致敬已故的柳欣教授，他的治学精神让我们深为折服，正是他留下的丰硕研究成果给我们提供了重要启发，为本书的形成奠定了坚实基础。同时，衷心感谢经济管理出版社王光艳等编辑，正是他们的支持使本书得以顺利出版。

　　本书得到了南开大学政治经济学研究中心的资助和支持，得到国家社会科学基金重大项目"新发展格局下金融结构优化与高质量技术创新研究"（21&ZD112）、研究生教学改革项目"货币经济学教学中如何教授马克思货币金融思想与中国货币金融问题"（H05220012105/（2022092））、教育部人文社会科学重点研究基地重大项目"中国特色社会主义政治经济学理论体系和话语体系建设研究"（19JJD790006）、南开大学百名青年学科带头人（团队）培养支持计划"制度、金融与经济增长"（91923135）的支持，以及天津市教委社科重大项目"借助企业国际合作创新动能，促进天津市产业高质量发展研究"（ZB19500608）、中央高校基本科研业务费专项资金项目"DSGE 模型与 SFC 模型的比较研究——基于中国实践的分析"的资助，在此一并致谢。

编者于南开园
2024 年 4 月

马克思货币金融理论的发展：
从虚拟资本到虚拟经济

本讲提要

在全球范围内，虚拟经济的发展使宏观经济运行方式发生了深刻变化，并引发了一系列新问题，如虚拟资产定价问题、虚拟经济波动问题、虚拟经济与实体经济的相互影响问题、宏观经济政策的调整问题等。对此，西方主流经济学目前还无法做出全面且合理的解释。为解决这些问题，国内外许多研究者开始了新的尝试，开创了一个新的研究领域，即虚拟经济研究。本讲是对前人的研究进行梳理，对虚拟经济的含义及研究范畴进行界定，在此基础上将他们的研究整合到一起，建立虚拟经济研究的理论构架。

当前虚拟资产在全球范围内不断膨胀，虚拟经济对实体经济的影响日益重要，世界各国经济运行方式正经历着深刻变化。然而，目前对虚拟经济的研究界定还存在很大差异，虚拟经济领域尚有大量问题需要研究，所以这是一个充满挑战和吸引力的研究领域。

1.1 虚拟经济的含义与研究范畴

关于虚拟经济的研究有很多，使用的词汇也不尽相同①，但其主要研究范畴基本上是一致的。如果按研究范畴和所揭示问题来划分，虚拟经济研究大致可以分为三种。第一种是以对特定财富及其价值虚拟性为起点的虚拟经济研究，可以追溯到马克思对虚拟资本的研究，其后希法亭对金融垄断资本进行研究，以及法国经济学家弗朗索瓦·沙奈对货币资本的虚拟性进行研究。第二种是对以货币和信用为核心内容的"符号经济"②的认识研究，其代表是凯恩斯、德鲁克等。这类理论研究的基本范畴与第一种基本相同，但是没有使用"虚拟经济"概念，并且只强调了"符号经济"对实体经济有重要影响，未深入揭示虚拟经济的本质问题。第三种内容比较繁杂，并且所表示的虚拟经济有不同的含义，有些与我们所提到的概念相似，有些则存在很大差异，如有的学者使用"virtual economy"和"fictitious economy"的概念来表示网络上的虚拟经济和俄罗斯等国转型经济中的犯罪经济等现象，这就不在我们的讨论范围之中了。

最早对虚拟资本含义和范畴进行明确界定的是马克思，他在劳动价值论的基础上使用"虚拟资本"的概念，对虚拟资本与实际资本的区别及其与实体经济相分离的过程进行了充分的阐述。希法亭所使用的虚拟资本的含义与马克思的定义相同，但希法亭强调的是金融寡头对经济的统治。银行资本通过虚拟资本的形式与产业资本融合在一起形成了金融寡头，从而在实际上统治着整个经济。因此，经济的虚拟化过程不仅体现为财产运动和生产运动的分离，还体现为金融资本对整个经济的支配。弗朗索瓦认为货币也具有虚拟资本的特点，信用货币通过银行体系不断创造出新货币，以及商业银行参与证券市场的经营活动，是虚拟资本扩大的两条重要途径。弗朗索瓦认为虚拟资本日渐膨胀使经济更加不稳定的主要原因是虚拟资本的独立性是相对的，一旦运作者得到他们认为不好的消息，往往会做出过度反应，会采取相同的行为，群体性角逐安全，使资产大量紧缩而导致虚拟资本毁灭。

---

① 马克思、希法亭、哈耶克等使用的是"fictitious capital"，德鲁克等使用的是"symbol economy"。
② 德鲁克在《管理前沿》和《新现实》中提出这一命题。

凯恩斯与德鲁克等提出了新的研究理论——"符号经济"，他们认为是符号经济决定了实体经济。凯恩斯认为货币和信用贷款拥有纯粹经济性的控制能力，从而影响实际活动。他认为经济实体是一些符号，即货币和信用贷款，而不是以劳务、工作作为计算单位的实物。在他的体系中，货币和信用的符号经济是真实的，货物和服务都依存于它，是它的反映。因此，凯恩斯得出结论，由于货币信用的符号经济的出现，经济学家在掌握了有关货币的问题如政府消费、利率、信用规模和流通中的货币量等之后就可以维持永久的均衡，保持充分就业、繁荣和稳定。

尽管德鲁克与凯恩斯一样将货币与信用称为"符号经济"，但不同的是他明确地将经济分为符号经济与实体经济。在德鲁克看来，整个经济有两个有机组成部分，即符号经济和实体经济。他认为符号经济(资本的流动、汇率及信用流通)已经取代了实体经济(产品与服务的流通)成为世界经济的核心，而且大体上要独立于实体经济。德鲁克指出："现在世界上产品贸易量比以前任何时候都要大，而且大得多。无形贸易，即服务贸易，亦是如此。代表金融活动的'符号经济'和它的交易逐渐使产品贸易的'实体经济'黯然失色。"他批评凯恩斯学派，认为它不能处理当前发达国家的核心问题，更不能解释现实经济的真相。同时他也不赞成古典理论完全将符号经济视为实体经济的"面纱"。

1.2 虚拟经济的基本内涵与基本特征

很多人通常是从有形或无形，或者是否具有价值(劳动价值)的角度对虚拟经济与实体经济进行区分。有的学者大致按行业来区分虚拟经济与实体经济，将金融和房地产看作虚拟经济的典型行业。这些区分都有一定道理，但当我们发现最初的泡沫经济通常是在实物领域里发生时(如典型的"郁金香事件")，房地产与证券业似乎就不能概括所有典型的虚拟经济现象了。实际上，市场经济本身不是物质体系而是一套价值(严格来说是价格)体系，只不过在工业化经济中，这套价值体系要依附在以工业品为主的物质系统上罢了。所谓经济虚拟化的过程，不过是这套价值体系逐渐脱离物质系统的相对独立化的过程，它表现为从工业化经济向后工业化的演变过程。当我们将经济的本质看作价值系统而不是物质系统，是价值增殖系统而不是物质生产过程时，虚拟经济的出现就是必然和容易理解的。从运行关系上来理解和定义虚拟经济就可以摆脱按行业划分或按有无劳动价值来定义虚拟经济引起的麻烦，因为整个经济就是一套价值系统，虚拟经济不过是这套价值系统中的一个特定子系统。

虚拟经济是以资本化定价方式为基础的一套特定的价格体系，它的基本运行特征是其相对于以成本定价方式为基础的一套价格体系更具波动性和不确定性。任何有形与无形的，有价值（只有劳动价值）与无价值的物品或权利凭证，只要进入这样一种特定的价格关系体系，它就呈现出虚拟资产的特性，以此为基础的市场就更具波动性。虚拟经济是相对于实体经济而言的，而实体经济就其基本特征来看也有两个方面：一是实体经济是以成本为基础的定价方式，二是在运行上具有正反馈和边际收益递减的基本特点，从而在没有外部冲击的情况下是一种收敛的价格体系。而虚拟经济的运行特征是正反馈和边际收益递增。

如果我们将市场经济的本质理解为价值的和价格的，而不是物质的，虚拟资产就不是"不存在"的和"虚构"的资产了，它更能体现市场经济的本质，因此才成为市场经济中关键性的和具有决定性的因素。我们已经看到发达国家经济运行中资源性行业的衰落，随之而来的是世界范围内制造业地位的下降；相反，金融业这个直接体现价值的系统的重要性越来越明显，其地位也不断攀高。这使得这些国家的政府越来越重视虚拟经济。进入20世纪90年代，随着经济虚拟化的不断加深，资产价格越来越比产品和服务的价格对经济产生更大的影响，其地位也越来越重要。市场经济实际上只承认价值，而不管其物质形态如何。在市场经济中，所有的物质生产和技术进步之所以存在和发展，是因为它们能够进入市场经济的一套价值系统。那些根本不提供任何实际效用的"经济活动"，只要能够实现价值增殖，能够进入市场价值体系，确确实实地创造财富，就会被社会承认。对虚拟经济的研究实际上涉及对财富的认识，涉及对整个经济本质的认识。从这个意义上说，它植根于一套完全不同于西方主流经济学的理论认识。

1.3　虚拟经济研究的基本框架

通过对前人研究的回顾与总结，我们发现虚拟经济研究主要集中在以下方面：虚拟资产的定价、波动及其与实体际经济的分离问题，虚拟经济对实体经济的决定问题，虚拟经济发展过程中的宏观经济政策问题，等等。由此，我们认为可以把虚拟经济研究划分为五个层面的问题：第一个层面是虚拟资本的定价问题，这是虚拟经济的微观行为基础；第二个层面是虚拟经济波动问题；第三个层面是虚拟经济与实体经济的相互影响关系问题；第四个层面是经济虚拟化过程中的宏观经济政策问题；第五个层面是虚拟经济与国际经济关系的问题。

1.3.1 虚拟经济的微观行为基础——虚拟资产的定价问题

虚拟资产的出现是使用价值与价值分离的结果，虚拟资产定价是虚拟经济的微观行为基础。虚拟资产具有可细化分割、高流动、高风险等特点，其定价取决于对未来收益的预期。影响未来收益预期的因素有很多，包括经济因素和非经济因素，随着虚拟资产的膨胀，虚拟经济和实体经济的不稳定性都在加剧。对于这些方面的问题，很难用西方主流经济学的理论加以解释，因为西方主流经济学在这些方面的问题研究上存在很大的局限性。

虚拟资产定价的基本研究方法是未来收益流的现金流贴现法。现金流贴现法认为任何资产的价值等于其预期未来现金流的现值总和，资产真实的或正确的价格应该等于持有者在资产持有期间预期获得的所有现金流的现值。这一方法可以表示为

$$P = \frac{CF_1}{(1+r)^1} + \frac{CF_2}{(1+r)^2} + \cdots + \frac{CF_n}{(1+r)^n} \tag{1-1}$$

式中：P 为资产价格；CF_t 为第 t 年的现金流量（t = 1，…，n）；n 为资产的到期日；r 为适当的贴现率，是指市场或投资者一直要求的资产收益率。

目前，虚拟资产定价理论主要有股票、债券、期权的单一产品定价理论，采用风险收益作为研究基础的资产组合定价理论，套利理论和多因素理论等。关于虚拟资产定价的各种研究还在发展，仍存在很多争论。资本市场有效理论认为金融市场的不稳定是由系统性影响因素扰动引发的，这种风险所带来的不确定性是无法回避的。然而，在市场中，回避风险的理性投资者可以通过采用资产投资组合的形式来消除非系统性风险的影响，因此从这个意义上讲资本市场是有效的，但推而广之地认为，自由竞争的市场是有效率的，并且能够自动熨平市场波动的观点是值得商榷的。这些方面的理论在研究过程中，将影响预期的各种因素纳入贴现率中，从而将不同影响因素的不同影响模糊化，使对贴现率的确定变得非常困难，或者将很多因素从研究中剔除，结果使理论价格与

实际情况存在很大差距。

实际上，虚拟资产价格的确定是由投资者对其未来收益的预期决定的，具体一点来说，虚拟资产价格实际上是由投资者行为决定的。投资者根据对虚拟资产未来收益的预期进行投资决策，而虚拟资产未来收益受多方面因素的影响，包括系统性因素和非系统性因素。由于虚拟资产具有很强的流动性，因此虚拟资产的价格在短时间内会发生很大变化。式(1-1)中的贴现率 r 可以简单地表示为

$$r = RR + IP + DP + MP + LP + EP \tag{1-2}$$

式中：RR 为真实利率，即不消费而贷给使用者的收益；IP 为通胀溢价；DP 为违约风险溢价；MP 为到期溢价；LP 为流动溢价；EP 为汇率风险溢价。投资者由于受获得信息不充分、处理信息的能力不同、处理信息的成本限制等，实际上是不可能完全准确地对资产未来的价格进行预期的。投资者的预期抉择常受到市场现期总体状态和突发信息的影响，从而表现出高度的一致性，如同物理学上的共振一样，对市场波动做出过度反应，即产生从众行为，或称为"羊群效应"，这就会使虚拟资产价格的变动表现为暴涨或暴跌。

在现代市场经济中，投资者对虚拟资产未来收益的预期抉择起着越来越重要的作用。各种研究虚拟资产定价的理论，都试图揭示虚拟资产价格形成和投资者行为的"神秘"过程。但是，影响投资者行为的因素纷繁复杂，所以各种研究还有待深入。

1.3.2　经济虚拟化程度加深之后的经济波动问题

在现有的虚拟经济研究中，学者将虚拟经济与实体经济区分开来，因为虚拟经济与实体经济在定价基础、基本运行方式等方面都是截然不同的，但是两者之间的相互影响越来越大。因此，将现代市场经济区分为虚拟经济和实体经济两个部分，有助于对相关问题进行研究。

西方主流经济学侧重于市场结构研究，将市场划分为产品市场、金融市场、要素市场及公共产品市场。西方主流经济学以供求的观点和一般均衡的观点看待所有市场，这就模糊了虚拟经济与实体际经济之间的差别，也忽视了虚拟经济各部分的共同特性，而这些正是虚拟经济研究和实体际经济研究的核心。传统西方经济学对市场的划分限制了人们对虚拟经济的认识，它将虚拟经济各部分分割开来，分别进行研究，从而掩盖了虚拟经济各部分的共性，未将虚拟经济与实体经济作为两个完全不同的部分加以区分，也就无法从更高和更

深的层次对两者的关系进行全面研究。西方主流经济学的研究不能从根本上揭示经济虚拟化过程中出现的虚拟资产定价、价格波动、经济不稳定性加剧，以及经济增长等方面问题的内在原因。

在发达国家，自 20 世纪八九十年代起，房地产证券化、债券市场的扩大及股票市场、金融衍生工具和无形资产的发展，大大丰富了虚拟经济的内容，扩大了其范围，也大大扩展了虚拟化货币投资与投机的选择范围。虚拟化了的货币在虚拟经济与实体经济之间及虚拟经济各部分之间不断流动。当虚拟经济还比较弱小、层次还比较低的时候，货币流动所引起的资产价格波动对实体经济的影响还不是很明显，但是进入 20 世纪 90 年代以后虚拟经济的规模已经超出实体经济许多倍，货币在实体经济与虚拟经济之间的流动所引发的经济波动已经不能再被忽视了。房地产、债券、股票、金融衍生工具及其他无形资产在定价和价格波动方面有着相同的特性，它们对宏观经济波动等影响的反应也是一致的，所以可以把它们作为一个整体进行研究，这一整体我们称为虚拟经济，这就使我们可以从宏观的高度和广度对其进行分析研究。

1.3.3　虚拟经济与实体经济的相互影响关系问题

虚拟经济与实体经济是作为两个相对独立的部分存在的，它们通过虚拟化了的货币联系起来，货币在两部分的活动中都可以获得收益。现代金融技术和信息技术的发展，使货币资本能够非常迅速地在两个部分之中寻找投资和投机机会，这就使两部分市场经常处于不均衡状态，很难用传统的一般均衡理论进行解释。

凯恩斯在阐述"符号经济"的过程中，尽管已经认识到货币与信用是影响经济发展的主要原因，但是在描述这种影响的过程中依然延续古典经济学的均衡分析方法，认为虚拟经济也可以与实体经济一样实现均衡。在研究国民收入决定的过程中，凯恩斯主义的继承者希克斯等建立了 IS-LM 模型，试图将虚拟经济与实体经济一并纳入一个大均衡体系中去，但是这就掩盖了虚拟经济决定于未来收益预期的重要特性，恰恰忽视了预期对虚拟资产价格的重要影响。新古典主义经济学在这一方面，不但没有进步反而有所倒退，根本就不承认现代市场经济是一套特殊的价值体系，仍然把现代市场经济看作物质的，继续沿用古典经济学的一般均衡和局部均衡理论对现实经济问题进行分析，所以它不仅无法解释现代经济增长之谜，还无法对当前资产价格膨胀问题、全球经济不稳定性加剧等问题给出圆满的解释。

对于虚拟经济波动与实体经济波动相互影响关系的研究，应该在对国民财富进行重新认识的基础上进行，从虚拟经济的微观行为基础——虚拟资产的定价入手，将虚拟经济与实体经济在微观层面就区分开来，这样才能认识到，虚化货币在两个部分之间的流动是两者在宏观层面相互影响关系的重要纽带。循着这样的研究思路，就能对所面临的理论问题和现实问题做出合理的解释。

1.3.4 经济虚拟化过程中的宏观经济政策问题

虚拟经济发展的宏观经济政策问题是理论研究的实践问题。在此，我们将其分为两个层次进行讨论：第一个层次是政府是否应该对虚拟经济进行干预，第二个层次是政府如何选择干预方式。

就第一个层次的问题而言，目前存在两种对立的理论认识。一种是以新古典经济学，特别是卢卡斯的理性预期为基础发展的市场有效理论，该理论认为证券市场的投资者是理性的，能够充分利用市场现有的信息做出准确的未来收益预期，从而做出理性的投资选择。在投资者理性的假设条件下，由法玛最初发展起来的有效市场假定强调资本市场的理性和社会效益功能，特别是根据股票价格信号对货币资本进行有效配置。如果信息是完整的，且投资者可以无成本地得到信息，进而如果股票交易成本又可以忽略不计，则股票价格可以引导货币资本向那些能够最有效地利用资本的行业和公司配置。有效市场理论不过是理性预期理论在证券市场定价上的应用。在市场有效前提下的政策实践，就是政府不能干预证券市场活动，任何干预都将扭曲市场机制，都将是得不偿失的。

在过去的几十年中，反对有效市场理论的声音从未消失过，且随着新研究方法的出现，反对者越来越多。在西方经济学体系中，许多学者的研究也为支持政府干预提供了理论依据，其中就包括明斯基等提出的金融脆弱性理论，斯蒂格利茨等提出的市场失败和社会选择理论，金德尔伯格和希勒等提出的市场非理性理论，等等。另外，在研究方法上埃德加·E. 彼得斯等从数理方面也提出了挑战。

关于政府对虚拟经济的干预问题，目前的理论研究仅局限于金融市场，没有扩展到整个虚拟经济。虽然这些理论基本上都认为政府的干预政策不能从根本上解决金融市场的不稳定问题，但是政府适度的干预要比完全袖手旁观好得多。而历史事实也证明在历次虚拟经济波动过程中，所有国家都进行了适度干预。事实上，政府适度干预的思想正在成为各国政府的共识。

关于第二个层次的问题，即政府应该如何干预虚拟经济，正在成为经济学研究的热点。目前对虚拟经济条件下货币政策、财政政策、产业政策等的研究越来越多，其中以对货币政策的研究最多。

西方发达国家一直将控制通货膨胀和促进经济增长作为货币政策的主要目标，但是虚拟资产的膨胀及其定价方式的泛化，使大量资金得以在实体经济和虚拟经济之间做大规模快速流动，这不但会对宏观经济产生冲击，而且会使传统的货币政策频频失效。虚拟资产价格的膨胀从两个方面影响着货币政策：第一，虚拟资产价格的膨胀会直接影响实际消费与投资，从而可能造成一般商品和服务价格水平的膨胀。第二，虚拟资产价格具有很强的波动性，因此虚拟资产价格的膨胀在更大的范围内加剧了金融与经济的不稳定性。虚拟资产价格的突然大幅度下跌，将使居民和企业的资产大幅度缩水，从而动摇人们的消费和投资信心，造成社会总需求减缩。更严重的是，虚拟资产价格的大幅度下跌会对整个信用体系构成严重威胁。

迄今为止，主流经济学仍然将货币政策和财政政策目标锁定在实体经济上。货币政策仍将稳定物价看作最重要的目标，调节的手段也很贫乏，基本上还是依靠利息率。而在实践中，许多国家政府中的专家都意识到，货币供应量已经不像 20 世纪 70 年代那样与通胀有着密切的关系，而是越来越多地与资产价格关系密切。面对剧烈震荡的股市，许多国家和地区的政府也不再袖手旁观，而是尝试采取一些试探性的干预政策。东南亚的一些国家、中国的香港和台湾地区都有不同的尝试，就连崇尚"自由经济"的美国，在股市剧烈波动或可能产生剧烈波动时也会采取一些干预政策。此外，对金融风险防范的研究也是 20 世纪 90 年代末兴起的一个新的热点，经济学界的注意力正在由实体经济向虚拟经济转移，经济政策对经济的调节也正在让位于由监管、制度、法规调整与政策调节结合在一起而形成的经济虚拟化条件下的政府调节经济的新的组合工具。在过去，政策作用机制多是通过资金流向和流量的调节影响实体经济的物价系统(包括产品价格、资源性产品价格及工资等)，并通过这个系统来调节就业和总产出。现在更多的则是调节资产价格，影响人们的信心和资金流向，从而对整个经济运行进行调节。

这些变化使货币当局不得不对货币政策的目标和手段进行重新考虑。研究表明，当前货币政策对经济的影响已经发生了很大变化，随着虚拟资产的发展，货币政策的传导机制变得更加复杂。目前，各国政府在制定货币政策过程

中都开始对资产价格问题给予充分的考虑。

1.3.5 虚拟经济与国际经济关系的问题

在主流经济学的国际经济理论中，一直将产品贸易和实际投资作为国际经济关系的核心，国际金融不过是为它们服务的。而实际上，进入 20 世纪 90 年代，国际金融的交易量已经超过国际贸易和实际投资 5 倍以上，外汇交易则超过国际贸易和实际投资大约 70 倍，国际金融已经成为国际经济中的主要内容，且对世界经济产生着巨大影响。对这方面的研究主要集中在两个方面：一是对国际金融危机及其传染机制的研究，二是对金融全球化的研究。前者针对 20世纪 90 年代以来频繁发生的国际金融危机，通过一些实证分析说明国际金融危机频繁爆发的原因及影响。后者则更进一步将整个金融活动的全球化趋势及影响作为其研究的主题。当市场经济在世界范围内越来越紧密联系在一起的时候，价值是主线、金融是核心的这种市场经济本质特征就更加明显了。传统的比较成本说、资源禀赋说及传统的国际分工论都不再令人信服。需要真正地以价值系统的国际关系为基石，以资金的国际流动为中心来重整国际经济学说和经济全球化理论。

以上就是我们所建立的虚拟经济研究基本框架。目前，虚拟经济在国内外的研究还处在起步阶段，我们叙述的相关命题还有待继续研究和考证，但已经看到了"曙光"。我们仅仅是根据一些线索在估计虚拟经济研究的意义和可能的理论框架，我们不是发现了"新大陆"，而是突然发现了"地球是圆的"。

PART 2

第 2 讲

虚拟经济命题研究意义分析

💰 本讲提要

虚拟经济是依据现实经济运行方式的变化而提出的理论研究命题，有着独特的分析视角和对经济虚拟化条件下市场经济运行的深刻认识。本讲首先阐述了经济虚拟化的实际历史过程，其次从虚拟经济领域的 GDP 创造、虚拟经济运行的整体性和投机活动的泛化，以及虚拟经济的功能方面阐述了虚拟经济命题研究的重要理论意义和现实意义。

虚拟经济是国内学者(成思危、刘骏民等)依据现实中经济运行方式的变化自己探索提出的研究命题，其研究已经走过了十几个年头。笔者此讲就虚拟经济研究的意义谈一些自己的看法，其目的在于说明虚拟经济的"虚拟"二字到底有何意义，在哪种意义上可以说"虚拟经济"一词在当代经济运行中是无法回避的。

虚拟经济与实体经济的区别在于其运行的方式和规律不同，我们区分这两者并不是为了区分真假或辨别好坏，而是在于更好地把握两者运行方式的不同及相互影响，从而更为贴切地把握不断变化的经济运行方式，探析当代市场经济运行的规则，为科学的宏观调控提供现实的理论基础。

2.1 全球流动性膨胀与经济虚拟化的历史

此部分简述全球流动性膨胀与经济虚拟化的实际过程，以便为认识虚拟经济这个客体及其整体的新功能做一个必要的铺垫。

世界范围内的经济虚拟化应该从 1971 年美国尼克松政府宣布美元不再兑换黄金开始。在这之前，股市、债市、汇市、大宗商品期货市场、金融衍生品市场及房地产市场虽然虚拟性质不变，但是其规模和相互关系尚未发展到"从量变到质变"，最终形成一个客体及具有新功能的整体经济领域的地步。但是，布雷顿森林体系崩溃之后世界经济发生了根本性的变化，国际本位货币美元支撑物由黄金变为以美元计价的金融资产，这种制度安排直接导致了美元等储备货币的全球泛滥，进而导致了全球流动性膨胀和经济的虚拟化。

2.1.1 美元支柱的虚拟化与美元流往境外的渠道

1971 年，当总统尼克松宣布美元停止兑换黄金之后，世界经济开始了一个新的时代。当时的人们并未意识到它可能在多年后导致经济运行的方式发生根本性的变化。黄金的非货币化虽然保住了美元的霸主地位，但是世界货币体系的基础发生了根本性的变化。在布雷顿森林体系中，美元承诺兑换黄金，各国商人将持有的美元兑换成本国货币，集中在官方的外汇机构或中央银行（以下简称"央行"）手中，然后由官方外汇机构向美国联邦储备兑换黄金。这个时期，美元的支柱就是它的黄金储备。美元外流意味着美国的黄金储备外流，黄金储备就构成了美国对外提供美元的约束力量。当美元不再承诺兑换黄金之后，各国央行持有的美元储备便不能在美国兑换黄金，而只能购买美国财政部发行的债券及其他类型的金融资产。债券和其他金融资产替代黄金成了支撑美元作为国际货币的支柱，美元不再需要黄金储备作支撑，只要有足够的债券、股票及其他金融资产，就足以代替黄金应付来自境外美元回流的压力。境外美元的支柱从黄金储备改为债券和其他金融资产之后，境外美元的支柱虚拟化了，美元向外提供和流往境外也就不再有约束。失去了约束，美元向外提供和流往境外的速度加快，规模也越来越大。美国经常项目逆差从 1982 年的 55 亿美元迅速扩大，到 2006 年已经达到 8115 亿美元，20 多年间增长了约 147 倍，任何国家的 GDP 和实际资产可能都不会有这样的增长速度。

美元如何出境也是一个十分有趣的问题。在 20 世纪 70 年代以前,美元多数是通过资本项目,以援助、贷款、直接投资等形式提供给其他国家和地区。其他国家和地区用来自美国的美元援助或从美国借来的美元去买美国的各种产品(也有些用来购买其他国家和地区的产品)。在这个时期,美国经常项目顺差年份多,资本项目逆差年份多。但是,从 20 世纪 80 年代开始,美国对外提供美元的渠道改成了经常项目,资本项目则成了美元回流的渠道。这个时期美国经常项目持续逆差,表示美国人持续用美元购买世界各国的产品和资源,各国为美国人提供产品之后收到美元现钞和现汇,再去购买美国联邦政府债券及其他金融资产。持续的资本项目顺差表示美国人持续靠向境外提供金融资产以回收美元来维持自己的经济生活,实际上就是靠负债借入美元来购买其他国家的产品和资源。在此过程中,美元现金也会通过美国资本项目顺差流回美国。20 世纪 80 年代前后的这些差别在于:通过资本项目逆差输出美元往往意味着对本国以制造业为主的实体经济的需求增加,导致本国实体经济增长;而通过经常项目输出美元,在黄金非货币化的条件下,意味着对本国实体经济的需求减弱和对本国虚拟经济(包括股票、债券、房地产及其他可以反复炒作的资产)的需求增大,这将导致本国制造业外移和经济的虚拟化。20 世纪 50~70 年代,美国 GDP 占世界 GDP 的比重一直在 50% 以上,最高曾接近 70%,当时在其 GDP 中,制造业占 25% 以上,但是随着 20 世纪 80 年代以后美国经济的不断虚拟化,到 2005 年,美国 GDP 占世界 GDP 的比重已经下降到 20%,其中制造业占比已经下降到美国 GDP 的 12%。

2.1.2 境外美元金融资产膨胀的速度和规模

考虑到美国长期的外汇储备和黄金储备变化不大,美国经常项目的持续逆差基本上是用美元支付的,这样美国 1982 年以后每年对外提供的美元流动性基本上就等于其经常项目逆差。1982 年美国的经常项目逆差为 55 亿美元,此后一直飙升,到 2006 年已经增长到 8115 亿美元,20 多年间美国每年对外提供的美元增长了约 147 倍。这导致了境外美元资产的迅速膨胀,世界官方外汇储备中美元储备已经从 1981 年的 700 亿美元扩张到 2006 年底的 3.33 万亿美元,膨胀了 46.6 倍。与此同时,国际债券和票据规模也在加速扩张,在此期间国际债券和票据余额从 1981 年的 2312.8 亿美元增长到 2006 年的 216354.5 亿美元,增长了 92.5 倍。而此间国际贸易总额不过增加了 6.9 倍。

　　显然，在国际经济活动中，实体经济的国际贸易和直接投资相对变得越来越不重要，外汇、债券、股权类金融交易则越来越成为经济活动的主流。这就是全球流动性膨胀和经济虚拟化的基本内容，其首要表现就是国际本位货币美元的泛滥及其他国际金融资产的膨胀，根源就在于美元对外的过度供给。

2.1.3　美元外流导致全球流动性膨胀

　　流动性是任何资产都具有的性质，它广义上是指资产变现的能力。现金具有完全的流动性，其他资产的流动性依其变现能力排序为现金（包括现钞、支票账户）、定期存单、国债、政府机构债券、市政债券、抵押贷款支持证券、资产抵押证券、公司债券、股票、大宗商品期货合约、金融衍生品等。当代的流动性膨胀是从现金膨胀开始的，而现金膨胀主要是由于货币虚拟化之后国际货币美元流出境外规模的不断扩大，近年来欧元的崛起加剧了全球流动性膨胀。

　　美国经常项目逆差基本上表现为用美元支付进口的货款减去经常项目收入后的净支出余额。这样美国经常项目逆差基本上可以看作是美元外流，其通过经常项目逆差对外提供美元及引致全球流动性膨胀的全过程可以分为三个层面来分析。

　　第一个层面是对于美国这样经常项目顺差的国家，必然要从美国输入流动性膨胀。当顺差国家的出口商获得美元货款之后，会将其分成两部分：一部分滞留在顺差国商业银行内，成为各金融机构的美元头寸；另一部分则会辗转到顺差国的央行，兑换成顺差国的货币。假定中国增加了1000亿美元的经常项目顺差，而且全部结汇，又假定汇率为1美元折合人民币7元，国内将会增加7000亿元流动性。一般情况下，央行会为对冲流动性而发行央行票据，假定为4000亿元，于是我们就多了4000亿元的央行票据和3000亿元的基础货币。流动性在这个层面上已经膨胀了：要么是1000亿美元衍生出7000亿元，要么就是1000亿美元衍生出3000亿元加4000亿元央行票据等短期金融资产（其他比例类似）。在不考虑货币乘数的情况下，截至这一步，国际货币美元外流使得境外的流动性增加了一倍。

　　第二个层面是顺差国外汇资产增加。当民间结汇之后，我们的例子就是美元兑换成人民币，美元现汇便会流到中国的国家外汇管理局手中。当国家外汇管理局购买美元债券时，美元现汇流回美国，替代现汇的是外汇当局手中持有的美国国债、政府机构债券等金融资产。中国人手中的流动性价值就获得了双重存在：一是1000亿美元的外汇资产，二是按当时汇率增加的同价值量的人民币现金和央行票据（在我们的例子中就是3000亿元基础货币和4000亿元央行票据)。因此，1 美元的境外美元到目前为止已经创造出了 2 美元的广义流动性，但这还不是全部。

第三个层面是美国通过出售国债和其他债券，导致美元流回美国之后的机制。流回美国的美元现金，一部分会回到出售国债、政府机构债券和市政债券的美国官方机构手中，这些回流美元最终会通过美国政府财政支出和转移支付消费全球产品和服务而流出美国。另一部分会回到美国的非官方金融机构手中，他们得到这些资金可能是以出售公司债券、资产抵押证券、股票等金融资产的形式，也可能是以非居民存入美国金融机构的存款形式，这部分回流美元：一是会以消费信贷的方式汇聚到美国居民手中，进而消费全球基础产品而流出美国；二是会聚集到各类对冲基金、私募股权基金和银行手中作为投资和贷款再次流向美国境外的其他地方，全球流动性的膨胀继续进行。

2.1.4 欧元及欧元资产膨胀速度——欧元加入无节制扩张行列

自 1999 年以来，欧元作为美元国际储备货币的一个竞争品种而面世，其膨胀速度和规模迅速超过了美元。在国际货币基金组织(IMF)统计的货币当局外汇储备总额中，美元外汇储备占比已经从 1999 年底的 71% 下降到 2007 年底的 63.9%，而欧元占比从 1999 年底的 17.9% 上升到 2007 年底的 26.5%，不到 10 年时间，欧元就显示出比美元还要迅猛的扩张势头，其在国际扩张的速度超过了美元。如果说美元在国际已经是过度膨胀，那么欧元正在以更加剧烈的态势在国际扩张(见图 2-1)。

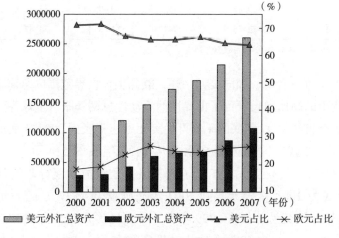

图 2-1　美元、欧元外汇资产总额和占比

在国际债券和票据市场，从 2003 年 12 月末开始，以欧元计价的国际债券和票据余额超过美元(见表 2-1)，紧接着在 2004 年 9 月，欧元取代美元成为国际债券和票据市场发行量最大的币种。截至 2007 年 12 月末，欧元已在国际债券和票据市场中约占一半份额。

表 2-1　国际债务证券余额、美元和欧元计价占比

时间	国际债券和票据余额(十亿美元)	美元债券(十亿美元)	欧元债券(十亿美元)	美元占比(%)	欧元占比(%)
2003 年 12 月	11705. 42	4702. 78	5094. 89	40. 18	43. 53
2004 年 3 月	12081. 70	4877. 10	5199. 59	40. 37	43. 04
2004 年 6 月	12356. 09	4927. 51	5389. 87	39. 88	43. 62
2004 年 9 月	12780. 15	4984. 37	5703. 68	39. 00	44. 63
2004 年 12 月	13940. 38	5097. 47	6526. 76	36. 57	46. 82
2005 年 3 月	14082. 98	5195. 92	6537. 86	36. 90	46. 42
2005 年 6 月	14045. 83	5299. 82	6421. 28	37. 73	45. 72
2005 年 9 月	14252. 14	5388. 97	6469. 31	37. 81	45. 39
2005 年 12 月	14610. 70	5574. 17	6592. 61	38. 15	45. 12
2006 年 3 月	15488. 71	5809. 01	7108. 65	37. 50	45. 90
2006 年 6 月	16575. 93	6047. 88	7755. 96	36. 49	46. 79
2006 年 9 月	17100. 39	6287. 82	7952. 73	36. 77	46. 51
2006 年 12 月	18441. 31	6686. 30	8663. 84	36. 26	46. 98
2007 年 3 月	19527. 21	7040. 86	9224. 89	36. 06	47. 24
2007 年 6 月	20881. 24	7512. 51	9857. 21	35. 98	47. 21
2007 年 9 月	21889. 82	7752. 25	10448. 00	35. 41	47. 73
2007 年 12 月	22772. 85	7941. 80	11026. 64	34. 87	48. 42

资料来源：根据 IMF 历年公布的数据整理。

从表 2-1 可以看出，如同美元一样，欧元也在世界范围内急速膨胀。正是国际两大货币的高速增长导致了世界性的流动性急剧膨胀。全球各国货币当局手中的外汇储备从 1999 年底的 1.6 万亿美元迅速膨胀到 2007 年底的 6.4 万亿美元，扩张了 3 倍；国际债券与票据从 1999 年底的 5.4 万亿美元扩张到 2007 年底的 22.8 万亿美元，扩张了 3.2 倍；全球国际银行业的跨国要求权在 1999 年底为 10 万亿美元，到 2007 年底则飙升至 37 万亿美元，增长了 270%；全球外汇交易总额从 1999 年的 415 万亿美元上升到 2007 年的 886.2 万亿美元，扩张了 1.14 倍。全球流动性膨胀和经济虚拟化早已不是观点的

问题了，它是一个事实。这些全球化的国际货币和金融资产交易因对冲基金大量杠杆投机活动而生成风险，"从众效应""蝴蝶效应"等的放大作用常会使其形成金融风暴和危机，整个经济的运行方式已经与 30 年前发生了根本的变化。

2.1.5　流动性膨胀和经济虚拟化的世界已经成为现实

当我们看到世界官方外汇储备加速扩张时，当我们看到世界累积的未到期国际债券越来越多时，当我们看到全球外汇交易额不断上涨时，我们不难得出结论：第一，黄金非货币化导致的货币彻底虚拟化是经济虚拟化的根源①；第二，美元是全球流动性膨胀和经济虚拟化的最初推手，此后是欧元和其他国际储备货币。

从理论上说，当代全球的流动性膨胀和经济虚拟化是货币虚拟化的同时，又失去了有效控制货币供应量机制的结果。黄金非货币化后，所有的货币都失去了自然控制其在流通中数量的机制，必须靠各国的货币当局来控制货币供应量。最初在各国内部大致都有有效控制货币数量的能力，除非货币当局有某种特殊原因和需要，否则货币数量可以被有效地控制在与 GDP 增长率相适应的水平上，以控制本国的物价水平。但现在国际货币的发行当局只根据本国的需要对境外提供流动性，而前文分析了经常项目下一单位国际货币的流出将导致世界扩张大致 2~3 倍的流动性(其中还不包括银行乘数扩大的货币量)，这就造成了国际性的流动性膨胀。它最初是美元的国际性膨胀，而后是欧元和其他国际货币的跟进。充足的国际货币借助电子设备在不同的区域飞速循环流动，推动着全球虚拟资产的规模不断膨胀和经济虚拟化程度不断加深，股市、债市、汇市、金融衍生品市场、房地产市场甚至收藏业市场都空前繁荣。

凯恩斯之后重要的经济学家弗里德曼曾经在表示经济流量与存量的关系时从宏观视角来认识收入资本化，可以简单地表示为：

$$K = \frac{Y}{R} \tag{2-1}$$

———————————

① 可以这么讲，随着布雷顿森林体系的解体，黄金在世界范围内完成了非货币化，货币的完全虚拟化为经济的虚拟化开辟了道路。后来在以美元为核心的国际货币体系下，美国通过经年累月的贸易赤字不断向外提供国际通货美元，而国际货币美元在世界范围内的环流机制造成了全球范围内的通货及虚拟资产的过度膨胀，经济虚拟化成为现实。

式中：K 为资本存量，Y 为国民收入，R 为利息率。

我们认为实际上这也是一个经济能量公式，K 就是能被资本化的资产或者说是国民收入 Y 能够衍生出来的虚拟资本。假定利息率为 5%，国民收入是 12 万亿美元，全部收入被资本化就意味着最大限量的资产价值将达到 240 万亿美元。而对这个近似于爆炸的资本化膨胀趋势的唯一限制就是货币资金的可得性。当国际货币失去黄金的约束被加速地提供时，全球范围内的债券、股票、外汇、期货、金融衍生品等金融资产就会以同样的增速被创造出来，成为创造收入、创造财富的机器。流动性越是迅速地被创造出来，以制造业为代表的实体经济就越要被边缘化，因为其创造财富需要一个生产过程，而虚拟经济领域里的创造和炒作只需要有足够的货币资金注入就够了。一笔固定收入在资本化的过程中至少会被放大为 10~20 倍的金融资产，而这些金融资产在二级市场上的炒作又会产生服务性的收入，计入当年的 GDP，进而这个最初微小的金融资产交易创造的 GDP 会再次在资本化的过程中被放大 10~20 倍。整个过程不断反复，持续数十年，金融资产膨胀和经济虚拟化的速度不断加快，直到广义流动性规模大大超过实际 GDP，以分享利润为目的的投资行为被以获取差价为目标的投机所替代。投机活动导致大量资金在债市、股市、汇市、大宗商品期货市场、金融衍生品市场、房地产市场及收藏业市场等之间循环流动，并将它们连成一个有机整体，使它们正在成为蓄积货币能量的巨大流动性储备池。这些市场的定位也从第二序的资源配置机制（资源再分配系统）转向第一序的经济能量配置系统，笔者认为必须将它们看作一个整体来检测其与实体经济的关系。"金融"已经不足以概括这个领域了，它应该有一个新的名称，这就是"虚拟经济"。全球流动性膨胀和经济虚拟化已成事实，根源就在于美国、欧盟等国家和地区日益加速对外提供国际流动性。

2.2　虚拟经济领域的实际 GDP 创造

人们是可以靠创造金融资产、炒股票和提供其他金融服务生活的，一个城市、小范围的地区甚至一个较小的国家可以靠炒卖地产、债券、股票、外汇、古董字画等行业生存和繁荣，但是一个国家不可能靠炒作虚拟资本实现长久繁荣。在全球性的流动性膨胀和经济虚拟化过程中，经济运行方式发生了重大变化, 其中一个变化就是当代财富的创造越来越有脱离实体经济的迹象。GDP 的创造已经不是仅依靠制造业等实体经济提供产品和消费性服务了, 各种资产的创造和炒作产生的 GDP 所占比例在迅速增加。

当股市进入牛市时, 我们看到市场活跃, 交易量大幅度增加, 股票指数也大幅度增加, 于是印花税、经纪人提供服务所得的各种收入大幅度增加, 这些收入都将计入当年的 GDP。例如, 中国 2007 年进入的牛市, 交易量最大时曾达到日交易额 4000 多亿元。按调整后的印花税率 3‰对买卖双方双向征收计算, 印花税就要征收 24 亿元①, 这还只是一天的税收。此外, 还有金融机构中介服务的 1‰~3‰的交易手续费, 按中间值计算, 手续费大约有 8 亿元。因此, 股市一天就创造了可以直接计入 GDP 的财富约 32 亿元。如果算上投资者计算的账目差价利润收入(不计入 GDP), 所有来自股市的收入就会更多。这些收入绝大多数是现实的货币收入, 是实际上有支付能力的收入, 印花税的税收可以用于增加公务员工资, 也可以用于政府的各项购买支出, 无论其去向如何, 最终结果都是大部分印花税成为各类人员的收入。他们可以按市价购买真实产品和各种服务, 也可以购买股票、债券等金融资产及投入房地产市场。假定股市这一天增加的收入全部流入房地产市场, 按照现在的房地产运行方式, 这约 32 亿元资金可以作为首付款, 按 80%的住房抵押按揭贷款制度, 就可能带动约 128 亿元的贷款, 这意味着房地产业增加了大约 160 亿元的收入。同时, 这些货币收入是应对房地产的需求, 房地产的价格可能会上涨。虽然我们假定股市某一天创造的收入全部转入房地产市场有些不近情理②, 但是从长期来看, 会有很大一部分收入进入房地产市场、债市及股市。因为作为金融投资, 这几个市场之间具有替代关系, 这使通过股市炒作交易得到的货币收入很容易向债市及房地产市场流动, 特别是对长期在虚拟经济领域活动的金融机构来说。

在这种经济运行方式中有三个方面需要考虑: 一是股市等虚拟经济领域创造的财富和收入是否真实。首先, 我们发现虚拟经济领域创造的这类货币收入会随着交易额的增加而增加, 而无论是价格上升还是交易量膨胀都会带来交易额的增加, 这样投机越是活跃, 交易额就越大, 流入虚拟经济的资金就越多,

① 2007 年中国股市为牛市, 全年印花税总额为 2005 亿元, 全部计入当年 GDP。

② 假定印花税全部转入债市、房地产市场等虚拟经济领域是有点勉强的, 因为这得看印花税最终的用处。这里可以更加清楚地表达笔者意图, 即证券、基金等金融机构通过股票炒作交易获得的中介服务货币收入大部分会在虚拟经济领域内部循环使用。

虚拟经济领域中这类服务创造的 GDP 就会越多；其次，从形式上看，虚拟经济领域创造的这类收入确实是真实的货币收入，但是它能否购买到实际的产品和服务，这要看实体经济中有没有及能够提供的数量。如果在股市炒作交易创造财富从而使 GDP 增加的时候，实体经济并没有相应增加的产品和服务，那么实际财富并没有增加。二是从数量上看，在上述经济运行方式中或者说虚拟经济领域中通常存在金融杠杆的放大机制。首先，股市、房地产市场、期货市场以及收藏业等市场中，大量交易都有金融杠杆存在，它可以使较小的资金撬动比自身大数倍（在按揭贷款中是 2~4 倍）的资金。放大的货币流注入首先使虚拟资本的数量加速膨胀起来。其次，如果后续有足够的货币资金使虚拟资本套现，其会转变为有支付能力的货币收入。这个领域可以在极短的时间完成虚拟资产的创造及货币收入套现过程，而以制造业为主体的实体经济创造利润要经过物质生产过程才能实现。三是创造出来的金融资产"市值"的虚拟性质。当股市暴涨的时候，持有股票的投资者会根据当时的股价计算自己持有的财富价值，房地产也是一样，人们总是按当时市场价格计算自己持有的地产、股票、债券等虚拟资本的价值。但是，如果投资者同时卖掉这些资产，这些资产的价格必然会暴跌，所有的账目财富不过是价格泡沫罢了。因此，当熊市来临时媒体总是报道股市、房市蒸发了多少财富，实际上，这些财富从货币价值上来算从来没有被真正套现过。

通过上述分析我们得出基本结论：虚拟经济领域有自行放大创造财富的机制，它的增长有自我加速的趋势，如果没有任何约束，其长期发展必然会使其整体规模大大超过实体经济，也使传统的以分享利润为目的投资行为被以获取差价为目标的投机替代，同时传统的以固定资产投资为主体的积累行为被以虚拟资本创造积累为主体的价值化积累替代。前述分析已经表明，虚拟经济领域创造的 GDP 与制造业等实体经济创造的 GDP 有重大区别，当其创造 GDP 的比例较小时，我们可以不重视这类活动的虚拟性质，但当它的比例逐渐增大时，我们就必须重视其虚拟性。表 2-2 反映了美国经济创造 GDP 的变化趋势，笔者用制造业、建筑业和交通运输业表示美国的实体经济，用金融、保险服务业和房地产及租赁服务业表示美国的虚拟经济，可以看出，美国实体经济创造的 GDP 占其全部 GDP 的比例从 1950 年的 41.25% 下降到 2007 年的 18.70%，而其虚拟经济创造的 GDP 占全部 GDP 的比例从 1950 年的 8.63% 上升到 2007 年的 20.93%，虚拟经济领域无论是从绝对量上还是从相对比例上在整个 GDP 中都逐渐庞大。但问题是，个人、机构乃至一个较小的地区或许可以靠创造金融资产,靠炒股、炒作房地产和其他金融资产生存,而一个大国和一个民族是不可以长期靠此维持生存的。也正是在这个意义上,"虚拟"一词是不可以回避的,因为它准确地标识出了依托这类资产的经济运行活动的虚拟性。虚拟经济的研究就是要对当代经济运行中的这些虚拟性质作出反映,要详细地考察当虚拟资本的运动与虚拟化的货币结合在一起后,所形成的相对独立于实体经济的虚拟资本价格决定过程和特殊运行规律。

表 2-2　1950~2007 年美国实体经济与虚拟经济发展状况

年份	1950	1960	1970	1980	1990	2000	2003	2004	2005	2006	2007
GDP（十亿美元）	240	414.5	804.4	2708	5546	9817	10971	11734	12487	13195	13841
实体经济（十亿美元）	99	164.8	290.3	819.9	1442	2164	2192	2303	2453	2565	2582
虚拟经济（十亿美元）	20.7	45.9	91.8	418.4	982	1931	2260	2395	2575	2757	2896
实体经济（%）	41.25	39.76	36.09	30.28	26.00	22.04	19.98	19.63	19.64	19.40	18.70
虚拟经济（%）	8.63	11.07	11.41	15.45	17.71	19.67	20.60	20.41	20.62	20.90	20.93

资料来源：根据美国经济分析局(BEA)历年公布的数据整理。

2.3　虚拟经济运行的整体性和投机活动的泛化

自 20 世纪 80 年代以来,全球局部性的金融危机不断,在危机中,以对冲基金为代表的金融大鳄格外引人注目。最典型的是 1997 年亚洲金融危机过程中以索罗斯量子基金为代表的金融投机活动,它导致了一系列严重的后果。对投机的定义有很多争议,一般来说,短期资本的投机性更强,也更专业。除对冲和私募基金外,主权财富基金、国际银行、跨国大型金融机构一旦有机会,或者在危机中为了自保,也会加入投机行列。

在传统经济学中,虚拟经济与实体经济的关系是建立在各个市场微观基础上的。例如,关于股市与实体经济的关系,主要是看企业层面的业绩和行业的前景等来确定股票买卖的决策;石油、粮食等大宗商品期货交易主要是依据现实和预期中的实际供求关系来决定。但是在经济虚拟化之后，实体经济就不再仅从微观这个层面上与虚拟经济产生关系了。由于失去约束的国际货币向外大规模提供引致了全球流动性膨胀，全球对冲基金资产总额从 1999 年底的 3500 亿美元飙升至 2007 年底的 1.8 万亿美元，数量从 3000 支上升至 17000 支，数量上增长了 466.7%，一些金融大鳄已不再是亚洲金融危机时的金融大鳄，它们已经长大，投机性更强，也完全有力量通过高杠杆掀起更大的投机风暴。类似于对冲基金这类的金融机构的投机活动使资金在股市、债市、汇市、大宗商品期货市场、金融衍生品市场、房地产市场及收藏业市场等其他可以炒作的资产市场之间川流不息，其规模之大、流动之频繁、关系之复杂都是前所未有的。因此，这种新的经济运行方式使我们有两个新的理论命题需要研究：一是当代货币流的大规模和快速运转已使虚拟经济这个整体上客观形成，其与实体经济相比已具有了相对独立的经济运行规律，需要仔细研究作为一个宏观整体的虚拟经济与实体经济、货币数量之间的关系；二是虚拟经济部门的内部运作关系，股市、债市、汇市、大宗商品期货市场、房地产市场、收藏业市场等之间的关系，以及它们相互作用的机制，还包括不同国家和同一国家不同发展阶段虚拟经济各部门的结构比较等。总之，在经济虚拟化条件下，我们必须跳出传统金融概念来理解虚拟经济才可能从传统理论的束缚中解放出来，搞清楚虚拟经济的运行规律和结构，从而搞清楚现代实体经济的运行规则和结构。

通过上述分析我们可以得出结论：一是现代经济活动中有一种虚拟资本创造和炒作性质的活动，其创造的价值和财富具有不同程度的虚拟性质，有必要用"虚拟"一词来标识其活动的本质特征；二是这类由来已久的行业已经形成了一个具有复杂结构和相互影响机制且具有相对独立运行规律的整体，其经常以其整体与实体经济发生关系，为研究这个新形成的整体及其结构，需要有一个"新领域"的研究意识，这就是"虚拟经济"，以便摆脱任何已有理论的束缚，更贴切地研究它。

2.4　虚拟经济的功能辨析

虚拟经济有两个重要的功能：第一，虚拟经济是流动性储备池，其调控着货币数量、虚拟经济与实体经济的关系，也调节着资产价格和实体经济的物价水平；第二，从全球范围来看，虚拟经济已经是第一序的资源配置的决定性调节机制，它调节着资金的流向和流量，从而在世界范围内配置资金，也就从根本上决定了资源的配置。

目前，虚拟经济规模已经相当庞大，股市、债市、汇市、大宗商品期货市场、房地产市场及收藏业市场滞留了越来越多的资金，这些货币的存在改变了传统的货币供应量变动与物价水平的关系，使虚拟经济领域开始发挥调节货币流的功能，股市、楼市暴涨和暴跌都会对实体经济中的货币量形成重大影响，货币当局正在失去对货币供应量的直接控制能力①。在虚拟经济领域储备了大量流动性的情况下，央行通过调整利息率间接调控货币供应量的政策也受到了冲击。如果还是仅从传统经济学中所讲的利率对货币借贷成本及实际投资调整的角度来认识，则必然会忽视利息率的真正作用。首先，经济虚拟化条件下利息率杠杆的调节作用对虚拟经济比对实体经济的调节作用更大，因为虚拟经济领域的资产价格对利息率杠杆更为敏感；其次，在当代，调节利息率最主要的目的实际上是调节资产价格，继而通过资产价格的变化引导资金在虚拟经济与实体经济之间流动，以及资金在虚拟经济不同组成部分(股市、债市、汇市、大宗商品期货市场、房地产市场及收藏业市场)之间配置。忽视了利率调节这一环节，就不可能执行好货币政策。上述变化一方面使传统的货币数量与居民消费价格指数之间的关系发生了根本性变化，从而使我们必须将整个虚拟经济的状况纳入货币政策的考虑范围内；另一方面也使虚拟经济这个流动性储备池兼有风险生成、累积、放大和传播的重要功能，因而是防范经济风险、保障经济稳定和国家经济安全的关键领域。在这个意义上，虚拟经济的研究具有特殊的重要性，是不可以同传统金融研究的领域画等号的。

对于虚拟经济的第二个功能，传统理论告诉我们，商品的相对价格决定机制是市场经济中资源配置的唯一有效机制，对于金融和财政等通过货币收入的再分配来调节资源配置从来就是第二序的，是"再分配"机制。但是，在当今世界，资金的获得性和获得的数量决定着一个国家和地区经济发展的原始动力。因此，起着资金配置作用的虚拟经济系统，通过资金流量和流向的决定功

① 此处不同于传统经济学教科书中所论述的由于货币统计口径的不确定，导致央行对货币供应量失控的逻辑，我们强调的是经济虚拟化之后，虚拟经济成为流动性储备池，其随时可以吞吐出货币流，在这个意义上央行对货币的供应量失去了控制，这与1999年宾斯维杰所提出的"金融窖藏"理念类似。

能，能够决定谁有权力得到资源①，从而成为最重要的资源配置机制，而商品价格的形成机制不但要受到这个机制的影响，而且从第一序的决定因素下降为第二序的决定因素。

　　虚拟经济是依据现实经济运行方式的变化提出的命题，其研究是具有重要理论意义和现实意义的。传统主流经济学的研究假定的条件往往过于苛刻，使其理论离现实经济越来越远。目前，在现实中涌现的实体经济命题越来越逃不开虚拟经济的范畴，因为虚拟经济一开始就致力于探讨经济虚拟化条件下的现实经济运行规律。笔者相信致力于虚拟经济研究的努力不会付诸东流，虚拟经济的研究也会越来越深入，它将会带给我们新的视角、新的理论。

---

　　① 　这一点突出表现在 1973 年黄金非货币化之后，谁的货币被作为国际本位货币谁就有支配全球资源和其他货币的权利，国际本位货币发行国可以直接用"纸"去换回各种资源和产品，配置全球资源。

PART 3

第 3 讲

马克思的货币金融理论分析

本讲提要

本讲简要概述马克思政治经济学货币金融核心思想和货币经济运行基本机制。

3.1 引言

本讲探讨宏观经济历史演化中的金融化或经济虚拟化趋势，以及金融不稳定的根源与机制，从以下四个层面展开：第一，金融信用产生的基础是社会生产过程，是在资本资产积累进行融资过程中形成的经济关系，而资本资产积累的未来收益是具有不确定性的，这是金融危机的根源。复杂的金融交易技术和信息处理技术不能消除经济周期的根源，即资本资产积累未来收益存在不确定性问题①，金融创新形成了复杂的金融信用链条，金融市场和金融机构规模扩大，使社会总体风险被很大程度分散，风险暴露的时间被拉长，但不能消除内生于经济和金融体系的系统性风险。第二，在过去 30 多年间，除了传统金融信用资产膨胀，新金融信用形式也以新的虚拟资本形式涌现。一是从根本影响

---

① 20 世纪 90 年代美国新经济时期，美国经济维持了"二战"后较长时期的低通胀和高增长，一些经济学家认为美国已经通过经济、金融自由化消除了经济周期规律，但现实证明经济周期依然存在。

机制和长期来看，虚拟资本(股票、债券和金融衍生品)的价格依然是依赖资本资产积累的未来预期收益的。二是在短期内，资金大规模持续流入或流出对金融资产价格水平具有重要影响。过去30多年的金融创新发展显示，同类和不同类金融机构之间的竞争，各国间金融机构的竞争，都会迫使金融机构必须持续通过杠杆化融资创新，以实现获取资金并提高资产的流动性和规模，从而使金融机构的资产负债结构越来越依赖其获得资金流动性的能力。三是杠杆融资是虚拟资本交易的主要机制，这种机制使投资者资产负债状况对市场信息变化异常敏感。第三，金融危机迫使中央银行(以下简称"央行")承担最后贷款人职责，在法币时代央行和财政部门可以不受约束地释放货币流动性，但从长期来看最后贷款人政策最可能是刺激金融机构的投机行为，而不是生产部门的投资行为，所以从最近的研究来看，最后贷款人行为(货币泛滥)推动了未来杠杆化融资创新和未来的通胀。第四，从国际层面来讲，过去30多年不同国家出现了泡沫化、债务化、金融化，通过这些不同形式经济虚拟化(或者金融化)背景下产生的日本泡沫经济、亚洲金融危机、美国次贷危机和欧洲债务危机可以发现，这些危机都与当代国际货币金融体系的不平衡发展密切相关，与国际货币制度变化、汇率机制变化和金融全球化相关联。1971年以来债务—美元主导下的国际货币时期，美国金融资产泛滥和美元泛滥对全球金融不稳定和通胀产生显著影响。因此，在研究一国宏观经济的深刻变化和金融不稳定时，必须考虑该国在国际货币金融体系中的地位，以及与货币发行国家之间的国际经济金融关系[①]。

3.2 金融不稳定与金融危机的理论发展脉络

2008年美国次贷危机显示出金融对于宏观经济的重要性，与主流理论和教科书中关于其研究的缺失形成了鲜明的对比。一些学者一直坚持不懈地研究金融不稳定机制、金融危机的根源及金融信用在宏观经济中的作用。

3.2.1 金融危机研究的两种思路

关于金融危机，重要的、系统的早期理论研究都是从经济波动和经济危机

---

① 美国学者理查德·邓肯和德意志银行的报告对此作了深刻研究。

问题延伸出来的。凯恩斯基于有效需求不足的经济周期波动理论，强调了预期与投机在宏观经济波动中的作用，并建立了货币需求理论，分析了货币和金融在经济周期中的作用。希克斯在 IS-LM 模型中加入了对于货币的研究，阐述货币、债券的关系，并分析其在宏观经济中的作用机制，但是丢弃了凯恩斯关于投资未来收益不确定的重要思想。虽然凯恩斯没有更深入地讨论金融不稳问题，但是他的研究为后来明斯基的金融不稳定理论研究提供了基础。明斯基关于金融不稳定研究的重要贡献是提出了金融不稳定形成机制。金德尔伯格系统描述了有记载的、具有重大影响的金融危机。克鲁格曼具体讨论了 20 世纪八九十年代国际资本流动和货币冲击下的金融危机，但他是基于债务—美元国际货币体系前提提出发展中国家实施浮动汇率制度的建议，没有深刻分析这种国际货币体系的不合理性和脆弱性。戈德史密斯研究了金融发展与经济增长的关系。麦金农 (Mckinnon) 建立和发展了金融压抑研究，重点研究金融发展如何推动经济增长。

20 世纪 90 年代日本泡沫经济的崩溃刺激了泡沫经济问题的研究，但研究大多集中在资产价格膨胀和破灭的具体问题上。吉川元忠 (2000) 阐述了日本泡沫经济的形成、日美债务关系和美元国际货币制度的变化。理查德·邓肯阐述了法币制度下债务—美元货币体系的本质，以及金融信用和货币泛滥的历史演变与深远影响。罗伯特·希勒 (2016) 用行为金融分析方法解释了金融市场资产价格大幅波动现象。本·伯南克 (2006) 阐述了金融加速器理论。Minsky (1992) 建立了金融脆弱性理论，阐述金融不稳定问题，发展了宏观经济不稳定问题研究。

伊藤·诚和考斯达斯·拉帕维查斯 (2001) 指出，马克思关于经济危机的研究分为两个方面的观点：一是阐述了资本主义危机产生的最终原因是社会总需求和总供给失衡，这种失衡是由生产部门的无序生产和劳动者的消费不足导致的；二是认为经济危机产生的根本原因是过度的资本积累，并用资本有机构成理论或劳动力短缺理论来进一步解释。其中，资本过度积累的金融危机理论与明斯基的金融脆弱性理论在基本思想上是非常接近的。

3.2.2　理论推进

2008 年的国际金融危机激发学者再次尝试在宏观模型中加入金融因素，或者加入"金融摩擦"(financial friction)，试图揭示金融体系不稳定的根源。近年来受到关注的有杠杆机制研究、信用周期研究、杠杆周期研究等。关于杠杆与金融资产泡沫形成的研究，比较重要的有 Miller 和 Stiglitz(2010)基于信息不对称理论，分析在资产泡沫形成和破灭过程中杠杆的作用机制等。这类研究所采用的方法包括计量实证研究和采用动态一般均衡理论模型等。另一类研究可能更有价值，通过对发达国家长期金融化或证券化发展的研究，揭示了发达国家自 20 世纪 70 年代以来的金融化发展。

Schularick 和 Taylor(2012)将美欧发达国家或地区"二战"后金融化的趋势和阶段性变化作了清楚的描述，揭示了这些国家宏观经济长期金融化的趋势。刘骏民(2008)对美国和欧元区国家 GDP 构成的长期变化、各产业就业结构变化等进行了分析。这些研究都清晰地显示出美欧经济长期虚拟化(或金融化)的变化趋势。美欧不稳定的经济结构通过债务—美元主导的国际货币金融体系和国际贸易体系的失衡，造成全球经济和金融体系的不稳定。理查德·邓肯(2007)研究了法币制度和债务—美元国际货币体系的形成过程，以及货币泛滥、国际货币泛滥与发达国家金融化的相互促进关系。

3.3　金融信用、虚拟资本与实体经济

我们在货币金融政治经济学和金融脆弱性理论基础上，结合最新的杠杆和流动性机制研究，拓展了对金融信用的理解，并深入阐述了宏观经济的长期历史变化，以及影响宏观经济与金融不稳定的四个层面的问题：资本资产积累未来收益的不确定性；金融杠杆化；在法币制度下，央行最后贷款人职能刺激了货币泛滥；国际货币金融体系失衡。

3.3.1　金融不稳定的根本机制

伊藤·诚在马克思的经济危机理论框架下，从资本资产过度积累方面分析出经济在从繁荣、繁荣最后阶段、危机和萧条到复苏的过程中，企业受利润和竞争驱动不断扩大资本资产积累，导致金融过度融资，最后企业利润下滑，同时金融领域表现为市场资金匮乏、融资利率上升，反过来加剧企业压力，经济危机和金融危机就可能爆发。货币金融政治经济学对货币与金融不稳定的系统研究可以总结为三个方面：一是资本主义货币与金融不稳定不仅存在于市场运行方面，且其根本原因在于与资本过度积累的联系中。二是从历史发展和演化

过程来看，货币与金融不稳定是复杂和不断变化的。在资本主义经济发展和演化过程中，货币与金融不稳定的特性和形式也发生着复杂变化。三是关于不同历史阶段的货币与金融不稳定的研究，深刻阐述了货币和金融信用的长期变化。

明斯基金融脆弱性理论与货币金融政治经济学在解释金融不稳定的思想基础上是非常相近的。明斯基继承和坚持了凯恩斯理论中关于投资预期不确定性的认识，并着重发展了金融不稳定研究，指出为资本资产积累投资的融资，因投资的未来预期收益不确定而产生不稳定，而金融领域存在过度融资冲动，加剧了金融不稳定性。金融脆弱性理论划分了三类融资方式，并阐述了融资的三种收入流的特征，分析了金融不稳定的根源，着重强调了金融不稳定对实体经济的反向影响机制。明斯基指出了投资未来预期收益的不确定性，当经济处在所谓"均衡"时期时，由于企业可以获得稳定利润，其会继续推动投资，宏观上会产生过度投资和过度融资，这是金融危机和经济危机产生的根本原因。金融脆弱性理论认为投资者不能作出完全理性的预期，并且批评"均衡"研究方法，指出实际上在社会总供求达到饱含后，追逐利润的金融资本因为获得了持续稳定的利润而存在继续增加融资的冲动，从而创造了内生的金融危机。

不论是货币金融政治经济学，还是明斯基的金融脆弱性理论，都坚持了产生金融危机的实体经济的决定因素，即资本资产过度积累和投资预期不确定是金融不稳定和金融危机产生的根本原因。在生产和流通过程中，对各种生产资料的需要产生了各种信用需求，从而促使银行信贷、各种债券等基本信用形式产生。抵押等风险控制机制的形成，使金融资产规模不会偏离货币规模很多，但其杠杆机制使生产投资环节对收益的过度预期传递到金融领域。金融机构因为自身对利润的追逐，对生产投资领域进行过度融资，所以经济危机一般都伴随着金融危机。

随着社会化大生产发展，金融资本逐渐独立于生产资本和商品，并且金融资本的规模更加庞大，受金融体系内部激烈竞争及国际金融竞争的影响，金融机构更愿意主动创造更多的信用形式，与实际生产相关的信用形式创造本身就存在过度的风险。金融机构还会创造出与实际生产无关或者关联很远的金融信用，如在传统金融产品之上创造的金融创新产品（CDO、CDS 等）。与土地、房屋有关的各种金融信用更容易扩张，与消费相联系的金融信用也在 20 世纪 70 年代后大幅增长。自 20 世纪 70 年代以来，金融信用规模相对于货币规模有了显著扩大，并且金融规模扩大的速度超过了货币规模扩大的速度，具体体现为金融资产规模相对于 M1 显著扩大。

货币金融政治经济学和明斯基的金融脆弱性理论除了揭示资本资产积累基础上的金融危机，也讨论了金融系统内在机制的变化，及其在金融不稳定中的基础作用，即杠杆化融资和金融信用形式的拓展。这两者是同一问题的两个方面的表现。但是，这两种理论对这两个方面的研究都没有完全深入展开。

3.3.2　金融信用的拓展、杠杆化融资机制与虚拟资本

在过去 30 多年中，金融自由化和经济全球化使金融市场的广度和深度大为拓展，一项金融创新产品可以在全球进行金融融资和交易，从而使个别风险可以被巨大的市场资金的流动性掩盖，这种风险也可以通过在金融市场上与其他金融资产进行交易而被分散和传导。融资活动不仅可以为资本资产积累进行融资，还可以通过以对冲风险和投机为目的的金融创新为初级证券进行再融资，进一步掩盖了金融融资与资本资产积累的紧密关系，通过拉长信用链条，将风险传递到更高级的金融信用关系中去，因此社会总体金融风险被不断地累积和放大。这些金融信用都是以金融创新的面目出现的，融资的基本机制是利用杠杆，即用他人的钱去为这些金融创新产品融资，金融系统性风险被累积和放大，金融融资机制是不稳定的。这些基本机制不是某些发达国家特有的，而是所有金融市场共有的，只是具体形式不同。

3.3.2.1　对金融信用理解的拓展

从商业信用到银行信用，再到金融市场信用，以及金融危机中凸显的国家信用，显示了金融信用关系经历了复杂的演化和发展。各种金融工具反映的是不同的金融信用关系。银行信贷、债券和股票及各种金融衍生工具，共同的本质都是联系未来收益的剩余索取权资产，但所处的金融体系层级是不同的。它们之间的区别还在于风险形式、风险承担方式的不同。债券和信贷是需要还本付息的，股票及金融衍生品则由投资人（股东）分享红利，并分担风险。但是，金融危机爆发时，金融资产迅速贬值，金融机构连锁倒闭，证券和衍生品市场的风险会传递到商业银行体系，表现为几乎所有金融机构的资产负债表的恶化。风险分担方式和机制的不同会形成不同的风险保障机制，但是不能消除这些金融信用形式的共同性质，即不同形式的金融信用都是连接未来预期收益的融资，最终都需要资本资产投资的未来预期收益来支撑，一旦这种预期收益不能实现，各种金融信用形式就会产生风险损失，不管金融信用是什么具体形式，基本风险最终都来自与资本资产累积相联系的投资的预期收益的不确定性。

3.3.2.2　金融信用体现的是重要的经济关系

融资实质上是信用创造的过程，金融创新与信用创造是社会化生产、分配和消费顺利实现的关键环节，反映的是经济关系。但是，为投资进行融资对宏观经济发展的作用不能被忽视，一个关键点就是金融机构不能仅被看作金融中介，金融信用体系的存在正是为了解决资本积累、生产的未来不确定问题而产生和发展的。经济活动的结果和经济活动的过程是不能分开来分析的，各种金融机构、金融工具和金融市场本质上是社会经济活动的一个重要环节，为生产和资本资产积累提供信用支持。金融存在独立于生产过程的特殊性，但是从根本上各金融融资活动获得收益最终要依靠实际生产和劳务活动来实现，即金融离不开实体经济活动。在马克思货币金融政治经济学、明斯基的金融脆弱性理论及关于杠杆和流动性风险方面的实际研究基础上，我们认为金融是与资本积累和生产密切联系的经济过程，各种金融信用形式、信用深化都是围绕资本积累、生产而发展的。

根据信用创造的主体和方式的不同，我们可以将其区分为银行信用、市场信用和国家信用。银行信用是最基础的金融信用形式。市场信用及这个层面信用的演化与发展，形成了债务债权型信用、股权型信用、衍生品类型的信用。国家信用主要体现为央行和财政部门的信用，创造出国家债务和基础货币。在货币金融政治经济学中，信用被严格定义为以到期还本付息为条件的债务关系。但是，现代信用形式的发展已远超出这个范畴。我们如果不考虑偿付形式而只考虑各种金融信用都是与未来预期收入流紧密相关，那么不论是间接融资还是直接融资，都会在一定时期膨胀，在另一些时期收缩，即不同金融信用都会存在周期性的波动，都会对宏观经济稳定产生影响。简单来说，对于债务型信用和股权型信用，其差别在于是否依据合约到期支付本息，共同之处都是根据对未来收益的判断进行的融资，只是风险担负方式的不同，但对宏观经济稳定的影响是一样的。

金融信用关系的基础依然是资本资产积累，金融不稳定风险来源的基础没有消失。生产、投资与融资共同构成基础经济活动，生产、投资与融资构成连续、动态的经济关系，生产与投资取决于对未来预期的收益和利润，由此形成对各种形式信用的需求。在这个过程中，货币也通过信用体系与其他金融资产相互转化，起到资本的作用。随着生产和经济活动的发展，信用从简单形式发展成复杂的金融信用体系。金融信用形式从早期的银行信贷、商业票据和政府债券等，发展到股票、企业债、金融衍生品等形式。

3.3.2.3 虚拟资本是金融信用的重要载体

货币金融政治经济学提出，关于金融信用的理解应该扩展到股票、证券与衍生工具，并阐明银行信用与这些金融信用发展的共同性质和差异性，这样才能深刻理解金融危机的种种表现。明斯基指出，宏观经济均衡时期常常是企业具有稳定利润和收入流的时期，这可能促使企业相信未来这种情况会持续，并可能会有更大的利润和收入流，因此企业会积极扩张资本资产。相应地，金融机构受竞争压力和追求利润的推动，有动机进一步扩大融资规模。经济周期和金融周期因此交织在一起。2008 年国际金融危机显示出过去 30 多年金融机构一直通过金融创新，实现了金融规模扩张。同时，融资的目的从投资融资，发展到为了金融融资避险和对冲进行融资，再到为了投资和回收流动性而进行投机性融资，如对外汇衍生品和信贷证券的衍生产品的融资。

我们用引入虚拟资本的概念概括股票、债券和金融衍生品的共同特性。虚拟资本是各种金融信用形式的具体表现，其反映的是各种金融信用关系，虚拟资本价格易于波动。金融信用形式除了市场层面的理解，其在不同历史阶段表现出的大规模膨胀和危机，需要从金融信用发展的历史中寻找根源，这就需要用政治经济学的研究方法来分析发达国家金融化的历史，而不同国家表现的形式不同，如泡沫化、债务化和金融化，这种不同的根源在于各国在国际货币金融体系中的地位差异。货币发行国可以主导国际货币流动方向，对国际汇率制度和体系产生重要影响，它是通过债务—美元体系、利率和汇率、政府债务发行和调控及私人国际资本流动，主要引导其他贸易盈余国家的资金再次回到货币发行国的办法实现的。经常项目赤字国家是不能实现资本输出的，但美国是国际货币发行国，能够吸引其他国家将其经常项目盈余回流到美国以支撑其国债和国内经济，同时通过私人金融机构将所控制的国际资金再投资到其他国家。

虚拟资本作为基于未来预期收益的金融资产，其价格基础和投资基础都取决于相关资产资本的未来预期收益能否实现。资本资产虽然不是影响虚拟资本的唯一因素，但其是根本因素，其他因素如市场货币资金的流入、市场的广度和宽度，都使投资者可以在一段时间内产生过度融资。虚拟资本是金融信用发展的结果，是金融信用发展的具体表现形式。虚拟资本形式的演化：从基础股票和债券到以规避风险和投资为目的的金融衍生产品。在经济条件不同的情况下，各国虚拟资本的发展程度和具体的主导形式是不同的，其金融危机的表现形式也会有很大的不同，但其国际货币金融与经济的背景是相同的，具体杠杆融资的本质机制是相同的。

虚拟资本价格是依靠资本资产积累的未来预期收益的实现或实现程度来支撑的：如果完全实现，虚拟资本所代表的信用关系就不是虚拟的，即投资实现未来收益，信贷或证券收益都是可实现的；如果投资没有实现预期收益，则虚拟资本就是虚拟的。另外，如果对金融衍生工具的融资不能实现未来收益，则其也是虚拟的。

3.3.2.4 发达国家杠杆化融资方式的膨胀

早期对信用的界定是以还本付息为基础的债务债权关系。但是，随着经济的发展，特别是自 20 世纪 70 年代以来金融市场信用形式取代传统的银行信用，直接融资市场取代银行间接融资成为主要融资方式。明斯基基于三种融资方式转化，阐述了过度融资是如何形成并造成金融不稳定的，也简要分析了银行的杠杆、资产收入和债务成本机制，但是没有继续深入分析在当代金融信用关系中杠杆融资是如何产生金融不稳定的。

30 年以来的金融危机和经济下滑属于资产负债表式衰退，若要从微观层面具体地阐述金融杠杆作用机制可将经济中的杠杆划分为三种类型：资产负债表式的杠杆、未来现金流的杠杆和内嵌式杠杆。没有一种单一测量方法能同时测度三种不同纬度的杠杆，因为第一种是基于资产负债表，第二种是基于市场依赖未来现金流，第三种是依据市场风险。这里我们集中讨论的是金融杠杆，是基于资产负债表的概念。Acharya 和 Viswanathan（2010）用模型分析了杠杆、道德风险和资金流动性关系问题。Geanakoplos 提出杠杆周期理论，认为杠杆是"抵押价值与保证金的比率"[①]，"杠杆是保证金/抵押价值的比率的倒数，即资产价值与必需花费的现金的比率"[②]。他通过模型论证了微观层面基本的单一金融杠杆率的决定机制，以及现实中投资者为规避风险的资产选择行为如何通过杠杆机制将最初的风险在所有杠杆化资产中进行扩散的机制。Adrian 和 Shin（2006）对美国主要投资银行的杠杆机制进行了实证研究，发现现实中这些金融机构的杠杆确实具有很强的顺周期性，即为保持资产负债表的大致稳定，金融杠杆与资产价格之间存在反馈效应，包括金融市场高涨时期的正反馈效应，以及资产价格暴跌时期的负反馈效应。在 Adrian 和 Shin 的文章中，"杠杆

---

①② Geanakoplos J. The leverage Cycle［M］//Acemoglu D, Rogoff K, Woudford M. NBER Macroeconomics Annual 2009. Chicago：University of Chicago Press, 2010：1.

被定义为总资产对所有权资产的比率"①。他们指出："在金融系统中，资产负债表持续进行市场调整，资产价格变化很快通过净资产变化显示出来，引起金融中介的反应，金融中介对其资产负债表规模进行调整。我们用资料证明根据市场调控的杠杆是具有很强顺周期性的。这种表现行为具有总影响。"②他们同时分析了资金流动性与杠杆机制的相互影响，"资金流动性可以理解为总资产负债表的增长率。当金融中介资产负债表表现稳健时，杠杆率一般很低。此时，金融中介持有多余的资本，他们将试图寻找能够使用他们多余资本的渠道。……我们可以把金融系统看作有'剩余能力'。为了将剩余能力使用起来，金融中介一定会扩大它们的资产负债表。在负债一边，他们承担更多的短期债务。在资产一边，他们寻求能够把钱借出去的潜在借款人"。"资金流动性就与金融中介寻找借款人的困难程度密切相关。"③"在所有案例中，当总资产很大时杠杆也是很高的，杠杆是顺周期的。"④

一些学者研究了杠杆机制的长期发展趋势、宏观影响，以及杠杆机制和流动性机制共同作用的宏观影响。Miller 和 Stiglitz（2010）在信息不对称基础上建立了一个具有高杠杆和过高估值的抵押资产模型，分析了当资产泡沫崩溃时杠杆机制与资产价格泡沫形成之间的关系，阐述了货币当局试图阻止资产价格崩溃的政策是如何引起更大范围经济恶化的。Schularick 和 Taylor（2009）用计量方法分析了 1870~2008 年 14 个发达国家的信用总量、狭义和广义货币及 GDP 等主要指标关系的长期趋势，将信用规模与广义和狭义货币规模进行比较，发现在历史上的主要金融危机期间，这些指标关系都发生明显变化。他们指出，"整个银行系统资产负债表的资产边，其杠杆水平和资产构成结构，在宏观经济研究中都有应用研究意义"。他们将微观商业银行等金融机构资产负债表的贷款加总得出总贷款规模，从实证上阐明了杠杆机制具有明显的宏观影响效应，"二战"后金融杠杆的宏观影响呈现逐渐增强的趋势，即"在二战前贷款与货币比率的增长率平均每年只有 0.11%，但是在战后这个增长率达到平均每年 2.19%，这个关键杠杆的测量值的增长率提高了近 20 倍""我们提供了新证据，即在 20 世纪下半叶金融机构的杠杆已经具有越来越大的影响，表现为货币与信用总规模的关系越来越紧密，而且我们也发现银行资产负债表中的安全资产呈现下降趋势。"不论是对金融杠杆微观机制的研究，还是对金融杠杆机制宏观影响

---

①②③④　Adrian T，Shin H S. Liquidity and Leverage［J］. Journal of Financial Intermediation，2010，19（3）：418-437.

的研究，最终都强调其在金融危机中具有正(负)反馈效应。

Taylor(1991)在五个历史事实基础上阐述了长期杠杆化发展的历史演化，他认为历史事实反映了过去很长时期内发达国家经历了金融化过程，杠杆化是金融化的具体机制。

3.3.3　法币制度、最后贷款人与金融信用膨胀

在法币时代，央行失去了货币发行的约束。金融化后的金融危机威胁到信用体系和投资，迫使央行担负起最后贷款人职能：一方面，说明货币与非货币金融资产之间存在紧密的替代关系；另一方面，说明央行作为最后贷款人会引发未来金融资产膨胀和通胀。货币失去了稳定的锚，央行和财政部门失去了发行货币的约束，纸币制度使货币流动性泛滥成为可能。在现代货币制度和央行及存款保险制度(隐性和显性存在)下，货币主要是用M0、M1和M2衡量的，这些制度保证这些货币不会消失，至少不会大规模消失。法币实际上是由国家信用和国家强制制度保证的，而其他非货币金融资产、各种证券、金融衍生工具是由市场信用支撑的，即实际上最终由实体经济投资的未来预期收入流支撑。用流动性来划分货币，间接地反映了这些资产背后的制度基础。因此，在资本资产积累预期收益不确定的基础上，从宏观经济角度看流动性膨胀(过剩)和流动性不足，可以更清楚其实体经济的基础。

金融规模伴随社会化大生产和资本资产积累规模扩大而不断扩大和演化，金融危机后信用体系崩溃和紧缩对宏观经济稳定的影响也在扩大，特别是1929年席卷全球的经济危机，迫使主要资本主义国家加深了对宏观经济的干预，此后政府对金融市场的干预不断加深，最后贷款人职能成为其重要的职能之一。在第二十届海曼·明斯基年会上系统介绍了美联储最后贷款人职能的形成与发展，并阐述了当前宏观审慎政策发展的必然趋势。在过去三十多年中，发达国家的金融化发展，使政府和央行必须通过提供货币流动性支撑金融稳定，即以向市场和金融机构注资的办法支撑金融机构不倒闭，金融总体规模就可以维持。金融信用规模和货币流动性之间形成了长期相互推动的机制，金融资产交易形成的货币需求的作用在上升，货币的资产功能显著增强。央行调控宏观经济的货币政策及危机中的货币政策，都不可避免地使货币流入金融领域，从而采用传统货币政策工具难以实现传统货币政策目标，出现了所谓的"货币之谜"。

关于货币泛滥对金融膨胀的影响，还需要关注国际货币泛滥对全球金融膨

胀的巨大影响[1]，即国际货币体系是如何由以贸易盈余支撑的国际货币转变为以债务支撑的国际货币，如何由维多利亚式循环转变成"帝国循环"。伊藤·诚在研究当代金融危机时，系统描述了20世纪60年代以来国际货币体系和发达国家金融失控的情况。吉川元忠（2000）系统分析了自20世纪80年代起日本对美国贸易盈余以资本投资形式投资到美国，形成所谓的债务——美元国际货币和金融资本循环，美国又将资本项目盈余中多余的部分投资到其他国家，这个国际贸易盈余累积和以追求债务为特征的国际资本回流机制，推动了以国际收支盈余支撑的黄金——美元货币体系向以债务支撑的美元国际货币体系的转变的形成。而理查德·邓肯（2007）深刻分析了债务——美元体系的形成，认为法币货币制度下金融信用膨胀是必然的，而国际货币制度失去约束后，在债务——美元体系下，推动了美国经济的金融化——证券化和国债规模持续扩大。

1971~1982年是从黄金——美元到石油——美元，再到债务——美元的过渡时期。1982年以后日本与美国之间形成贸易盈余、债务回流的特殊关系，债务——美元的新循环就真正建立起来了，此后东南亚国家和中国相继加入这个循环。债务——美元的根本矛盾在于，国际货币发行国只会考虑本国经济状况来制定政策，而国内经济状况和国际经济状况是不能协调的。美国获得比其他国家更多、更直接的世界经济和金融控制权，发行债务——美元就意味着美国具有了控制国际金融信用创造的能力，可以制定金融资产价值标准、交易规则和决定是否交易。

3.4 总结

本讲基于货币金融政治经济学、金融脆弱性理论和最新理论文献，认为当前金融不稳定的基础性因素在于以下方面：第一，从根本上来说，金融不稳定是由资本资产积累未来收益的不确定性决定的，杠杆化大规模融资使当代金融不稳定被放大和持续。第二，金融资本脱离生产资本[2]后，特别是金融自由化推动的杠杆融资泛化后，其对实体经济的反向影响日渐巨大。不同类型的金融

---

[1]　这种影响常常在研究上被忽视，只有少数经济学家进行了系统研究。

[2]　希法亭在《金融资本》中，详细阐述了金融资本脱离生产资本的历史过程及其影响。

信用通过信用链条形成复杂的风险关系，突出表现为虚拟资本价格和规模的波动，并将非银行金融机构的风险传递到银行信用系统。金融化更多的是以各种虚拟资本形式出现，虚拟资本膨胀偏离实体经济的趋势不能长期持续，在缺乏内在协调机制的情况下，这种虚拟资本膨胀趋势最终导致金融危机、信用紧缩，并极易导致经济危机。第三，在法币制度下，频繁宽松的货币政策导致货币泛滥，货币与其他金融资产相互推动膨胀，其他金融资产则以更快的速度膨胀。货币①的完全流动性、贮藏功能和不退出特性使其成为短期规避风险的最好资产。在金融化趋势下，货币作为短期金融资产的功能大为增强。金融不稳定使政府和央行向市场及机构注入流动性政策成为典型的危机政策。第四，在债务—美元主导的国际货币金融体系下，美国与其他国家形成了不稳定的美元与美国债务等金融资产的循环流机制，这一机制是全球金融信用膨胀、货币流动性泛滥、通胀和金融危机产生的重要原因。

---

① 这里是指我们常用的狭义货币 M1。

4 PART

第 4 讲

美国金融自由化政策与经济虚拟化①

本讲提要

　　本讲主要阐述美国金融自由化政策与经济虚拟化的关系。美国经济虚拟化的核心是杠杆机制、金融创新机制与监管制度及债务——美元体系下的国际资本自由流动机制。2008 年美国次贷危机是经济、金融去杠杆化的危机和美元危机，美国金融市场没有能力恢复对高杠杆机制的信心，美国经济和美元地位也就相对下降。最后，提出政府在推行金融自由化政策时，要注重对高杠杆金融活动的管制，对虚拟经济发展进行更系统的干预。

　　美国为解决 20 世纪 70 年代开始的长期的"滞胀"，推行了经济、金融自由化政策。尽管在实施金融自由化政策之前美国在 20 世纪 60 年代就已经出现一些规避管制的金融创新，但正是 20 世纪 70 年代后以放松金融管制为特征的金融自由化政策才真正推动了全面的经济虚拟化。美国经济虚拟化是以杠杆机制、金融创新机制与监管制度和债务——美元下的国际资本自由流动机制为核心内容，形成了一个循环经济机制，并维持了 20 多年。但 2008 年美国次贷危机证明这个经济虚拟化的机制和循环机制是不可能长期维持的，虚拟经济依靠债务——美元货币体系吸收国际资本支持，美元又依靠不断的金融创新来维持。金融危机表明这种金融自由化已经走到尽头，经济就陷入去杠杆化的危机，美元地位也就无法继续维持。

　　① 本讲得到天津社会科学基金项目"流动性过剩问题研究"（TJYY08-2-081）的资助，以及南开大学青年基金项目（NKQ08066）的支持。

4.1 美国金融自由化政策与经济虚拟化的机制

一般研究将美国金融自由化政策理解为金融管制的放松。本讲认为美国的金融自由化不只是利率自由化、银行管制放松和金融创新，其与其他国家金融自由化最本质的差异就是与债务—美元形成了相互支撑机制。因此，美国的金融自由化吸引了全球资金支持，也支持了债务—美元体系，而日本的金融自由化就不具备这个条件。美联储实施的货币主义的货币政策与房地产政策为金融创新发展提供了重要支持。这两方面政策属于金融自由化更宏观层面的因素。

4.1.1 经济滞胀与金融自由化政策

自 20 世纪 70 年代以来，美国实施的金融自由化政策成为摆脱经济滞胀的重要手段。美国金融自由化政策主要体现在三个方面：一是对金融机构的管制放松，对储蓄机构、商业银行业务的管制放开，允许这些机构从事高杠杆、高风险金融业务，从而推动了金融混业。二是允许和推动了证券化和金融衍生化创新的发展，由传统证券化发展到高杠杆、高风险的金融衍生品，风险/收益进行了再分配，使风险通过证券化机制渗透到金融链条的各个层面。三是在储贷机构和商业银行管制放松的过程中，也相应地修改了监管机制，但是对投资银行和非银行金融机构的监管存在严重漏洞。

第二次石油危机使美国宏观经济滞胀状况更加恶化。1975 年由投资银行创设的货币市场基金将货币市场与资本市场连接起来，在高通胀、高市场利率状况下，由于储贷机构的业务和利率受到严格管制，大量资金流向货币市场基金，即"金融脱媒"，货币市场基金规模从 1979 年底的 39 亿美元猛增到 1982 年底的 2300 亿美元，储蓄贷款机构全面陷入危机。为挽救储贷机构，美国国会通过了一系列法案放松对储贷机构和商业银行的管制，其结果就是金融机构业务开始融合，层出不穷的金融创新大规模出现，主要有 1980 年《存款机构放松管制与货币控制法》（DIDMCA）承诺逐步取消储贷机构最高利率上限，从而可以提供具有灵活利率的抵押贷款；联邦注册储蓄机构可提供商业性房地产贷款、商业性非担保贷款、消费贷款；1982 年《加恩－圣杰曼吸收存款机构法》

（DIA）给予储蓄机构与银行相似的业务范围，但不受美联储的管制，允许储贷机构开设不受利率限制的账户，包括货币市场存款账户（MMDAs）和超级 NOW 账户（SNOW），以提高其竞争力。加恩-圣杰曼法案还放开了对储蓄机构盈利资产组合的限制，如储蓄机构可将其资产的 3% 投向在房地产开发等领域进行股票投资的服务公司，可以购买商业票据和公司债券，可将资产的 10% 投向商业贷款。非银行存款机构也被允许从事工商信贷和吸收存款。一些非银行金融机构，如共同基金、财务公司、保险公司及美国三大汽车公司附属的金融公司，开始从事一些商业银行业务。而大企业通过兼并银行和非银行金融机构成为金融控股公司，从事各种金融业务。1986 年修正后的货币控制法废除了"Q 条例"，并减少了储蓄机构业务限制。1989 年国会通过的《金融机构改革、振兴和实施法案》（FIRRE）目的是加强储贷机构的资本和监督标准监管，改变储贷机构的监管机制，财政部直接管理储贷机构监管局。但该法案存在的主要问题是，新资本要求是建立在账面价值比率上的[1]，这使储蓄和贷款机构可能故意"粉饰"有价证券的账面价值，从而累积风险。

1999 年《金融服务现代化法案》允许银行控股公司通过设立子公司的形式经营多种金融业务，如存贷款、证券承销和经纪及保险、经济咨询等。该法案确立了对于从事多种金融业务的公司实行伞形监管[2]与功能监管。2000 年以来的金融创新往往同时涉及银行信贷、证券、保险、投行业务等多个领域，单一领域监管容易出现交叉领域的监管真空。同时，金融创新迅速发展，产品设计过于复杂，交易缺乏透明度使监管部门在监管能力和经验上都难以跟上金融创新的脚步。2008 年美国次贷危机暴露出在金融高度混业情况下，这种监管体制监管效果已经滞后，因为内部协调机制效率低和分工不明确延误了化解金融风险的时机。另外，美国金融监管存在监管盲区，对投资银行的监管很少。这种伞形监管和功能监管的分工是证券交易委员会（SEC）负责监管投资银行，美联储负责监管银行控股公司和商业银行。SEC 只要求投资银行提供连续年度财务报告，并且只监管其中的证券经纪业务，在 2009 年美国金融监管改革之前 CDO（债务担保证券）、CDS（信用违约掉期）这样复杂的金融衍生工具和对冲基金不受联邦监管。

---

[1]　FIRRE 中包括的发展限制、资产限制和其他处罚全是基于资本短缺的账面价值措施。

[2]　这种监管体制的最大特点是"双重多头"监管。"双重"是指联邦和各州均有金融监管的权力；"多头"是指有多个部门负有监管职责，如美联储、财政部、储蓄管理局、存款保险公司、证券交易委员会等多个机构。

4.1.2　金融自由化的本质特征

美国金融自由化政策本质是进行全面的资产证券化和更复杂的金融衍生化，并允许包括储贷机构在内的金融机构以高杠杆从事证券化和金融衍生品交易。证券化与金融衍生化体现为金融产品和技术方面的创新；杠杆化揭示了投资机构从事证券化和衍生产品交易获取高风险收益的本质机制，只有高杠杆交易才能获得高收益，如果没有交易杠杆，美国虚拟经济就不会发展到这样的规模。全球金融创新经历了三个阶段，并主要集中在美国，具体如下：一是 20 世纪 60 年代以规避税收和政府法规为目的的产品创新，二是 20 世纪 70 年代以适应全球化和转移风险需要的产品创新，三是 20 世纪 80 年代以规避各种金融风险为目的的产品创新。在美国出现了期权、股指期货、期货期权等，以此来满足投资者防范和管理金融风险的需要。20 世纪 90 年代经历深化发展的过程，欧美和亚洲新兴市场国家推出各种金融创新产品，网络技术和计算机技术的广泛应用大大扩大了这个市场规模。各阶段的金融创新具体内容等如表 4-1 所示。

表 4-1　各阶段的金融创新

时间	金融创新具体内容	创新目标	国别/机构
20 世纪 60 年代以规避管制为目的			
1960 年	可转换债券	转移风险	美国
1960 年	可赎回债券	提供流动性	英国
1961 年	可转让存单	提供流动性	英国
20 世纪 60 年代	混合账户	突破管制	英国
	出售应收账款	转移风险	英国
20 世纪 70 年代以转嫁风险为主要目标			
1970 年	特别提款权	创造信用	国际货币基金组织
1972 年	汇率期货	转移汇率风险	美国
1974 年	浮动利率债券	转移利率风险	美国
20 世纪 70 年代中期	物价指数挂钩国债	转移通胀风险	美国
1975 年	利率期货	转移利率风险	美国
1976 年	指数基金	规避税收	美国

续表

时间	金融创新具体内容	创新目标	国别/机构
20 世纪 80 年代以规避风险为目的			
1980 年	债务保证债券	管理信用风险	瑞士
	货币互换	管理汇率风险	美国
1981 年	零息债券	转移利率风险	美国
	双重货币债券	管理汇率风险	国际银行机构
	利率互换	管理利率风险	美国
	投资组合保险	管理市场风险	美国
1982 年	期权	管理市场风险	美国
	可调利率优先股	管理市场风险	美国
1984 年	远期利率协议	转移利率风险	美国
	欧洲美元期货期权	转移利率风险	美国
	高收益债券	创造信用	美国
	担保抵押债券	提供流动性	美国
1985 年	汽车贷款证券化	提供流动性	美国
	可变期限债券	创造信用	美国
	保证无损债券	管理市场风险	美国
1989 年	日经指数看跌期权认购权证	管理市场风险	美国

资料来源：菲利普·莫利纽克斯，尼达尔·沙姆洛克. 金融创新［M］. 冯健，杨娟，等译. 北京：中国人民大学出版社，2003.

　　这里只介绍几种重要的资产证券化和衍生化发展，以阐述其发展趋势。1968 年由美国政府代理机构发行了最早的房屋抵押贷款支持证券 MBS（政府 MBS），该债券以优先级房贷作为抵押并有政府担保，是一种无违约风险，只有提前还款和利率风险的安全产品。1977 年开始产生银行等非政府机构代理发行和担保的私有 MBS，该债券以非优级房贷作为抵押，无政府担保，它将违约风险引入 MBS，使 MBS 成为一种高风险资产。这两类 MBS 都将房贷资产池还款现金直接转付给投资者，被称作传统证券化产品。其他产品有狭义次级抵押贷款支持债券（RMBS）、次级抵押债券的衍生证券（包括抵押担保债券 CMO、房地产抵押贷款投资融资信托 REMIC、剥离式抵押贷款支持证券 SMBS）。在以上产品创新基础上进一步衍生出了 CDO 市场。传统证券化产品没有对收益/风险重新分配。1988 年出现以重新分配违约风险为主的再证券化创新产品——债务抵押债券（CDO），其资产池中包含的抵押产品除了政府 MBS，更多的是以私有 MBS 特别是次贷作为基础资产的。2001 年 CDO 发行量快速增长，特别是 2005 年以后 CDO 迅速向次贷集中。养老基金、保险公司等机构持有大部分 CDO 产品。由于不受联邦监管，CDO 信息费非常不透明，CDO 投资者更多是对发行者的付款承诺或计量 CDO 价值数学模型投资。正是通过证券化方式，这些衍生产品被设计得异常复杂，大量的国内投行等金融机构及国外金融机构持有大量次级债衍生产品。

从事证券化产品和衍生品交易的金融机构为获得更高的利润，需要吸收更多的资金支持，就会进一步推高杠杆化率，进而不断推动金融机构推出更多、更复杂的金融创新产品，金融自由化就在这个机制下走向极致。整个金融链条被拉长，但是整个金融市场的风险都基于证券化基础资产的稳定，主要是房地产信贷和消费信贷的安全，整个金融市场对杠杆的依赖越来越强。2008 年次贷危机是一个去杠杆化的过程。由于商业银行、储贷机构可以从事证券化及衍生品业务，商业银行杠杆率由危机之前的 9.8 下降到 2010 年的 6.4；对冲基金（例如危机爆发前，贝尔斯登杠杆率为 30）危机之前一般为 27.5 倍杠杆率，2010 年降到 20 倍杠杆率；危机之前房利美和房地美的杠杆率为 62.5 倍，美国政府注资后，截至 2010 年杠杆率已经降到 43 倍。

纵观美国金融自由化发展和金融创新历程可以发现，在 20 世纪 80 年代以后金融创新的性质发生了变化，即由规避风险转变为追求高杠杆化下的高利润，在 2000 年以后高杠杆化金融创新达到极致。而在推行金融自由化政策时，政府对衍生品交易和投资银行的金融监管缺失，货币当局长期忽视虚拟经济发展的影响，实施低利率的宽松政策，使房地产等基础资产价格持续上升。美国的整个金融系统高度依赖高杠杆机制，并得以持续了一段时期，可是一旦房地产价格下跌和基础利率上升使杠杆交易机制断裂，金融市场就会陷入去杠杆化的系统性危机，进而蔓延成全球金融危机。

4.1.3 美国金融创新的宏观支撑机制

1968 年美国国际收支状况恶化，从 1968 年到 1971 年美国出现了 500 亿美元的经常项目赤字，黄金—美元体系难以维持，1973 年美国单方面宣布将美元与黄金脱钩，布雷顿森林体系崩溃。随后，黄金—美元本位制被债务—美元国际货币体系取代。黄金的非货币化和自由主义推动的金融自由化导致欧美国家浮动汇率制度的形成，国际短期资本大规模流动。20 世纪 80 年代以后，美国通过债务借入境外美元，用来买回其他国家的资源和商品，其他国家再用出口这些资源和商品换回的美元现金购买美国的债券和各种金融资产，这就形成在经济虚拟化与债务—美元体系下国际资本流动的相互支撑和循环机制，美国通过这个循环机制从全球吸收资金。这一循环机制之所以能够顺利运行是因为其他国家形成了巨额美元外汇储备，各国巨额外汇储备找不到更好的投资，只能将美元外汇储备投资到购买美国国债、股票、房地产等资产，以及从表面上看风险并不高的次级债、企业债及其衍生产品上，而各国金融机构加入这类投资。美国依靠虚拟经济支撑着美元国际货币地位，而债务—美元吸引的大量国际资金支持着美国虚拟经济。因此，债务—美元货币体系下全球流动性膨胀和国际资本大规模流动成为美国经济虚拟化的宏观因素，也是国际金融危机的根源之一。美国房地产信贷危机爆发后，全球投资者意识到美国经济所依赖的这一循环机制并不可靠，次贷危机就演变成为全球金融危机，美元支撑机制也开始动摇，所以也是美元危机。欧元与欧盟的情况与此相同。

如图 4-1 所示，从 1968 年开始，美国经常项目开始出现逆差，1984 年经常项目逆差和资本项目顺差的剪刀口迅速扩大，1990 年、1991 年短期收窄。然而，从 1993 年开始，美国经常项目逆差和资本项目顺差的剪刀差便越来越大。

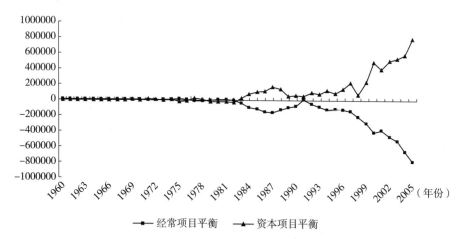

图 4-1　美国资本项目与经常项目比较

资料来源：根据 IMF 资料整理。

4.1.4　美国经济虚拟化与日本泡沫经济

我们认为美国经济虚拟化与日本泡沫经济有本质不同。美国经济虚拟化以高杠杆、金融创新机制和债务—美元体系下的资本自由流动机制为核心，形成了一个复杂金融链条和循环机制。所以，美国经济虚拟化具体表现为虚拟经济规模的膨胀。而日本的泡沫经济表现为资产规模相对有限的情况下，资产价格迅速膨胀，形成资产价格泡沫。两者的根本差异是美国形成了债务—美元与虚拟经济之间的相互支撑机制和循环机制，而日本泡沫经济没有这种支撑机制，具体来说就是日元没有真正成为有影响力的国际货币，所以日本虚拟资产没有成为支持日元国际化的重要基础，而且日本国内缺少资金流出渠道，日元只能在国内运行，基本没有流出缺口，因此没有境外日元资金支撑日本虚拟经济。

4.2 从虚拟资本到虚拟经济：经济虚拟化中的风险机制与美国金融危机

4.2.1 虚拟资本的演进与风险机制

4.2.1.1 货币、信用、虚拟资本及高杠杆化下的系统性风险

马克思货币、信用和虚拟资本理论指出，随着商品经济的发展，近代银行制度的出现所产生的各种信用工具和支付手段都是建立在资本主义信用制度高度发展的基础之上的。马克思指出："生息资本的形成造成这样的结果：每一个确定的和有规则的货币收入都表现为资本的利息，而不论这种收入是不是由资本生出。货币收入首先转化为利息，有了利息，然后得出产生这个货币收入的资本。同样，有了生息资本，每个价值额只要不作为收入花掉，都会表现为资本，也就是都会表现为本金，而和它能够生出的可能的和现实的利息相对立。"①这个资本的价格是以它的预期收入为基础的，即它的价格实际取决于未来能带来多少收益，虚拟资本在这里实质上是收入的资本化。因此，依据这样一种收入资本化的定价原则，包括股票、债券等在内的各种有价证券及后来逐渐发展出来的金融期货、金融期权等大量的金融衍生工具都是虚拟资本。而当

---

① 马克思．资本论(第3卷)[M]．中共中央马克思列宁斯大林著作编译局，译．北京：人民出版社：1975：526．

这些金融工具的持有和交易活动开始在人们的日常经济活动中不断普及和日益频繁时，其会对社会资金配置、收入分配、宏观经济稳定等产生重要影响，即形成虚拟经济活动。

资本资产的一般定价原则是未来预期收益的贴现，那么这个贴现率的确定以及未来预期收入流的确定和来源就是关键。金融产品的价格最终要靠基础资产的收益来支持。尽管各种定价模型中贴现率的确定已经包含了对各种风险的考虑，但是实际上并不能涵盖系统性风险，并且未来预期收入流可能并不是来自安全稳定的真实收入，而是后续市场的资金注入。在金融自由化推动下的金融创新，最初的一些产品以规避风险为主，但是随着全球金融机构竞争的加剧，越来越多的金融机构更愿意为高利润而承担高风险，这就推动了高杠杆交易的衍生产品和市场发展。同时，出现了保险机构为这些高风险产品提供所谓的保险支持。这就是2000年以来CDS、CDO等衍生产品出现的过程。在美国次贷危机中，银行、证券、保险等行业通过混业经营方式联系起来，一起参与到虚拟经济活动中，不同金融机构之间形成了错综复杂的资产—负债链条，这种确实能产生真实收入的资产链条是建立在虚拟资本价格上的。而保险机制（如AIG）提高了虚拟资本的信用等级，希望能够保护这个链条不会出现系统性风险，将系统性风险掩盖起来。缺乏监管的信用评级机构似乎掌握着"水晶球"，具备准确预测金融机构和金融市场风险的能力，现代金融衍生品的复杂性使投资者对信息高度关注，投资者对信用评级机构的能力确信无疑。

4.2.1.2　金融创新的转变与去杠杆的系统性风险

20世纪80年代后金融创新的目的由规避风险越来越转变为追求利润，导致杠杆率放大。美欧各国和地区金融自由化发展的主要表现是银行的信贷条件放宽，银行间的竞争加剧，利率实现市场化，资产出现证券化发展趋势加剧了银行和证券公司、投资银行之间的竞争。1999年美国政府颁布了《金融服务现代化法案》，标志着金融自由化发展到了顶点。20世纪80年代以来金融创新发展使去杠杆化的金融系统性风险增大。金融衍生工具是20世纪80年代金融创新的核心，既具有套期保值的避险功能，又具有赚取高风险高利润的投机功能。金融衍生产品加以创新的表外性和隐蔽性，使金融机构会计报表的真实性、透明度和准确性下降。信息不对称造成检测与预警有效性大大降低，投资者无法从财务报表中获取相关信息，无法甄别潜在财务风险和市场风险。金融衍生工具创新在一定程度上削弱了中央银行（简称"央行"）货币政策的有效性，增加了监管难度。在经济全球化背景下，金融创新打开了金融风险跨国传导的渠道，大大增加了防范和管理金融风险的难度。

4.2.1.3 债务—美元体系与美国虚拟经济循环机制的不可维持

在很长时间内，主流宏观经济理论和政策研究并未重视债务—美元体系下美元滥发造成的全球流动性泛滥问题。1973 年布雷顿森林体系崩溃后，美元彻底与黄金脱离，使国际货币发行彻底失去了有效共同约束。而美联储和美国财政部首先把国内经济问题放在首位，美国长期国际收支逆差是依靠长期对外债务实现的，美国就是通过外债和各种金融资产对外输出美元的，这就是全球流动性问题存在的根源。间接的证据是在 20 世纪 70 年代以前，全球的外汇储备维持在较低水平，增长缓慢，但在美元与黄金脱钩、布雷顿森林体系解体后，全球外汇储备呈现爆炸式增长，特别是发展中国家和新兴市场经济国家外汇储备急剧增长。1948 年全球外汇储备仅为 478 亿美元，到 1970 年便增长到 932 亿美元，这 20 多年间全球外汇储备年均增长速度为 3%。从布雷顿森林体系解体到 2008 年国际金融危机爆发前，全球外汇储备却以年均 12% 的水平快速增长，30 多年间增长了约 70 倍，于 2007 年底达到 6.41 万亿美元。随着美联储大量投放美元，截至 2007 年底，全球外汇储备已达到 7.1 万亿美元。国际金融市场参与主体的变化也能反映出全球虚拟经济发展的巨大变化：全球金融市场的主体是投资银行、养老金、保险机构、共同基金、对冲基金、主权财富基金等，其中主权财富基金在 20 世纪 80 年代出现，到 2008 年已经有 37 个国家成立了主权财富基金，其已经成为国际金融市场的重要力量。美国金融危机实质是去杠杆化的危机，美国虚拟经济的萎缩使虚拟经济与债务—美元的循环机制难以维持，美元也就陷入危机，美元国际地位相对下降已成事实。

4.2.2 美国金融危机与经济复苏

过去的 30 多年，美国经济越来越依赖经济虚拟化机制，经济虚拟化使汇率、资产价格和物价间达到新自由主义理想的"均衡"，传统宏观经济目标状态"良好"。因此，美联储和财政部门没有构建起充分考虑经济虚拟化影响的宏观政策机制，而监管体制的滞后和缺失使美国的金融自由化缺少有效约束。美国经济从 20 世纪 80 年代初开始出现金融失衡，在全球则表现为货币体系失衡和全球金融失衡。美欧这种经济高度依赖金融市场的结构是严重失衡的，一旦金融链条断裂，整个经济就会陷入衰退和危机，除非这种金融经济结构能够恢复，否则经济会因为继续去杠杆化而陷入低迷。2008 年国际金融危机产生的根本原因不是金融监管上的问题，而是美欧国家和地区不受控制的经济过度虚拟化，只有通过金融危机大爆发才能让它停下来，政府就不得不为维持这种脆弱的金融链条的稳定而进行干预。

4.3 经济虚拟化下的政府干预

4.3.1 美国政府监管职能与调控职能的缺失

在经济虚拟化后美欧政府似乎解决了经济增长和通胀并存的矛盾，20 世纪 90 年代初期以后美欧经济步入稳定增长和低水平通胀时期，而同时期的资产规模和价格在持续上升。现代金融的高度复杂性决定了经济虚拟化后政府如果继续以主流理论指导的传统政策方法预测和调节经济增长与通胀，则必然出现政策混乱。虽然在 20 世纪 90 年代中后期理论界一些学者曾多次对资产价格泡沫问题提出警示，但在泡沫经济没有破裂之前市场利益主体是不能认同政府挤出泡沫的。另外，受主流宏观经济理论影响的政府宏观经济政策在宏观经济指标都表现"出色"时不会主动击破泡沫，挤出泡沫的政策会引起相关利益主体的广泛批评，美欧政府无法承受由此带来的政治利益损失。

在金融自由化过程中，系统风险控制职能实际上是由各种保险机构来承担的。在美国次贷危机中，当市场力量推动房地产和其他虚拟经济领域大幅发展时，人们认为既然有 AIG 这样的大公司作担保，那就没什么可担心的发行次贷的"两房"机构和其他房屋信贷机构认为，违约率超过危险界限的概率微乎其微，所以也没有什么好担心的，那么美国财政部和美联储也没什么动力去打破经济"大好发展"形势。虚拟经济就在市场规律的推动下走向过度膨胀，直至金融链条变得极为脆弱、金融危机爆发为止。20 世纪 80 年代以后美国债务—美元机制实际上是推动美国经济虚拟化的主要宏观因素，虚拟经济逐渐成为美国主要的经济支柱，美国虚拟经济是吸引全球资金的重要部门，也是维持美国经济的核心机制。此外，美国虚拟经济的发展被各种风险控制"保护"着，房地产和证券迅猛发展都被看作"经济繁荣"的表现，一些官员就不可能"逆流而动"，而只能"顺势而为"。2008 年的美国金融危机实际上从 2005 年初就已经露出苗头，但几乎所有官员和学者都认为那只是局部危机，因为有那么"健全"的风险控制机制，系统性风险发生的概率很小。美欧政府只能为政治、经济利益束缚、短视和干预机制的滞后付出更大的代价。

4.3.2　经济虚拟化下的政府干预理论

要正确认识虚拟经济在现代市场经济发展中的作用，建立经济虚拟化下的政府干预机制。

4.3.2.1　虚拟经济的功能

虚拟经济的发展是社会化大生产中资本社会化的结果，在有效管理下虚拟经济可以发挥蓄水池和资金调配的功能。虚拟经济需要政府的积极管理，而不是完全放任。主流理论中将市场与政府对立研究的逻辑是错误的，政府放松管制和宽松的宏观经济政策推动了虚拟经济自由化发展，而虚拟经济发展又需要政府对其发展存在的系统性风险进行政策调控和系统监管。从 20 世纪 90 年代中后期到现在，国内外很多学者都曾经提出忠告，但正如历史所展示的，不经过大的危机，人们很难对马克思主义理论及其新发展和新政策实践有足够的认识。2008 年国际金融危机给我们提供了以虚拟资本理论为基础，推进政府宏观政策研究的历史素材和历史契机。

4.3.2.2　政府干预的困境

美欧国家和地区金融自由化发展确实在一段时期内扭转了经济滞胀。经济虚拟化带来了深刻变化，传统宏观经济政策手段越来越不容易达或政策目标，政策效果变得越来越难以操控。第一，主流宏观经济理论只考虑经济增长中的技术进步问题和实际要素投入，而主流理论的货币政策以控制通胀为核心目标。在过去的三十多年中，美欧虚拟经济规模扩大，吸收了大量资金，使一段时期内通胀水平保持稳定，主流理论的货币政策似乎实现了目标。但是由于忽视了虚拟资本的规模和价格水平的迅速膨胀，货币当局未能对此后流动性问题及虚拟经济波动对通胀目标的影响做出积极反应。第二，虚拟经济吸收了大量资金，其杠杆交易机制的基本特征使其对央行利率变动非常敏感。所以，在现实中，美联储利率调节政策实际上越来越针对虚拟经济，而对实际投资的影响在下降。第三，经济增长的内涵也在发生变化，GDP 核算的内容中实际上已经包含了虚拟经济，虚拟经济已经成为增长的重要内容，如美国 GDP 的核心已经是房地产和金融。在 2008 年国际金融危机中，政府进行了救助性干预，但在经济虚拟化下的宏观经济调控政策方面的研究目标还远未实现。这是因为主流理论观念对我们研究的束缚非常深，要突破观念和理论框架的障碍还需要长期努力。另外，经济虚拟化的机制非常复杂，我们对经济机制的变化还缺乏清晰的认识。

4.3.2.3 经济虚拟化下政府干预的范畴与系统干预机制

主流宏观经济理论关注的是技术进步对经济增长的影响和通胀问题，所以主流宏观经济研究的货币政策、财政政策都没有对虚拟经济的影响给予足够认识。主流学者认为，虚拟经济就是金融，而金融中介不会对经济产生长期影响。以货币政策为例，美欧央行一直将控制通胀作为长期、单一目标，资产价格的波动一直被视为短期问题，是金融市场自身的问题，市场机制会自动平抑这种波动带来的影响，因为金融市场是有效的。一些显著的现实使我们不能不对主流理论产生质疑：美国虚拟经济在经济中具有重要的作用；全球经济、金融存在失衡问题；全球流动性膨胀和经济虚拟化。2006 年全球都还在担忧流动性膨胀问题，而 2008 年至今全球已陷入流动性陷阱。这些现实提醒我们虚拟经济的发展使当代宏观经济运行的不确定性增大，全球金融系统性风险因素——缺乏约束的债务—美元体系和过度虚拟化的经济机制依然存在。因此，宏观经济政策必须将虚拟经济纳入其中，建立相适应的系统监管机制，转变宏观调控方式，扩大政府干预虚拟经济的职能。对虚拟经济运行有重大影响的金融监管措施和金融政策的变化都应该被视为政府的宏观管理职能。因为金融监管措施和法案的变化如果对虚拟经济产生重大影响，那么这种影响就会对实体经济产生重大影响，其宏观效应就不容忽视。

2008 年全球金融危机给中国金融发展提供了重要的启示，在推进金融创新过程中如何应对金融危机、如何对虚拟经济进行有效管理是一个重大课题。本讲认为，为了充分发挥虚拟经济在经济中的蓄水池等功能，保证虚拟经济适度和稳定发展，政府需要采取一些新的宏观经济政策。目前来看，政府在虚拟经济发展中应至少从四个方面入手：一是严格限制或管制高杠杆、高风险的金融产品市场，鼓励基础性金融创新；二是虚拟经济具有杠杆交易特征，因此在一些特定市场的发展过程中，政府需要进行市场发展规划，在法律法规和监管机制的构建上有所规划和设计；三是有关货币政策、财政政策需要充分考虑虚拟经济因素，不能忽视虚拟经济对货币政策和财政政策传导机制的作用；四是由于存在全球货币、金融体系失衡，宏观经济政策和监管要充分重视全球流动性泛滥和国际短期资本流动带来的影响。

存量—流量一致模型在经济危机和金融危机分析中的研究综述

📎 本讲提要

　　20 世纪 70 年代，以 Godley 为首的经济学家创建了存量—流量一致模型，将货币金融系统纳入模型，基于存量—流量一致的会计核算原则，借助各部门的行为方程和核算等式闭合模型，考察各个存量、流量的动态互动与均衡，为宏观经济学的研究提供了全新的分析框架。本讲对存量—流量一致模型在经济危机和金融危机分析中有代表性的研究成果进行了系统分析和评述。首先，介绍了桑托斯（DOS Stantos）构建的四部门存量—流量一致模型及两种均衡求解方法，对存量—流量一致的理论框架做了简单的梳理；其次，阐述了 Godley 借助存量—流量一致的分析框架分析和预测美国经济危机的系列研究，进而阐述了尼克福斯在前人基础上对收入差距增加影响经济发展的拓展研究；再次，在对金融危机分析的基础上，主要介绍了对带有明斯基特征的商业周期进行动态分析的相关模型；最后，介绍了存量—流量一致模型中分析应对经济危机与金融危机的宏观政策，多数研究显示出财政政策的有效性，现有文献表明逆周期的调节政策对稳定经济更有帮助。最新的存量—流量一致模型已经开始尝试与基于行动者建模相结合，这种新的分析框架兼具严谨性与灵活性的特点，本讲分析了这些在与金融市场结合研究方面的初步进展。

20 世纪 70 年代 Godley 和托宾开创性地创建了存量—流量一致（SFC）的建模方法，Godley 致力于研究理论与政策的联合、实体经济与金融市场的结合，为宏观经济学研究提供了一个新的研究框架。Godley 和 Lavoie（2007）出版了《货币经济学：一个信用、货币、收入、生产和财富的综合框架》①，标志着存量—流量模型的正式形成与成熟，在此之后存量—流量一致模型被越来越多宏观经济学领域的研究人员采用。存量—流量一致模型之所以在美国次贷危机之后被广泛关注，主要是因为模型中纳入了金融体系，并通过存量—流量关系对金融系统的运行进行分析和预测（柳欣等，2013）。在现代资本主义经济中，实体经济的行为不可能脱离货币、债务、资本市场这些金融要素（张凤林，2013）。然而，主流的宏观经济学将两者割裂开来，将货币看作一层"面纱"，将金融体系的运行排除在模型之外（陈达飞等，2018）。存量—流量一致模型正是弥补了主流宏观经济学的不足，将金融体系与实体经济纳入统一的框架下研究，没有理性人和信息约束，确保以严谨、接近现实的分析框架考察经济运行过程中的金融化、债务、宏观经济政策效果、经济增长等问题（张云等，2018）。

对存量—流量一致模型的研究主要可以分为两类：一类通过存量—流量对稳定状态的偏离来分析经济危机的产生和演化，另一类则聚焦于金融脆弱性和金融危机的研究。由于存量—流量一致模型完整包含了实体经济和金融市场，模型能够非常自然地验证明斯基提出的融资模式、实体经济与金融脆弱性的关系。而在应对经济危机与金融危机的政策分析方面，现有文献主要比较了不同的财政政策与货币政策的实施效果。本讲将主要介绍以上两类研究，对存量—流量一致模型做全面的理论综述。

5.1 存量—流量一致模型的基本分析框架

存量—流量一致模型的建模方法通常分为三个步骤：一是进行会计核算，二是建立相关的行为关系，三是进行比较动态分析（通常借助计算机模拟）

---

① Godley W, Lavoie M. Monetary Economics：An Integrated Approach to Credit, Money, Income, Production and Wealth[M].London：Palgrave MacMillan, 2007.

（Dos Santos，2005）。存量—流量一致模型是基于一个完整且严谨的会计框架构建的，这个框架由三个矩阵构成：一是存量矩阵，代表经济的初始存量；二是流量矩阵，显示初始存量和代理人决策所包含的所有流量；三是存量重估矩阵，明确该期间的资金流动如何在期末决定不同的存量。这三个矩阵中严密的会计核算为存量—流量一致模型的建立提供了坚实的基础，确保系统中没有"黑洞"存在。这部分将以桑托斯的四部门存量—流量一致模型为例，详细介绍模型的理论框架和不同的均衡求解方式（Dos Santos and Zezza，2005）。

桑托斯通过四部门存量—流量一致模型的构建，推导出不同于新共识宏观经济学的，取决于收入分配和资本家财富的产品市场均衡曲线，并根据均衡产出进一步推导出各个金融存量的均衡解。具体而言，模型中的资产负债表情况如表 5-1 所示。

表 5-1　资产负债表情况

项目	家庭	企业	银行	政府	总和
银行存款	+D		−D		0
银行贷款		−L	+L		0
国库券			+B	−B	0
资本品		+p·K			+p·K
股票	+E·pe	−E·pe			0
净资产	+Vh	+Vf	0	−B	+p·K

注：+表示资产，−表示负债，D 表示银行存款，L 表示银行贷款，B 表示政府发放的国库券，p·K 表示企业的物质资本，pe 表示股票价格，E 表示股票数量，Vh、Vf 分别表示家庭和企业的净财富。

表 5-1 呈现了一个简化理论模型。首先，经济体是一个纯信用系统，也就是说，所有的交易都用银行支票。其次，由于银行存款利率就是国库券的利率，因此家庭不会买国库券，而是持有银行存款和股票。再次，企业部门会通过留存利润、债券和股权融资为投资筹得资金。最后，银行部门的特征为承担政府债务，偿付政府赤字；不缴纳税款；分配所有利润。

表 5-2 和表 5-3 是资金流量情况，家庭部门的收入主要以工资、存款利息、从银行和企业分配到的利润这几种形式存在，得到的资金用于购买商品、缴税及储蓄。企业部门利用销售收入支付工资及税款、偿付利息、给股东分红，剩余部分为投资融资。政府部门得到的税款用来购买商品、偿还国库券利息。最后，银行部门可以收取贷款利息和国库券利息，偿付家庭部门的存款利息并分红。在一个闭合的系统中，每笔资金流动定是源于一个地方，流至另一

个地方，体现在表 5-2 中就是每行的加总值为 0。

表 5-2 资金流量情况（实物交易）

项目	家庭	非金融企业		政府	银行	总和
		经常账户	资本账户			
消费	$-C$	$+C$				0
政府支出		$+G$		$-G$		0
固定资产投资		$+p \cdot \Delta K$	$-p \cdot \Delta K$			0
工资	$+W$	$-W$				0
税收	$-Tw$	$-Tf$		$+T$		0
贷款利息		$-i_{-1} \cdot L_{-1}$			$+i_{-1} \cdot L_{-1}$	0
国库券利息				$-ib_{-1} \cdot B_{-1}$	$+ib_{-1} \cdot B_{-1}$	0
存款利息	$+ib_{-1} \cdot D_{-1}$				$-ib_{-1} \cdot D_{-1}$	0
股利	$+Ff+Fb$	$-Ff$			$-Fb$	0
列加总	SAVh	Fu	$-P \cdot \Delta K$	SAVg	0	0

注：+表示资金来源，-表示资金使用，C 表示消费，G 表示政府支出，$p \cdot \Delta K$ 表示固定资产投资，W 表示工资，Tw、Tf 分别表示家庭、企业缴纳的税费，T 表示政府收的总税费，i_{-1} 表示上一期贷款利率，L_{-1} 表示企业上一期持有的银行贷款，ib_{-1} 表示上一期存款利率，B_{-1} 表示银行上一期持有的国库券存量，D_{-1} 表示家庭上一期持有的银行存款，Ff、Fb 分别表示企业和银行分配的利润，SAVh、Fu、SAVg 分别表示家庭、企业和银行储蓄，$P \cdot \Delta K$ 表示企业固定资产的变化。

表 5-3 资金流量情况（金融交易）

项目	家庭	企业	银行	政府	总和
当期储蓄	$+SAVh$	$+Fu$	0	$+SAVg$	$+SAV$
银行存款	$-\Delta D$		$+\Delta D$		0
银行贷款		$+\Delta L$	$-\Delta L$		0
国库券			$-\Delta B$	$+\Delta B$	0
资本品		$-p \cdot \Delta K$			$+p \cdot \Delta K$
股票	$-\Delta E \cdot pe$	$+\Delta E \cdot pe$			0
列加总	0	0	0	0	0
净资产	$SAVh + \Delta pe \cdot E_{-1}$	$Fu + \Delta p \cdot K_{-1} - \Delta pe \cdot E_{-1}$	0	SAVg	$SAV + \Delta p \cdot K_{-1}$

注：+表示资金来源，-表示资金使用，SAVh、Fu、SAVg 分别表示家庭、企业和银行储蓄，ΔD 表示家庭持有的银行存款的变化，ΔL 表示企业持有的银行贷款的变化，ΔB 表示银行持有的国库券的变化，$p \cdot \Delta K$ 表示企业固定资产的变化，$\Delta E \cdot pe$ 表示家庭股票存量的变化。

表 5-1 至表 5-3 充分完整地刻画了简单经济体中各个部门的资产负债关

系及资金流量关系，模型本身的会计核算一致性框架已经提供了使模型闭合的若干条件。除此之外，还需要建立各宏观经济部门的行为方程。具体地，模型做出了以下假设：

第一，关于价格、工资的设定。

$$p = W \cdot b \cdot (1+\tau) \tag{5-1}$$

式中：p 为价格水平，W 为单位劳动的工资，b 为劳动产出比，τ 为加成比率。根据式(5-1)，很容易得到总的税前利润率 π

$$\pi = [p \cdot X - W] / p \cdot X = \tau / (1+\tau) \tag{5-2}$$

式中：X 为商品数量。

对应工资总额占总收入的份额满足

$$1 - \pi = W / p \cdot X = 1 / (1+\tau) \tag{5-3}$$

在之后的讨论中，模型假设价格水平、技术、收入分配都是外生的。

第二，关于总需求各要素的设定，具体指消费函数、投资函数的设定。模型采用了卡莱茨基的消费函数，假设生产工人会花费他们所有的税后收入，而资本家仅支出他们(滞后)财富的一部分。对此简化的原因在于富人更关心他们的财富而非收入。因此，有

$$C = W - Tw + \alpha \cdot Vh_{-1} = W \cdot (1-\theta) + \alpha \cdot Vh_{-1} \tag{5-4}$$

之后引入了泰勒的投资函数(Taylor L, 1991)

$$g^i = go + (\alpha \cdot \pi + \beta) \cdot u - \theta_1 \cdot i \tag{5-5}$$

式中：$g^i = \Delta K / K_{-1}$，i 为贷款利率，ΔK 为资本量的变化；θ 为税率；$u = X_t / K_{t-1}$，K 为资本量；K_{t-1} 是上一期资本；go、α 和 β 为外生的，go 衡量长期的预期，α 和 β 衡量"加速器"效应的强度；θ_1 衡量总投资对贷款利率变化的敏感程度。如果假设 $\gamma = G / p \cdot K_{-1}$ 和 i 都是政策规定的，短期内商品市场的均衡条件可以表示为

$$p \cdot X = W \cdot (1-\theta) + a \cdot Vh_{-1} + [go + (a \cdot \pi + \beta) \cdot u - \theta_1 \cdot i] \cdot p \cdot K_{-1} + \gamma \cdot p \cdot K_{-1}$$

$$u = [a \cdot Vh_{-1} + go - \theta_1 \cdot i + \gamma] / [1 - (1-\pi) \cdot (1-\theta) - (\alpha \cdot \pi + \beta)] \tag{5-6}$$

可见，均衡产出取决于收入分配和资本家财富的存量。

第三，关于金融市场和行为的设定。家庭部门的金融行为有两个非常重要的假设：家庭对 Vh 的价值不会有错误的预期；股票在总家庭财富中占有的份额 δ 与 ib 负相关，与代表预期的参数 ρ 正相关。因此，有

$$pe \cdot E^d = \delta \cdot Vh \tag{5-7}$$

$$D^d = (1-\delta) \cdot Vh \tag{5-8}$$

$$\delta = -ib + \rho \tag{5-9}$$

式(5-7)至式(5-9)中：E^d 为家庭股票需求，D^d 为家庭存款需求，δ 为股票在总家庭财富中占有的份额，ρ 为预期参数。结合家庭部门的预算约束，可得

$$Vh = (1-a) \cdot Vh_{-1} + ib_{-1} \cdot D_{-1} + Ff + Fb + \Delta pe \cdot E_{-1} \tag{5-10}$$

企业部门的权益比率 $\chi(E/K)$ 被认为是固定的，并且以一个固定的税后净利率 μ 给股东分红。因此，有

$$E^S = \chi \cdot K = \chi \cdot K_{-1} \cdot (1+g^i) \tag{5-11}$$

$$Ff = \mu \cdot [(1-\theta) \cdot \pi \cdot u \cdot p \cdot K_{-1} - i_{-1} \cdot L_{-1}] \tag{5-12}$$

$$Fu = (1-\mu) \cdot [(1-\theta) \cdot \pi \cdot u \cdot p \cdot K_{-1} - i_{-1} \cdot L_{-1}] \tag{5-13}$$

式(5-11)至式(5-13)中：E^S 为企业股票供给，g^i 为投资增长率，Fu 为留存收益。

如果股票的价格处在市场出清的水平上，可得

$$E^S = E^d \tag{5-14}$$

$$pe = \delta \cdot Vh / (\chi \cdot K) \tag{5-15}$$

可以推导出企业对银行贷款的需求（假设 $\chi = \chi_{-1}$）：

$$L^d = (1 + i_{-1} - \mu \cdot i_{-1}) \cdot L_{-1} + g^i \cdot p \cdot K_{-1} - pe \cdot g^i \cdot \chi \cdot K_{-1} - (1-\mu) \cdot (1-\theta) \cdot \pi \cdot u \cdot p \cdot K_{-1} \tag{5-16}$$

式中：L^d 为企业对银行贷款的需求。

在这个简化模型中，银行的金融行为本质上是被动的：银行可以提供企业需要的贷款；银行总是接受家庭存款和政府发行的国库券；贷款利率是国库券利率基础上的固定加成；银行会分发所有利润。

$$L^S = L^d = L \tag{5-17}$$

$$D^S = D^d = D \tag{5-18}$$

$$Bb^d = B^S = B \tag{5-19}$$

$$i = (1 + \tau_b) \cdot ib \tag{5-20}$$

$$Fb = i_{-1} \cdot L_{-1} + ib_{-1} \cdot Bb_{-1} - ib_{-1} \cdot D_{-1} \tag{5-21}$$

式中：L^S、D^S、B^S 均为供给，b^d 为需求。

最后，政府部门的税收占工资和总利润的比重固定，同时政府购买与（滞后）资本存量也是成比例的，国库券的供给由预算约束给定（见表5-2和表5-3），利率由政府决定。

$$G = \gamma \cdot p \cdot K_{-1} \tag{5-22}$$

$$T = Tw + Tf = \theta \cdot W + \theta \cdot (p \cdot X - W) \tag{5-23}$$

$$B^S = (1 + ib_{-1}) B_{-1} + \gamma \cdot p \cdot K_{-1} - \theta \cdot p \cdot X \tag{5-24}$$

$$ib = ib^* \tag{5-25}$$

式(5-25)中：ib^* 为外生参数。

上述包含的所有行为方程和核算等式可以令存量—流量一致模型闭合，虽然前文中已经得到产能利用率的均衡解，但是在任一确定时期，需求驱动的经济产出并非唯一变量。决定每个部门的收支流量和资产组合选择的各个存量同样值得考察（期末存量必然影响下期收入流）。期末的金融存量均衡解如下：

$$b = [b_{-1} \cdot (1 + ib_{-1}) + \gamma - \theta \cdot u] / (1 + g^i) \tag{5-26}$$

$$vh = [\varphi1 \cdot Vh_{-1} + (1 - \theta) \cdot \mu \cdot \pi \cdot u + \varphi2 \cdot b_{-1}] / (1 + g^i - \delta) \tag{5-27}$$

$$d = (1 - \delta) \cdot Vh \tag{5-28}$$

$$l = d - b \tag{5-29}$$

$$vf = (1 - \delta) \cdot Vh - l \tag{5-30}$$

式中：b、Vh、d、l、vf 分别为对应的大写字母（vh、vf 为对应的 Vh、Vf）除以资本存量的价值，比如 $l = L / (p \cdot K)$，φ_1、φ_2 均为参数，Vh^*、l^* 为外生参数。如果 b 和 vh 是已知的，d、l、vf 很容易通过上述等式确定出来。模型的解（buv）就可以表示为

$$b = [b_{-1} \cdot (1 + ib_{-1}) + \gamma - \theta \cdot u] / (1 + g^i) \tag{5-31}$$

$$u = [a \cdot vh_{-1} + go - \theta_1 \cdot i + \gamma] / [1 - (1 - \pi) \cdot (1 - \theta) - (\alpha \cdot \pi + \beta)] \tag{5-32}$$

$$vh = [\varphi1 \cdot vh_{-1} + (1 - \theta) \cdot \mu \cdot \pi \cdot u + \varphi2 \cdot b_{-1}] / (1 + g^i - \delta) \tag{5-33}$$

综上所述，产能利用率及其他标准化的资产负债表项目的短期均衡解完全是由政策和行为参数及期初家庭财富存量等决定的。另外，正如桑托斯和佐若（Zezza）所强调的，SFC 模型提供了"相邻短时期之间自然而严格的联系"（Dos Santos and Zezza，2008）。在每个时期，存量都会产生流量流动，这些流量会更新存量，然后这些存量将产生新的流量流动，以此类推。因此，SFC 模型的长期动态由相互联系的短期路径组成，这种定义强调了后凯恩斯主义的历史时间，与罗宾逊和卡莱斯基的定义类似[1]，比如，卡莱斯基认为，"长期的经济状况和短期经济运行密切联系，是一系列短期经济运行的组合"。基于此，为得到长期均衡解，需要做的就是在 $vh = vh_{-1} = vh^*$ 和 $l = l_{-1} = l^*$ 的假设下（其中，

---

[1] Robinson J. The Accumulation of Capital[M]. London：Macmillan，1956；Kalecki M. Selected Essays on the Dynamics of the Capitalist Economy[M]. London：Cambridge University Press，1971.

vh*是稳态的家庭金融财富，e*是稳态的贷款）求解 buv 体系。模拟结果表明，在均衡状态下，所有的流量和存量都以相同的速度增长，因此各个变量之间的比率是固定的。这个结论也成为桑托斯后来求解模型稳态时的重要工具。

在之后的研究中，桑托斯对模型进行了改进（Dos Santos and Silva，2009）。正如 Lavoie 等（2004）指出的，存量—流量一致模型试图解释的是长期和动态的现象。在 2009 年的研究中，桑托斯更关注情况复杂的长期均衡，并且将模型动态化。他着眼于资产负债表随时间的变动，将"稳态下资产负债表的所有组成部分即存量的增长率相等，并且等于流量的增长率"作为模型分析的主要工具，而非采用之前研究中供需平衡的传统分析方法。具体来说，就是家庭财富（食利者财富）的增长率等于政府债务（假设为正数）和资本存量的增长率，表示为

$$SAVh_t/Vh_{t-1} = -SAVg_t/B_{t-1} = gk \tag{5-34}$$

式中：g 为政府债务增长率，k 为资本存量增长率。

在模型假设下，如果资本存量一定，当食利者财富增加时，产能利用率的增加使税收收入相对于政府支出（商品和利息支付）增加，政府赤字下降，与此同时，投资的增长率会上升。为达到 $-SAVg_t/B_{t-1} = gk$ 这一均衡条件，要求政府债务下降，如图 5-1 所示。

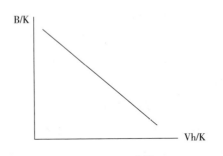

图 5-1　b-g 曲线

在分析另一个均衡条件之前，模型借助了 Minsky（1986）对于"大政府"的分析，他认为资本主义经济无法自发形成一个持续的价格稳定并且充分就业的均衡，必须加入政府干预和约束才能实现，而"萧条时期大政府的赤字财政要求包括金融中介在内的其他部门为赤字融资……我们生活在一个有着复杂金融体系的经济体中。在这个体系中，家庭部门可以通过收购金融中介机构的债务，间接为这些赤字融资"。而在资产负债表的流量核算一致性下，银行部门的资金进出遵循 L+B≡D，因此当政府通过赤字财政将其他部门的债务转变为自

己的负债时，对应地会有私人部门储蓄的上升。同样地，资本存量一定，当食利者财富增加时，产能利用率增加，投资增长率提升，为维持 $SAVh_t / Vh_{t-1} = gk$ 这一均衡条件，私人部门储蓄也会随之上升，并且伴随政府债务的积累。存量关系如图 5-2 所示。

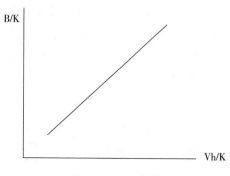

图 5-2   v–g 曲线

模型的完全稳态在各部门均衡条件满足的情况下得以实现，即在 b–g 曲线和 v–g 曲线的交点处（见图 5-3）。而其他存量和流量也可以通过设定的行为方程和会计核算恒等式推导出来。

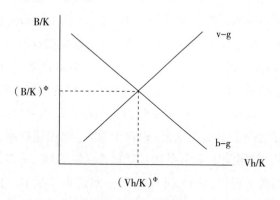

图 5-3   模型的稳态

在上述框架中进行动态分析：①当经济体所在位置高于（低于）b–g 曲线时，B/K 下降（上升）；②当经济体所在位置低于（高于）v–g 曲线时，Vh/K 下降（上升）。b–g 曲线斜率为负的原因是，对于任意资本存量水平，Vh 的增加减少了公共赤字，提高了资本增长率，因此 B 的均衡水平必须降低（这是令它的增长率在赤字较小时也能增加的唯一途径）。在 b–g 曲线以下（上），公共债务相比公共赤字是小的（大的），所以 B 的增长（减少）肯定比资本存量快，即

B/K 一定在上升（下降）。v-g 曲线的斜率为正的原因是，对于任意资本存量水平，B 的增加会增加食利者储蓄。在 v-g 曲线以下（上），食利者的财富相对于食利者的储蓄水平是小的（大的），所以 Vh 的下降（上升）一定比资本存量快，即 Vh/K 一定在下降（上升）。

另外，桑托斯通过 SFC 模型的动态过程演绎出 Minsky 的金融不稳定假说，指出在明斯基的危机中，食利者的财富及公司贷款的增速快于资本增速（因此产能利用率越来越高），政府债务增速低于资本增速，并且由于受到企业和银行债务比例的约束，模型将重回稳态。

5.2 存量—流量一致模型在经济危机研究中的综述

金融债务与经济危机密切相关的立场始终贯穿 Godley 的研究，而支撑其观点的分析方法就是存量—流量一致模型。Godley 作为英国新剑桥学派的代表人物，从 20 世纪 80 年代开始开发整合存量—流量的一致性模型，对美国的经济运行进行分析并预测了经济危机的爆发。随着 Godley 研究的深入，存量—流量一致的分析方法形成了有组织的框架，并逐渐发展成熟。

1999 年，Godley 发表了一篇著名的文章[①]，指出自 20 世纪 90 年代初起，美国经济表面上经历着稳健增长、低失业和价格稳定，到 1999 年，美国的经济已经持续扩张了将近 8 年，持续不断的紧缩性财政政策与低的净出口并存，快速的增长只可能产生于私人支出（相较于收入）的快速提高，宏观经济学的普遍观点认为私人支出相比收入的增长是预算紧缩的预期和良性后果，也就是通过降低利率刺激了投资，而 Godley 对这一点进行了反驳，他认为商业投资从 1992 年的 9% 上升到 1999 年初的 11%，只出现了温和增长。1992 年，商业部门实质上处于盈余状态。到了 1999 年，几乎所有商业投资都是由内部融资。私人部门赤字大部分发生于家庭部门，个人消费和住房投资超过个人可支配收入的比例比以往任何时候都大。然而，这种债务和贷款的增长具有不可持续性，因此私人支出不能被看作美国经济在中期平稳增长的来源。同时，他还指

---

① Godley W. Seven Unsustainable Process：Medium-term Prospects and Policies for the United States and the World[J]. Levy Economics Institute of Bard College Special Report，1999.

出美国正在增长的外债净额的不可持续性。通过存量—流量一致分析框架的应用，Godley 论证了如果财政政策不发生改变，净出口也没有明显的增长，美国经济注定会面临一场严重的衰退，失业率会大幅攀升。Godley 还声明对财政政策或贸易政策的建议适合于中长期的未来，而非短期的微调。

2000 年，Godley 基于流量核算一致性原则得到了私人部门、政府部门和国外部门余额之间的恒等式关系，即私人部门净储蓄总是等于政府的预算赤字加上经常账户盈余。根据此式，他再一次强调美国经济的两个隐患：低居民储蓄和增长迅猛的贸易赤字。美国此时的政府盈余和贸易赤字是以私人部门的赤字来平衡的，并且家庭和企业的负债必须持续增加才能维持局面，但依靠家庭债务增长来支撑的美国经济是不稳定的。同时，在中期，美国的贸易状况不太可能扭转，因此调整财政政策就变得尤为迫切和重要。否则，只要私人部门的支出增速低于收入，GDP 就会停止增长（Godley and Wary，2000）。

2006 年，Godley 和 Zezza 对于美国经济过于依赖私人部门贷款的增长这一事实的批判态度愈加强烈。他们的核心观点在于，如果房价停止增长或利率继续增长，那么很容易发生的是，美国家庭债务增长会有一个较小程度的放缓，但债务收入比率的微小变动会使私人部门借款收入比率这一流量产生巨大的不同和震荡，美国经济将陷入持续衰退。具体地，他们分析了 1980 ~ 2006 年的历史数据并预测了 2006 ~ 2010 年的走势，提出了一个新的推论：主要的经济放缓都伴随着私人部门借款水平的下降。仅靠私人部门借款收入比率的下跌来判断 GDP 增长率的放缓是可行的（Godley and Zezza，2006）。

2007 年，次贷市场崩溃，房地产市场也出现危机即将爆发的信号。针对这次经济动荡，Godley 等首次提出了一个一般化的模型来解释这次风暴对整个经济在中期影响的量级和时间。借助存量—流量一致框架的分析，他们主要抨击了美国国会预算办公室（CBO）的设想和预测的虚假性，并合理推断危机下美国经济的未来走势。首先，CBO 预测的私人部门债务收入比率的持续增长不符合目前形势下贷款人的贷款能力和意愿。他们提出了更加可行的路径，即债务收入比率与过去持平。以此为分析基础，推导出净贷款流量的两种不同走势，其中，如果债务收入比率趋于稳定，净贷款流量将会继续迅速下降。在产出方面，Godley 和 Zezza 修正之后的结论表明，到 2008 年的一段时间内，产出增长几乎降至零，之后会恢复到 3%。然而这样的产出水平仍远低于 CBO 的预测，这意味着失业率开始显著上升并且不再下降（Godley et al.，2007）。

2007 年 11 月，Godley 等再次发文，肯定了前期的研究工作对美国经济形势判断的准确性，着重分析了在次贷危机和房地产市场衰退的压力下，私人部门借款、支出和经济发展之间的关系。私人部门借贷双方交易意愿和能力的降低会令私人部门的借款额在两年之内下降到接近零的水平，在此"信贷紧缩"的假设下，私人支出剧烈下降，支出不再超过收入，两者差额与 GDP 占比预计在 2012 年最后一个季度达到-1.6%，预测经济在 2008 年将进入衰退期，并且只有在 2009 年之后私人部门净支出占 GDP 比重由下降转为趋平时，经济才可能复苏（Godley et al.，2007）。

宏观模型的存量—流量一致性方法还为研究收入分配与经济危机之间的关系提供了一种自然的方法，这在尼克福斯等的文章中有所体现（Papadimitriou et al.,2014）。在对美国经济现状的描述中，他指出，"和 15 年前一样，美国经济似乎又走上了同样的道路"。国外需求仍然疲软，2011~2013 年出口对经济复苏的影响微乎其微，政府的财政政策收紧。美国经济在 2009 年"大衰退"结束之后的复苏再一次依赖私人部门超额的借贷。除此以外，考虑到收入分配不平等状况的加剧，处于收入分配顶层的家庭在国民收入中所占的比例越来越大，而剩余家庭不得不借更多的钱来维持消费水平，美国经济的复苏之路更加艰难。基于这个原因，尼克福斯将收入差距的增加看作美国经济的"第八个不可持续的进程"。

尼克福斯指出，从 20 世纪 80 年代初开始，最富裕人群的收入占总收入的比例出现了惊人的增长，这部分人口的储蓄率很高，其收入的增加意味着流动性的显著增加，资金将大幅流入金融市场，如图 5-4 所示。

图 5-4　顶层 10%人群的收入份额与金融资产份额

从图 5-4 中可以看出，顶层 10% 人群的收入占比与他们拥有的金融资产总额和 GDP 之比之间存在显著的相关性，这两个序列在 20 世纪 70 年代末之前都是平稳的，之后则是同步增长。因此，可以做出推断，收入分配不均的演变是美国金融不稳定的主要原因之一。

同时，底层 90% 人群的收入占比不断下降，总收入停滞不前。如图 5-5 所示，在第二次世界大战后的前三十年，底层 90% 人群的实际平均收入与平均消费的增长速度基本相同。但由于 1970 年以后平均收入停滞不前，两者之间的差距不断扩大，必须依靠底层 90% 人群的借贷增长来弥补。为了维持消费水平，来自顶层 10% 人群流动性供应不断增加，与此同时，底层 90% 人群流动性需求也在增加。

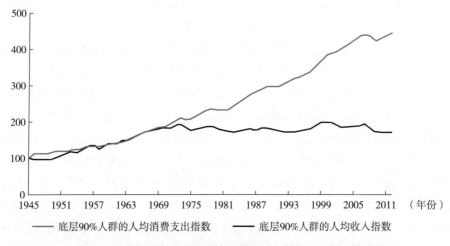

图 5-5　底层 90% 人群的人均消费支出指数和人均收入指数

从存量的角度来看模拟结果，在收入分配不断恶化的前提下（图 5-4），如果要实现模型预期的经济增长，新增的债务将更多地落在中产阶级和低收入人群肩上，即底层 90% 的人群将不得不重新开始积累债务，而顶层 10% 的人群保持在当前水平，历史很可能重复上演。还有另一种情况，如果底层 90% 的人群延续去杠杆的趋势，而顶层 10% 的人群保持负债在当前水平，那么美国经济除了 2014 年的短暂增长，并没有复苏的迹象。总之，不平等的加剧是不可持续的，如果任由这种趋势继续下去，将导致一个增长乏力、失业率高的时代。摆脱这一困境的唯一办法是扭转收入不平等加剧的趋势，收入分配的变化是未来可持续增长的必要条件。

5.3 存量—流量—致模型在金融脆弱性和金融危机研究中的综述

这一部分将详细分析金融脆弱性和金融危机研究中的存量—流量—致模型应用。存量—流量—致模型完整包含实体经济和金融市场，因此模型能够非常自然地验证明斯基提出的融资模式、实体经济与金融脆弱性的关系(柳欣，2012)。存量—流量—致模型研究中很多文献都是分析和规范了明斯基的金融体系内生脆弱性观点(Caverzasi，2013)，特别是在 2007 年美国次贷危机爆发之后，利用存量—流量—致模型研究明斯基金融脆弱性和金融危机涌现出一大批文献。

在金融危机爆发之前，桑托斯指出规范化明斯基金融不稳定假说的尝试缺乏一个共同基础，而 SFC 方法可以提供一个更好的处理明斯基观点的模型，如资产负债表之间的相互关系(Dos Santos，2005)。后来的文献试图展示 SFC 模型如何为带有明斯基特征商业周期的动态分析提供一个起点，如 Dos Santos 和 Silva(2009)。Yannis(2015)通过更复杂的模型实现，他将 Godley 的新剑桥方法与明斯基的一些假设相结合。在他的模型中，私人支出是由净资产与收入的目标比率推动的，但是和明斯基一样，这样的目标比率由于期望及借款人和贷款人习惯的改变而产生周期性变化。以这种方式建立模型可以发现，其对于理解金融不稳定怎么出现与哪些政策适用于抵抗这种不稳定是有用的。这个领域还有一部分文献和房地产市场关系密切，因为房地产市场泡沫在 2007 年次贷危机中是根源，所以 Zezza(2007，2008)建立了相关模型来探索房地产市场繁荣对收入分配和金融不稳定的影响。Maria(2015)也进行了类似的研究。

根据上述说法，存量—流量—致模型能更好地处理明斯基的观点，Gaverzasi 借助 SFC 模型对明斯基理论的一种典型质疑提出了反驳，阐述了债务融资到金融不稳定和金融危机的传导机制。反对明斯基的人认为，一些企业投资的支出同时是另一些企业的收入，即使这份投资是债务融资的，整个企业部门的总债务水平也是保持不变的。Caverzasi 却表示，明斯基确实将微观分析用在了宏观层面，但明斯基金融不稳定假说仍旧具有逻辑一致性，也就是说，如果考虑具体假设的话，那么债务融资的投资导致企业部门财务状况恶化仅意味着一个加总问题。

卡莱斯基在考虑资本家为生产融资的来源时指出："如果额外的投资是通

过银行信贷获得的，则为投资支出的金额在将来会产生相同数额的作为银行存款存在的留存利润。"（Kalecki，1954）这句话也总结了之后近半个世纪对明斯基金融不稳定假说的质疑。另一个构成模型研究基础的观点来自 Steindl（1952）。他提出了强制负债的概念，由于企业不能控制家庭部门的储蓄金额，因此它们不得不根据家庭部门的储蓄决策调整投资决策：

$$S_f + S_h = S = I \qquad (5-35)$$

式中：S_f 和 S_h 分别为企业和家庭储蓄。

综合尤金奥尼和卡莱茨基的观点可以得到模型的分析思路：根据不同企业利润分配政策和家庭部门的储蓄决策，演绎企业部门债务总额随资本积累的增长状况，从而证明明斯基金融不稳定假说在宏观层面的有效性。

在第一种融资制度下，企业部门不向家庭部门分配利润，并且完全通过债务融资手段进行投资。为体现利率对资产负债表结构变动的影响，模型划分为两期。假设在第一期所有部门资产负债净值为 0，如表 5-4 所示。

表 5-4　资产负债表情况

项目	家庭	企业	银行	政府	加总
银行存款	0		0		0
银行贷款		0	0		0
资本品		0			0
净资产	Vh	Vf	Vr	Vg	V

注：Vh、Vf、Vr、Vg 分别为家庭、企业、银行和政府的净资产。

表 5-5 描述了各个经济部门交易的资金流量，家庭会消费所有的工资收入，储蓄为 0。企业部门由于不分配利润会形成部门储蓄，数额与新增固定资产一致，银行部门和政府部门在本期没有储蓄。因此，在第一期，企业部门用来投资的商业储蓄金额就是本部门的留存利润 Fu。

表 5-5　资金流量表情况（实物交易）

| 项目 | 家庭 | 企业 | | 银行 | 政府 | 加总 |
		经常账户	资本账户			
消费	−C	+C				0
投资		+I	−I			0
工资	+W	−W				0
贷款利息		0		0		0

续表

项目	家庭	企业		银行	政府	加总
		经常账户	资本账户			
存款利息	0			0		0
分红	0	0				0
加总	SAVh	Fu	−I	SAVb	SAVg	0

注：+表示资金来源，−表示资金使用。

表 5-6 显示了各个部门如何利用各自的储蓄交易金融资产。其他部门在第一期没有储蓄，企业部门会将所有的留存利润 Fu 存入银行，形成银行存款 ΔCA，同时通过向银行借款 ΔL，为资本品的生产融资。据此，第一期期末企业部门的金融结构可以用流动比例 $l_1 = \dfrac{CA}{CA+K}$ 和杠杆率 $lr_1 = \dfrac{L}{CA+K}$ 两个指标衡量，由于总储蓄和投资之间的恒等关系，两个指标均为 50%。因此，在第一期，企业部门的负债增速与存款增速一致。

表 5-6 资金流量表情况（金融交易）

项目	家庭	企业	银行	政府	加总
当期储蓄	0	+Fu	0	0	SAV
银行存款		−ΔCA	+ΔCA		0
银行贷款		+ΔL	−ΔL		0
资本品		−ΔK			+ΔK
加总	0	0	0	0	0
净资产	0	Fu	0	0	SAV

注：+表示资金来源，−表示资金使用。

在第二期，如表 5-7 所示，除企业部门的净资产 Vf=K 外，所有部门的资产净值均为 0。

表 5-7 资产负债表情况

项目	家庭	企业	银行	政府	加总
银行存款		+CA	−CA		0
银行贷款		−L	+L		0
资本品		+K			+K
净资产	Vh	Vf	Vr	Vg	+K

注：+表示资产，−表示负债。

如表5-8所示，由于银行是逐利的，贷款利率 rl 大于存款利率 rc，企业部门总利润被银行瓜分，留存利润 $Fu_t = I + rcCA_{t-1} - rlL_{t-1}$（其中，CA 为存款数量，L 为贷款数量，$CA_{t-1}$ 为一上期存款数量，L_{t-1} 为上一期贷款数量），但商业部门内部利润的重分配并不影响商业储蓄的总额。与此同时，家庭部门仍然没有储蓄，所以 $S_f = S = I$。在完全依靠债务融资的背景下，企业部门储蓄的增长速度比债务增长得更慢，最终将出现负储蓄。例如，其他条件不变，假设任一时期 I = 100，rc = 2%，rl = 4%，37 个周期后公司部门就会出现净亏损。

表5-8　资金流量表情况(实物交易)

项目	家庭	企业		银行	政府	加总
		经常账户	资本账户			
消费	−C	+C				0
投资		+I	−I			0
工资	+W	−W				0
贷款利息		$-rlL_{t-1}$		$+rlL_{t-1}$		0
存款利息		$+rlCA_{t-1}$		$-rlCA_{t-1}$		0
分红	0	0				0
加总	SavH	Fu	−I	SavB	SavG	0

注：+表示资金来源，−表示资金使用。

根据表5-9计算得到第二期期末的流动比率降至50%以下，杠杆率提高到50%以上，在利率的影响下，企业部门的金融脆弱性提高了。

表5-9　资金流量表情况(金融交易)

项目	家庭	企业	银行	政府	加总
当期储蓄	0	Fu = 98	SavB	0	SAV
银行存款		−ΔCA = 98	+ΔCA		0
银行贷款		+ΔL = 100	−ΔL		0
资本品		−ΔK = 100			−ΔK
加总	0	0	0	0	0
净资产	0	Fu = 98	$V_b = 2$	0	SAV

注：+表示资金来源，−表示资金使用，V_b 表示银行净资产，ΔCA 表示银行存款变动。

在这种融资制度下，如果存贷款利率差接近 0，或者即便存在银行利润，但被用来支付工资或向家庭部门全部分配，从而被消费增长替代，那么企业部门的资产负债状况便不会恶化。

在第二种融资制度下，模型假定企业分配利润，并且通过债务融资（忽略净金融流量）。模型因此含有两个主要决策，包括企业的利润分配决策和家庭的储蓄决策。首先，不论企业是分配所有利润还是部分利润，只要家庭进行储蓄，企业部门留存利润的增速就会低于总储蓄驱动的债务增速，企业部门的金融结构恶化了；如果企业仅分配利润的一部分，家庭部门不储蓄，那么模型中的现金流变动情况类似于第一种融资制度。

综上所述，Caverzasi 得出结论：在存贷款利息差额为 0 的情况下，只有假设企业不分配利润或者分配利润的同时居民储蓄倾向为 0，债务融资的投资才不会使企业部门的财务状况恶化，对明斯基金融不稳定假说的批判才成立。相反，如果分配利润且居民会储蓄一部分的话，那么企业部门负债水平会随着资本积累而增加，就像明斯基的金融不稳定假说中假设的那样。

5.4 存量—流量模型中应对经济危机和金融危机的政策分析

现有的文献大多数运用理论方法对政策进行分析，主要围绕财政政策与货币政策的比较展开。Dos Stantos 和 Zezza（2004）拓展了 Godley 和 Lavoie 的研究，纳入公共部门，也就是央行和政府，发现财政政策比货币政策更有效，因为利率的增加产生了两个相反的效果：抑制投资，对实体经济产生负面影响；增加支出，对资产持有者的资金流入产生积极影响。Godley 和 Lavoie（2007）挑战了将货币政策作为实现充分就业的工具的新共识观点（仅在短期内且不考虑财政政策）。他们的模型显示，"在 SFC 框架里，对于任意利率，财政政策都可以实现通胀目标率下的持续充分就业"。Le Heron（2012）进一步系统地研究了这两种政策之间的关系。他的研究源于对货币政策效果的分析，剔除了财政政策的影响，并得出结论，即由于传导渠道数量众多，货币政策永远不可能是中性的。Arestis 和 Sawyer（2012）研究了这个模型设定的经济体对财政、货币和混合政策的反应之后，得出了财政政策应该在拉动总需求方面发挥主导作用这一结论。在 Ryoo 和 Skott（2013）看来，充分就业是政策的最终目标，在总需求不足的情况下，逆经济周期的政府支出是一项有效的政策，即使它可能导致不稳定的增长。他们的观点是，在使经济恢复稳定方面，积极的财政政策比紧缩的政策效果更好。

在考察政策效果的文献中，较为经典的是上文提到的 Godley 和 Lavoie 的 SFC 模型。在美国爆发金融危机之后，Godley 反复强调政府应该采取扩张性的财政政策，以缓解家庭部门的赤字压力，财政政策是实现宏观经济政策主要目标的必要条件，新共识提出的"一个合理的利率的设定是实现经济价格稳定和充分就业的充分必要条件"是狭隘的。为系统地阐述财政政策在经济运行中的调节作用，他们利用一个仅包含政府部门和私人部门的存量—流量一致模型模拟经济运行过程，关注政府支出、政府债务及政府赤字与 GDP 之比在稳态时的表现，发现政府债务要想维持稳定，实际税后净利率不需要低于实体经济增速，但实际税后净利率更高的情况会使达到稳态时的政府债务与赤字占 GDP 的比重大大提高，这也从侧面说明了像马斯特里赫特财政标准那样限制赤字和债务比率是没有意义的。从另一层面上看，如果债务利息支付不会爆炸性地发生，经常账户赤字占 GDP 的比重是可以长期维持的，只是政府赤字的比重会更大。借助前述的存量—流量一致分析框架，Godley 和 Lavoie 对"财政政策同样可以实现通胀目标、稳定产出"这一观点进行了验证，类比央行的利率反应函数，模型又定义了一个财政政策反应函数来描述财政政策和通胀之间的关系，它是实际纯粹政府支出增长率(gr_G)的函数，表达式如下：

$$g = g_{-1}(1 + gr_G) \tag{5-36}$$

$$gr_G = gr - \beta_1 \cdot \Delta\pi_{-1} - \beta_2 \cdot (\pi_{-1} - \pi^T) \tag{5-37}$$

式中：π_{-1} 为前一期的通货膨胀率，β_1、β_2 均为参数。

gr_G 取决于潜在产出的增长率(gr)。当滞后的通胀率上升或者实际的通胀率高于通胀目标率时，gr_G 就会低于 gr。这意味着当实际产出超过潜在产出时，gr_G 下降了。借助这个函数，模拟经济受到冲击或是行为参数发生改变，结果表明经济均能重回充分就业水平并且实现通胀目标。因此，对货币政策的一味强调是不合理的，在存量—流量一致模型的框架里，任一利率下的财政政策都可以提供可持续的充分就业和实现通胀目标。

Godley 和 Lavoie 在研究中特别强调财政政策的地位，但忽视了私人部门与政府部门之间存量—流量的一致性关系及动态互动，而对于这一点，Yannis 通过更复杂的模型验证了，他基于私人部门支出倾向和净债务比率的动态互动关系演绎了债务周期和经济中的不稳定性，私人部门调整支出的行为也会使政府部门的债务被动地受到影响。

模型综合了 Godley 和明斯基的观点。按照 Godley 的分析，经济模型包括三部门：私人部门、政府部门和国外部门。私人部门的支出倾向是由存量—流量标准，也就是确定的目标净债务收入比决定的，私人部门的盈余会根据期望的存量进行调整。据此，得到模型的关键等式：

$$\dot{p}=\lambda(d_P^T-d_P) \tag{5-38}$$

式中：$\dot{p}$ 为私人部门支出倾向的变动；d_P 为私人部门净债务收入比；d_P^T 为私人部门目标净债务收入比；λ 为参数。该式表示当实际的净债务收入比低于(高于)目标比率时，私人部门的支出倾向会提高(降低)。

但明斯基认为决定存量—流量标准的期望的安全边际在经济周期中是内生变动的，比如在经济持续扩张时期，由于经济的良好表现和信贷的宽松，借贷双方预期的安全边际会下降，私人部门目标净债务收入比就会提高，用公式表示如下：

$$\dot{d}_P^T=\theta_1(g_Y-g_{Y0})+\theta_2(d_P^B-d_P^T) \tag{5-39}$$

式中：θ 为参数，$\dot{d}_P^T$ 为私人部门目标净债务收入比。

该式说明当经济增长率 g_Y 高于基准增长率 g_{Y0} 时，私人部门的目标净债务收入比会增加，$\theta_1>0$。d_P^B 是基准净债务比率，决定于深刻的经济制度和社会因素，模型中被视作固定值。

尽管私人部门支出倾向的变动是私人部门影响其净债务的主要手段，但是可能并不会产生预期的结果。通过模型推导得出私人部门净债务收入比变动的决定因素(政府部门类似)：

$$\dot{d}_p=\frac{\dot{D}_P}{Y(1-\tau)}-d_P\frac{\dot{Y}}{Y}=p-1+(r-g_Y)d_P \tag{5-40}$$

式中：$\dot{d}_p$、$\dot{D}_P$、$\dot{Y}$ 为变量的变化率。

不难发现，对于净债务人而言，存在两种互相抵消的效应。一方面，支出的下降有助于降低净债务收入比，存在"支出效应"；另一方面，这也降低了总产出的增长速度，反过来又会对净债务收入比造成上行压力，存在"增长效应"。

基于 Godley 的理论观察这两种效应的大小，研究私人部门支出倾向和净债务收入比的关系发现，当私人部门是净贷款人时，不会产生一个不稳定的力量。相反，如果是净借款人的话，当支出倾向对实际与目标净债务收入比的差额反映越大，直至超过临界值时，增长效应会支配支出效应，导致不稳定。这就是私人部门的债务悖论：私人部门和他的贷款人越是试图通过调整私人支出控制债务，债务收入比越是不稳定。另外，由于在这个系统中政府部门的支出倾向是恒定的，因此政府部门净债务比率仅受增长效应的影响，而如果经济增长越来越不稳定，政府的净债务比率也会随之波动。因此，私人部门调整支出的行为也会使政府部门的债务被动地受到影响。

在系统中加入目标债收入比内生的思想会使系统变得更不稳定。这是因为在低经济增长、私人部门净债务水平很高的时期，借贷双方预期的恶化会使他们制定一个比基准债务收入比(稳态解)更低的比率，所以实际和目标债务收入比的差值增大，比 2D 子系统产生了更大的支出倾向上的下滑，经济增速也一样。相反，在高经济增长、私人债务很低的时期，经济的繁荣产生的良好预期使借贷双方可以感知到的风险更低，目标债务收入比更高，同样地，实际和目标债务比差距扩张，再反馈到支出倾向和经济增速上，产生了更剧烈的波动。

马斯特里赫特式财政规则要求政府部门根据目标净债务比率调整财政支出。在经济低迷时期，政府的债务比率有增加的趋势。如果到达某一点，政府债务比高于目标了，政府就会降低支出倾向。这放大了源于私人部门紧缩支出的影响。首先，经济增速会有更大幅度的降低；其次，增速的额外下降进一步降低了私人目标债务收入比的预期，这又加剧了私人支出、经济增速和私人净债务的不稳定。经济繁荣时同理可证。这个机制揭示了政府部门的债务悖论：政府部门越是试图通过调整支出控制债务，债务比率就越不稳定。

Godley 和明斯基财政规则将政府支出和私人债务联系起来，遵循逆周期调节的逻辑。对于内生性较高的经济系统，该规则能够稳定私人部门和政府部门的经济。在低经济增速、高债务水平时期，该规则要求政府支出倾向的上升，从而使经济增速上升，降低私人部门目标与实际净债务收入比的差值，稳定支出倾向和经济增长。当经济高速增长时，政府支出倾向下降，经济增速下降，降低私人部门目标与实际净债务收入比的差值，有利于稳定。由于经济增速波动小，政府部门的盈余和净债务比率也相对稳定。

总的来说，Yannis 以这种方式构建模型能够发现其对于理解金融不稳定怎么出现，以及哪些政策适用于抵抗这种不稳定是有用的。

5.5 存量—流量模型在经济危机和金融危机分析中的研究进展

近年来，存量—流量一致模型已经开始尝试与基于主体的建模方法，即基于行动者建模（Agent Based Modelling，ABM）相结合，以探求解决异质性代理人问题的方法，揭示非常态的复杂经济系统的运行轨迹，这些研究无疑拓展了存量—流量一致模型的研究广度和深度。

ABM 是一种模拟主体或者机构行为及交互的可计算建模，有限理性的异质性交互主体根据完全分散的匹配机制在各个市场上互相作用，演化出宏观经济系统的运行，从而可以评估不同的影响因素、政策对经济系统的作用。

Rauch（2007）表明，ABM 可以应用在不同领域的现实网络上，观察各个行为中点的异质性和随机性。Lebaron（2006）在对金融市场的研究中应用了 ABM，对包括主体偏好、基于选择的市场机制及行为主体的学习探索行为做了设计。Chen 等（2012）指出，ABM 与金融市场的结合有助于引入复杂多变的代理人行为来研究经济动态。但一般来说，ABM 的一个共同限制是，它们通常在存量和流量之间没有一致性。此外，正如 Bezemer（2011）所指出的，即便在主流模型（如动态随机一般均衡模型）中加入代理人交互，也并不能解决这些模型在预测 2008 年国际金融危机时表现出的能力不足。这就是 Bezemer 呼吁将 ABM 与 SFC 模型结合起来的原因，基于代理的建模方法的灵活性与系统中存量—流量的一致性相结合，提供了一个使实际变量和金融变量兼容的分析框架。

Seppecher（2012）补充道，在 SFC 框架内的 ABM 方法可以解决由于使用集聚模型而产生的一些矛盾和困难。他认为，ABM 方法可能带来三个重要特征：一是代理人之间不同生产过程长度的可能性；二是消费、投资和其他行为异步决策的可能性；三是考虑部门内流量和存量总量而非净额的可能性。不同的生产过程耗用时间不可避免地导致异步行为，这意味着存在时间不平衡的可能性，从而否定了行为优化的概念。因为一些决策必须在知道其他决策的结果之前做出，所以代理人必须使用经验法则，并且不能优化其行为。此外，考察部门内流量和存量的总量，可能解决"合成谬误"的问题。事实上，即便一个部门作为整体没有表现出任何不稳定的迹象，该部门内的代理人陷入金融困境也有可能导致部门金融不稳定。

Seppecher 通过 ABM-SFC 的建模方法考察了家庭、企业和银行之间的联系，并分析了工资刚性和最低工资对经济的影响。所有的行为都来自简单实体的重复交互，并且基于经验法则，而不是凯恩斯所说的最优化。值得注意的是，尽管该模型没有显示任何针对宏观经济均衡的明确行为，但是它达成了这一目标。依赖 SFC 宏观经济框架的严谨性，模型能够观察到原本独立的微观经济实体之间的相互依赖关系。

萨利亚和 Seppecher 在现有文献的基础上，整合了微观层面的凯恩斯主义需求理论和明斯基的杠杆周期理论，它们将导致信贷周期及债务通缩和衰退，同时纳入了后凯恩斯主义的存量—流量一致性，以便追踪金融失衡，这些特质确保模型在模拟经济体的金融和实体方面存在强大的反馈机制。在此基础之上，模型发现尽管审慎的监管限制了企业获得信贷的渠道，并确保了银行体系中风险加权资本缓冲的最低限度，但是金融危机依然存在，仅凭微观或宏观审慎政策可能不足以完全消除金融危机。而以公司净资产变动为目标的货币政策规则将显著抑制信贷周期，降低金融危机时期的就业成本，因为这一指标预示着金融失衡的早期信号。与标准的双任务泰勒规则相比，该三任务泰勒规则的稳定性更强。尽管如此，目前正在研究的政策规则中，没有一条能够完全消除金融危机造成的高就业成本。在央行的不同任务中，特别是在通胀水平与稳定信贷周期及减轻偶尔出现的巨大就业成本之间，似乎存在着相互矛盾的目标（Salle and Seppecher，2018）。

正如 Bezemer 和 Seppecher 所坚持的，ABM-SFC 是挑战 DSGE 模型的一种方式。它们为宏观经济模型提供了更好的微观基础。此外，各主体之间基于一个简单的经验法则重复交互，实现了复杂的宏观结果。但由于代理人和结果反馈之间交互的多样性，要掌握所有的动态是困难的，因此 ABM-SFC 模型应该保持相对简单，并专注于一些选定的行为，而不是试图适应现实世界。

5.6　结论

后凯恩斯主义经济学认为会计核算一致性是分析现实经济问题的基本前提，因为"确保会计核算正确经常是打击经济分析伪逻辑的最佳方式，严密的会计核算本身就可以得出一些有意义的经济结论"，存量—流量一致模型将实物资本、金融资产和负债都纳入模型，构造了一个更加接近现实世界的宏观经济学模型结构。基于存量—流量一致的会计核算原则，借助各部门的行为方程和核算等式闭合模型，可考察各个存量、流量的动态互动与均衡。正是由于存量—流量一致模型有这样严谨而完整的分析框架，才使货币金融系统的运行机制被更深入地研究，从而分析现实经济体系中的金融危机、债务周期、宏观经济政策效果、经济增长的可持续性等诸多问题。无疑，存量—流量一致模型的发展为宏观经济学研究提供了一个有价值的新思路。

在对经济危机的分析和预测中，Godley 的贡献比较突出。Godley（1999）利用三部门 SFC 模型分析指出，自 20 世纪 90 年代初起，美国经济表面上虽然经历着稳健增长、低失业和价格稳定，但以私人部门债务支出快速增长支撑的经济是不可持续的。随后 Godley 和 Wary（2000）继续指出，依靠家庭债务增长来支撑的美国经济是不稳定的，并强调在 2010 年之前住房价格下跌引致美国家庭债务增长有一个较小程度的放缓，将导致美国经济出现持续衰退，其中他在 2007 年 4 月就预测美国经济增长将在 2008 年之前几乎降为零并引致大量失业。总的来说，Godley 提出了美国经济在可持续发展进程中的两个障碍：财政保守主义和净出口需求疲软。尼克福斯提出了一个存量—流量一致模型，该模型显示了美国在收入不平等加剧的情况下，分布在底层 90% 的家庭储蓄率下降（从而增加了负债）是危机爆发前三十年维持充分就业的先决条件。反过来说，这个时期的资产价格泡沫是维持这一进程所必需的。尼克福斯跟随 Godley（1999）等指出，收入差距的增加是美国经济的"第八个不可持续的进程"，并认为不平等现象的减少对未来经济的可持续增长是必要的。至此，美国经济面临三个基本的结构性问题：收入差距悬殊、财政保守主义、净出口需求疲弱。这导致美国经济"大衰退"且呈现长期停滞的特点。

由于存量—流量一致模型完整包含实体经济和金融市场，模型能够非常自然地验证明斯基提出的融资模式、实体经济与金融脆弱性的关系。早在金融危机爆发之前，Dos Santos（2005）就指出，规范化明斯基金融不稳定假说的尝试缺乏一个共同基础，而 SFC 方法可以提供一个能更好地处理很多有关明斯基观点的模型，如资产负债表之间的相互关系等。后来的文献试图展示 SFC 模型如何为带有明斯基特征商业周期的动态分析提供一个起点，如 Dos Santos 和 Silva（2009）。Caverzasi（2013）阐述了债务融资到金融不稳定和金融危机的传导机制，证明了明斯基金融不稳定假说在宏观层面仍旧具有逻辑一致性，在一定条件下，债务融资的投资导致企业部门财务状况恶化仅意味着一个加总问题。Yannis（2015）将 Godley 的新剑桥方法与明斯基的一些假设相结合。在其模型中，企业和银行合并为一个私人部门，私人支出是由净资产与收入的目标比率推动的，但是和明斯基一样，这样的目标比率由于期望及借款人和贷款人习惯的改变而产生周期性变化。以这种方式构建模型能够理解明斯基的商业周期演变和哪些政策适用于抵抗经济的不稳定。

围绕应对经济危机与金融危机的政府政策，大多数文献是从不同政策之间的比较展开的。Godley 始终坚持扩张性的财政政策的立场。Dos Santos 和 Zezza (2004) 拓展了 Godley 的研究，纳入央行和政府部门，发现财政政策比货币政策更有效，因为利率的增加产生了两个相反效果：抑制投资，对实体经济产生负面影响；增加支出，对资产持有者的资金流入产生积极影响。Godley 和 Lavoie (2007) 挑战了将货币政策作为实现充分就业的工具的新共识观点（仅在短期内且不考虑财政政策）。他们的模型显示，"在 SFC 框架里，对于任意利率，财政政策都可以实现通胀目标率下的持续充分就业"。Le Heron (2012) 进一步系统研究了财政政策和货币政策之间的关系，指出传导渠道数量众多导致货币政策永远不可能是中性的。Arestis 和 Sawyer (2012) 研究了模型设定的经济体对财政、货币和混合政策的反应之后，得出了财政政策应该在拉动总需求方面发挥主导作用这一结论。针对不同的财政政策，Ryoo 和 Skott (2013) 认为，在总需求不足的情况下，逆经济周期的政府支出是一项有效的政策，即使它可能导致不稳定的增长。Yannis (2015) 基于私人部门支出倾向和净债务比率的动态互动关系演绎了债务周期和经济中的不稳定性，对模型施加不同的财政政策，其结果表明相对于马斯特里赫特式财政规则而言，逆周期调节的 Godley 和明斯基财政规则在稳定经济方面效果更好。

最后，本讲对该类模型的可能发展方向进行一些推测：第一，ABM-SFC 模型可以作为主流的 DSGE 模型的替代方案，更进一步地，由于它不存在合成谬误，其表现得比 DSGE 模型更加稳固。第二，由于 SFC 模型是基于一个连贯的、结构化的同时具有适应性的框架建立的，此模型可以为后凯恩斯主义内部各学派达成共识提供有力的工具。第三，将实证与政策指标结合起来可以得出具体的经济分析，这在政策层面上是有指导意义的。

6 PART ■

第 6 讲

货币认知的拓展：流动性及相互作用

本讲提要

  过去几十年发达经济体的经济虚拟化引起了金融监管政策和货币政策的一系列问题，迫使我们不得不扩展对货币与金融的认识范围。本讲在金融系统内讨论流动性与流动性风险的概念，区分了中央银行(以下简称"央行")流动性、资金流动性、市场流动性这三种不同类型的流动性及它们相关的风险。为了理解金融系统内流动性的运转和央行流动性的作用，我们汇集了不同领域的相关文献，检验了正常时期和动荡时期三种不同类型流动性的关联。我们强调流动性风险产生的根源在于信息不对称和不完全市场的存在。在流动性危机管理中，央行流动性起到重要作用，但它并不是万能的。在遭遇流动性冲击时，它可以即时起到临时缓冲的作用，从而为监管机构调查流动性风险产生的原因留出时间。

  金融流动性是一个难以捉摸的概念，却对经济系统的良好运转有着至关重要的作用。事实上，自2007年8月以来，金融市场的各类事件都带有资金流动性风险加大的印记，也揭示了这种风险是如何损害市场流动性、如何迫使央行作出反应的。本讲严谨、全面地整合了各领域关于流动性的文献，以提供一个统一的、一致的对于金融系统流动性和流动性风险的描述。

  首先，定义和讨论了三种主要的流动性，即央行流动性、市场流动性和资金流动性。在具体的流动性风险水平下，三者之间复杂的、动态的联系能使我们更全面地了解金融系统流动性的运作，并揭示其对金融稳定的积极或消极影响。

其次，流动性风险产生的原因在于对完全市场和对称信息的偏离，这一偏离会导致道德风险和逆向选择。当偏离持续时，金融系统中的流动性风险将会频发，并造成资金和市场流动性间的恶性关联，最终引致系统流动性风险。由于它存在破坏金融系统稳定的可能性，这种市场流动性风险也警醒了政策制定者。在这种情况下，紧急流动性供应是恢复均衡的一种方式。

再次，央行有能力也有义务减少清算的实际成本和降低金融系统崩溃的可能性。然而，在动荡时期，央行流动性并不能保证成功，因为它不能解决流动性危机产生的根源。事实上，由于央行不能确定地区分流动资金匮乏的银行和无偿债能力的银行，央行流动性的潜在收益是有限的。因此，它应当着力于停止(暂时)资金和市场流动性之间的恶性循环。当然，在央行决定其流动性供应策略时，必须注意干预的收益与成本之间的权衡。这个任务并不简单，也没有既定的法则。

最后，为消除系统流动性风险，流动性管理的实务操作需要更大的透明度。监管是应对流动性风险的基本武器。通过有效的金融系统监管机制，这些操作能减少不对称信息和道德风险，从而解决流动性风险产生的根源。这样一来，区分无偿债能力的银行和流动性不足的银行将变得容易，因而可以给最需要的单位提供流动性缓冲。这样也有利于市场变得更加完全。然而，由于需要收集大量的信息，这些机制成本也相当高昂。因此，它们应该由成本效益和成效最突出的单位来运行。

6.1 引言

查尔斯·古德哈特(Charles Goodhart)曾说，"流动性这个单词有如此多种含义，以至于在没有更进一步定义下使用它时，往往会适得其反"。

金融流动性是一个难以捉摸的概念，却对经济系统的良好运转有着至关重要的作用。事实上，自 2007 年 8 月以来的金融市场紧张情况最能反映这一点。这种紧张情况主要表现为货币市场流动性在银行间市场信贷配给后急剧下降(见图 6-1)。这是由以下事实导致的：由于资金流动性与银行结构化产品敞口带来的不确定紧密相关，银行拒绝相互借贷。敞口是一个重要的考虑因素，当这些结构性资产的市场流动性显著下降时，对这些产品进行估价的难度也将加大。结果是中央银行（以下简称"央行"）会进行干预，并向市场注入流动性。以上论述揭示了重要的见解，即金融市场流动性有多种形式，如市场流动性（银行间市场和资产市场）、资金流动性和央行流动性。更重要的是，为了理解金融系统流动性，我们应该密切关注金融系统中不同形式的流动性，以及它们之间的联系。

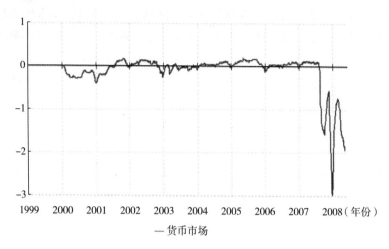

图6-1　欧元区货币市场的流动性

资料来源：欧洲央行。

本讲与目前流动性的相关文献不同。近年来的学术文献注意到了各种流动性类型，也记录了它们之间广义上的联系。然而，这些文献以相当分散的方式处理不同概念的流动性，它们主要集中在解释一些与金融流动性及各类流动性关系相关联的问题。换句话说，它们主要运用流动性的各种不同概念及它们之间某些片面的联系来分析其他问题。它们并未形成就流动性本身不同类型表现进行分析的理论成果。本讲弥补了这一空缺，通过集中、压缩、再解释大范围的现有文献，提供了一个结构化的、一致的金融流动性（风险）分析方法。更具体来说，本讲提出了一个一致的流动性框架。在这个框架中，我们区分并适当地定义了不同类型的流动性，并提出了流动性之间的联系（例如，描述了在这些类型中流动性的传输渠道和溢出方向）。也就是说，通过检验三种流动性（央行流动性、市场流动性和资金流动性）之间的联系，本讲描述了金融系统内的资金流动。第一个是央行提供的流动性，第二个涉及市场交易能力，第三个涉及银行资金头寸能力。本讲会给出每种流动性（风险）的定义及其性质，并结合最新文献中的理论研究和实证检验，给出了在正常和动荡时期流动性在三种类型中流动的框架性观点。本讲解释了这些联系和流动性传输渠道是怎样受到流动性风险影响的，同时披露了后者产生的原因。

本讲有两个方面的政策含义。一方面，不同流动性类型之间的联系是强烈的。在正常时期(流动性风险低的时期)，这种联系促进了金融系统流动性的良性循环，保证了金融系统的平稳运行。而在动荡时期(流动性风险高的时期)，这种联系仍然很强，但是现在其成了金融系统中流动性风险的传播渠道，可能引致金融系统不稳定的恶性循环。另一方面，央行流动性和监管机构在恢复金融系统的稳定方面有重要意义。

本讲还解释了对古典经济范式的偏离(如非对称信息和不完全市场)是如何造成流动性风险的，流动性风险是如何在金融系统中频发的，以及央行(流动性)如何在减轻流动性风险方面有相当重要(尽管有限)的作用的。

6.2 定义

在这一部分，我们确定和定义了与金融体系流动性分析相关的三种主要的流动性及其各自的风险。这三种主要的流动性分别是央行流动性、市场流动性和资金流动性。我们分析了各种流动性的性质和实证表现，展示了流动性风险的测度方法，并讨论了流动性和流动性风险之间的关系。

6.2.1 流动性

在经济学文献中，"流动性"与经济单位将其现有财富转化成产品和服务或其他资产的能力有关。在这个定义中，我们需要注意两点。第一，流动性可以从流动(而非存量)的角度理解，换句话说，它是一个流量概念。在我们的框架中，流动性是指在金融系统各单位中不受阻碍地流动，尤其是在央行、商业银行和市场之间的流动。第二，流动性是指实现这些流动的能力，流动的无法实现将导致整个金融系统流动性的匮乏。正如下文要表明的一样，这种流动的能力将受到不对称信息和不完全市场的影响。

6.2.1.1 央行流动性

央行流动性是指央行给金融系统提供其所需流动性的能力。它主要由央行提供的经济流动性来衡量，如央行发行的基础货币量。这与央行业务流动性相关。央行业务流动性指央行根据货币政策立场提供给货币市场的流动性额度。货币政策立场反映的是操作目标的主流价值，如央行的控制变量。事实上，央行策略决定了货币政策立场，即决定了操作目标（通常是关键政策利率）的水平。为实现这个目标，央行用货币政策工具（实行公开市场操作）来影响货币市场的流动性，从而使同业拆借利率接近货币政策立场所设定的操作目标。

说得更专业些，央行流动性，即基础货币供给的同义词，产生于央行在现行货币政策立场下对其资产负债表中资产的管理。在如图6-2所示的央行的资产负债表中，在负债方，主要的成分是自主因素和准备金。自主因素包括不受央行货币政策控制的交易。准备金是指由信贷机构拥有、央行持有、以满足银行间交易结算业务和准备金要求的余额，如最低存款准备金。对纸币的需求和银行缴纳准备金的义务使系统内出现了流动性赤字，因此依赖央行的再融资。央行作为基础货币的垄断供给者，通过公开市场操作向金融系统提供流动性。这些操作出现在央行资产负债表的资产方。央行通过操作提供的流动性，比如资产，应该与系统内的流动性赤字（如负债）相平衡。因此，央行提供的流动性等于自主因素与准备金之和。央行实行市场操作使银行间短期贷款利率与目标政策利率相一致。

资产	负债
公开市场操作 （向金融系统提供的净流动性）	自主因素 （纸币+政府存款–外国资产净值+其他因素净值） 准备金 （法定准备+超额准备）

图6-2　央行资产负债表

在这一点上，我们应当注意央行流动性、货币流动性或宏观经济流动性的关系。后者（货币流动性）是指货币、信贷和总储蓄的增长。因此，它包括广义货币总量，在这个意义上，也包括央行流动性。货币流动性对货币政策的制定有重要意义，然而，我们应把注意力放在央行的流动性上，因为它直接由央行影响。这样，我们能以一种更加明晰的方式勾勒出央行在金融流动性管理中的作用。而这从政策制定的角度来看，是更相关的。

6.2.1.2　资金流动性

巴塞尔银行监管委员会将资金流动性定义为银行清偿到期债务、出清或结算到期头寸的能力（BIS，2008）。类似地，IMF将资金流动性定义为有偿债能力的银行及时支付约定金额的能力。然而，也有学者从交易者（Brunnermeier and Pedersen，2009）或投资者（Strahan，2008）的角度界定资金流动性，他们认为资金流动性与其短时间内筹集资金（资本或现金）的能力相关。所有的定义都是相容的（Drehmann and Nikolaou，2008）。这在实践中也清晰可见，在实践中，资金流动性是一个流量的概念，可以理解成预算约束，即只要进入大于等于流出，总体就是可流动的。这适用于公司、银行、投资者和交易者。鉴于银行在分配金融系统流动性方面的重要作用，本讲将着重分析银行的资金流动性。

考虑银行流动性的来源是十分有用的。第一个来源是将钱委托给银行的存款者，第二个来源是市场。在资产市场上，银行可以通过出售资产或者证券化、银团贷款、二级市场贷款等产生流动性，其中，银行起到"发起人和经销商"的作用。此外，银行可以从银行间市场获得流动性，可以说这是流动性最重要的来源。最后，银行也可以选择直接从央行获取流动性。在欧元系统中，通过欧洲央行公开市场操作中的竞标，这也是可能实现的对来源及其重要性的扩展分析（Drehmann and Nikolaou，2008）。为了更好地理解流动性间的联系，了解这些来源是重要的。

6.2.1.3　市场流动性

市场流动性的概念早在凯恩斯时代就已经被提出，然而就其定义达成一致性花费了很长时间。近年来的一些研究将市场流动性定义为短期内以低成本、不对价格产生较大影响的方式交易某项资产的能力。从这点可以看出，市场流动性需要从多个方面进行判断，最明显的是交易能力。此外，Fernandez（1999）指出，"（市场）流动性，正如凯恩斯提到的……包括量、时间、交易成本等关键因素。因此流动性的定义涵盖包括深度、宽度（紧度）和弹性三个维度"。这些方面确保了市场上任何数额的资产都可以在任何时间被迅速地以竞争价格卖出，并且只会产生最小的价值损失。

市场流动性的性质及其在市场运行中的重要性一直是学术讨论的热点。一个有趣的发现是关于市场流动性的显著共性，个体股票流动性和整个市场流动性正相关。Chordia 等（2002a，2005）论述了流动性跨市场相关，即不同股票市场上、股票与债券市场上的流动性是相关的。事实上，Brunnermeier 和 Pedersen（2005）提供了一个理论框架，在框架中，通过对交易者行为的微观框架进行分析，他们合理地说明了不同资产与市场上流动性的共性。此外，Stahel（2005）指出，存在全球（市场）流动性因素。也有文献说明了流动性和资产价格（收益）存在负（正）相关关系（Acharya and Pedersen，2005）。

在本讲中，我们着重关注两类市场流动性。银行间市场流动性是指流动性和资产市场流动性。前者在银行间交易，后者指资产在金融机构间交易。这两种类型是银行从市场中获取资金流动性的主要来源，因此它们有助于我们解释各种流动性之间的相互作用。

6.2.2　流动性风险

风险与随机变量实现的结果与经济单位所期待的结果不一致的概率相关。在本讲中，我们认为经济单位都偏爱流动性。在这个意义上，不流动的概率意味着流动性风险。这一概率越大，流动性风险越大。当概率等于1（比如，可能性变成必然性）时，流动性风险达到最大值，非流动性变为现实。从这个意义上看，流动性（非流动性）和流动性风险呈负相关。流动性风险越大，非流动的概率越高，则流动性越低。

6.2.2.1　央行流动性风险

据我们所知，央行流动性风险在文献中并未被提及。这主要是因为人们普遍认为央行流动性风险是不存在的。在他们看来，央行总是能够提供基础货币的，因而永远不会出现无流动性的情况。典型地，央行是流动性的垄断供给者，即基础货币的发起人，会在其认为必要时根据政策立场来分配流动性以满足银行系统对流动性的均衡需求（避免流动性过量或不足的情况）。只有当对本国通货无需求时，央行才会无法提供流动性，从而央行的基础货币供给也无法实现。这在恶性通胀或者汇率危机的情况下可能发生。然而，传统观点认为这种情况基本可以视为不可能，至少这在发达工业化国家不可能发生，因此文献中并未涉及这方面。

还需要强调的一点是，央行充当流动性供给者的角色也会产生成本，但这些成本不一定会反映为流动性风险。这些成本会牵涉央行具体风险（如与抵押品价值相关的对手信用风险）、货币政策相关风险（如错误信号风险）或更大的金融稳定性风险（如动荡时期紧急流动性支持的道德风险）。然而，这些风险都不影响央行提供流动性的能力。

6.2.2.2　资金流动性风险

至少从 Bagehot(1873)起，人们便普遍认识到银行会受资金流动性风险的影响。资金流动性风险使金融中介无法偿还到期债务。其他资金流动性风险的定义包含时间维度，即通常在预先给定的时间内测度非流动出现的概率，并且这一概率会随时间的长短而显著变化(Drehmann and Nikolaou，2008)。通常来说，资金流动性风险取决于多种流动性来源的可获得性及在各时间段内其满足预算约束的能力。

资金流动性风险的测度并不简单。在大多数情况下，从业者会构建各种资金流动性比率，这些比率揭示了在提前给定的时间段内资金的可获得性的各个方面，并常被用来近似衡量资金流动性风险。这些测度方法要么通过静态资产负债表分析，要么通过动态压力测试技术和情景分析。后者操作起来更加麻烦，因为它需要更复杂的计算、更多的信息和假设。Drehmann 和 Nikolaou(2008)基于央行是资金流动性潜在源泉的观点，提出了一个更简单和直接的方法。他们认为在央行拍卖中的竞标行为可以揭露一周内银行的资金流动性风险，因此可以从竞标数据来构建资金流动性风险的衡量指标。

目前，关于资金流动性风险属性的理论依据是相对不足的。Drehmann 和 Nikolaou(2008)发现，资金流动性风险与市场流动性风险有一些相似之处，如在大多时候，它们是稳定处于低水平的，但也会出现偶然的上涨(如资金流动性风险在动荡时期的急速上升)。这一发现得到了支持，他们将流动性风险视为一种间接性风险，因为它们的上升总跟随在其他金融风险(如市场流动性风险)的峰值之后。Brunnermeier 和 Pedersen(2007)为这一观点提供了更进一步的理论支持，他们更合理地说明了市场流动性风险与资金流动性风险(对于交易者而言)间的关系。Drehmann 和 Nikolaou(2008)也用实证方法证实了上述市场流动性风险与资金流动性风险间的相互关系。

6.2.2.3　市场流动性风险

市场流动性风险与以公平价格进行的及时交易无法实现有关。它是系统性的、不可分散的流动性风险。这有两层重要含义：第一，它意味着有流动性风险的跨市场共性。这种共性已有坚实的理论基础(Brunnermeier and Pedersen,

2005，2007），并得到了股票市场、债券市场和权益市场的实证检验（Chordia et al.，2005）。同时，更广泛的传播机制也可以将流动性风险传播到银行间市场和资产市场。

第二，它应该被定价。在资产定价的文献中，市场流动性风险通常被认为是一种会对资产价格产生正向影响的成本或者溢价（Bangia et al.，1999；Holmström and Tirole，2001；Pastor and Stambaugh，2003；Acharya and Pedersen，2005；Chordia et al.，2005），从而会影响市场决策，如 Longstaff（2001）对最优资产的研究及市场行为，以及 Jarrow 和 Subramanian（1997）有关交易成本的讨论。溢价越大，市场流动性风险也就越高。实际上，从 Holmstrom 和 Tirole（2001）以流动性为基础的资产定价模型开始，资产定价模型就被用来测量流动性风险，即测量流动性（创新）和市场回报（Pastor and Staumbaugh，2003；Acharya and Pedersen，2005；Liu，2006）的协方差。流动性风险与即期收益同时变化（Chordia et al.，2001；Acharya and Pedersen，2005；Liu，2006）。总的来说，相关文献表明资产价格反映流动成本，后者与流动性风险的存在紧密相关。

对于市场流动性风险的特性（如市场流动性溢价），学者也有不少研究。在大多数情况下，流动性风险是小且稳定的。流动性风险提高是少有和不连贯的，具体参见 Pastor 和 Staumbaugh（2003）对权益市场的实证研究。这种情况产生的原因在于资金和市场流动性的相互强化所引致的流动性螺旋式下降。当然，由于交易合作存在好处，这种情况也比较少见（Carlin et al.，2007）。对于后一种观点，Brusco 和 Castiglionesi（2007）进一步称，仅当收益大于成本，即金融危机发生（因此流动性风险提高）的概率有限时，金融联系才得以建立。因此，危机和金融危机蔓延是稀有事件。考虑到市场流动性风险的这一特征，就可以理解为什么流动性随时间变化但又在平稳时期长期持续（Amihud，2002；Chordia et al.，2000，2001，2002b；Pastor and Staumbaugh，2003）。

从金融稳定的方面来看，市场（系统）流动性风险的含义是重要的。事实上，个体流动性风险（也许导致单个或几家银行破产）可能并不重要，甚至对恢复金融系统某些部分的健康稳定有帮助作用（Diamond and Dybvig，1983；Allen and Gale，1998）。然而，系统（市场）风险对整个金融系统有很强的反响。值得注意的是，这会导致金融危机，破坏金融稳定、扰乱资源配置，最终影响实体经济的发展（Hoggarth and Saporta，2001；Ferguson et al.，2007）。鉴于市场流动性风险（如系统性风险）对经济稳定的重要性，正是这种流动性风险提醒了政策制定者，然而，鉴于各种流动性类型之间的紧密联系，通常的观点是系统中一种流动性变化也需要检查市场流动性风险。

6.2.3 流动性联系

在这部分，我们将验证三种不同类型的流动性是紧密相连的。为验证这个说法，我们在两种不同的情景下分析它们之间的联系：第一种是正常时期，第二种是动荡时期。正常时期是指流动性风险低的时期。在这种时期，三种类型的流动性之间的良性循环将会形成，进而促进了系统的稳定。动荡时期是指流动性风险高的时期。在这种时期，三种类型的流动性关联仍然很强，然而它们会形成恶性循环，最终破坏金融系统。我们描述两种情景下流动性之间的联系，试图分析流动性风险的成因，找出三种类型之间的机制和传导渠道，讨论央行流动性在这些情景下的作用。

6.2.3.1 正常时期的流动性联系

在正常时期，流动资金很容易在三种流动性类型中流动，并建立能促进金融系统稳定的良性流动性循环。有义务提供总流动性的央行（Friedman and Schwartz，1963）会给金融系统提供"中性"的流动性。总体上，它将改善金融系统的流动性不足状况。这些流动性会被银行吸收：通过各种市场（银行间市场和资产市场），流动性将会被重新分配给金融系统内有需要的机构，并在系统内再循环。受流动性约束的机构将寻求能满足它们资金流动性需求的流动性额度。在这次再（总）分配后，央行将会发现并提供新的流动性需求，即类似的流动性循环又重新开始。从这个意义上来说，每一流动性类型都有自己具体的作用。央行提供"中性"的流动性，市场确保这一流动性额度的再分配、再循环，资金需求在机构之间有效配置（见表6-1）。

表 6-1 不同流动性类型的作用

流动性类型	作用
央行流动性	提供流动性来平衡供给和需求
市场流动性	流动资金的再分配和再循环
资金流动性	流动资金资源的有效配置

从以上简单的概述中我们可以很明显地看到，每个流动性类型均依赖其他两类（见图6-3）。这是因为每种流动性类型在金融系统中的作用是独一无二的，因而要保证整个系统的流动性，每一流动性类型应尽显其能，并依赖另外两种流动性的良好运转。只要市场流动性能有效地再循环，资金流动性在系统

内高效、有效地配置，央行提供的"中性"流动性就能在单位之间不受阻碍地流动。假如金融系统总体上有足够流动性（没有流动性不足问题），且每个对手能根据他们的资金需求来获得流动性，那么市场将会是流动的。最后，资金流动性取决于流动性资源的可获得性。在这种情境下，只要银行能从市场或从央行获得足够的流动性来满足其资金需求，银行系统就总是流动的。

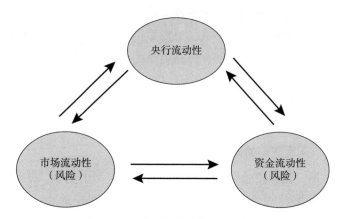

图6-3　金融系统流动性的三个节点

这个基本场景会在经济中形成良性循环（图6-3），并促进经济稳定。系统总体来说也将是流动的，因为系统中有足够的流动性。这些流动性将会根据各机构的流动性需求被分配到最需要的单位。总的来说，在系统内，资金流动变得容易和不受阻碍，银行将有可能获得任何的流动性选择。事实上，如果市场是有效的，替代流动性供给者将仅以价格作为考量因素（Ayuso and Repullo，2003；Ewerhart et al.，2007；Drehmann and Nikolaou，2008），比如他们能够做出最具成本优势的资金选择。在这种情况下，将有足够的流动性来"熨平小摩擦"。这意味着金融系统内最小的系统风险和金融危机可能性的大幅降低，因而能维护经济稳定。

6.2.3.2　动荡时期的流动性联系

当流动性风险进入系统时，上文所描述的关系会被打乱，事实上，会在金融系统内产生恶性的非流动性螺旋。下面我们将集中关注两个问题。第一，讨论金融系统内流动性风险的来源，以表明流动性风险是内生于系统的。这也意味着在经济中存在由良性循环转变成恶性循环的可能性。第二，分析恶性循环是怎样运行的，以及该采取何种措施来制止它，以恢复良性循环。

我们发现流动性风险产生的原因在于储户、银行、交易者之间的协调失败，这一协调失败是由信息不对称与市场不完全引致的，其也将进一步加深信息不对称与市场不完全的程度。我们也解释了三种主要的流动性类型（资金流动性、市场流动性和央行流动性）的相互作用是怎样受流动性风险影响的。值得注意的是，在动荡时期，它们之间的强关联性依然存在，但这种关联会成为风险的传播渠道，破坏金融系统的稳定。央行流动性政策可以暂时地中止它，但重建系统需要高效的监管和有效的规制，以战胜流动性风险、恢复良性循环。在分析中，我们从任意一点开始，如对于银行资金流动性风险增大这种情况，讨论它是如何通过市场流动性风险传播的，以及央行流动性在其中起到什么作用（见图 6-4）。我们强调了非对称信息和不完全市场的存在是流动性风险产生的源头。我们选择描述这样一种情况也是因为它和目前混乱的现状类似。

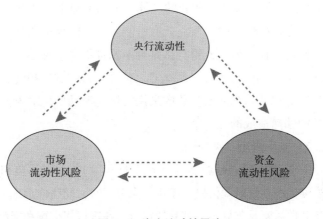

图 6-4　资金流动性风险

6. 2. 3. 2. 1　资金流动性风险

资金流动性风险是银行业的核心。银行因其承担的期限交换（流动的短期存款换成不流动的长期贷款）而被认为是结构脆弱的。更具体来说，金融系统内银行的主要任务是以中介方式提供流动性的。银行是储户和投资者的中介，以前者提供的流动性存款为后者提供不流动的贷款，即银行将短期（存款）转变成长期（投资），为投资者创造了资金流动性（Strahan，2008），并促进系统内资源的配置效率。这使银行出现了内在的期限错配问题。这种错配使银行在根据储户（通过存款交易）或者借款者（通过承诺的信用额度）的需求来提供流动性上存在不稳定性。在任何时候，持有足够的流动资产可以降低风险，但不是最优选择，因为这些资产收益甚微。因此，银行面临在持有（短期）低收益流动资产和投资于（长期）高收益低流动资产间的权衡（Strahan，2008）。

　　银行结构的脆弱使它们很容易遭遇资金流动性风险。鉴于这种内生的脆弱性，不完全市场和非对称信息会导致向银行要求流动性的各机构（储户）间的协调失败，从而导致银行挤兑这一资金流动性风险极端形式的发生。一般来说，银行挤兑被模型化为这样的（可能是均衡的）情况：在存款到期之前，储户决定提现，导致银行面临其无法满足的流动性需求增加（Diamond and Dybvig，1983）。当储户相信其他储户也会去提现时，挤兑就发生了。在这种情况下，即使是稳健的、有偿付能力的银行也可能会破产。Diamond 和 Dybvig（2000）认为，促进协调失败发生的原因是糟糕的预期导致预言的自我实现（太阳黑子均衡或者外生决定）。另外，它与基本的担忧有关，如合理担忧，这将导致与古典经济范式的偏离，即不完美信息会导致银行挤兑。正如 Morris 和 Shin（2004）主张的那样，如果借款者的稳健状况并不确定，当储户普遍察觉到借款者不确定性增强的信号时，挤兑就有可能发生，因为毕竟首先从借款者那里取回资金是最佳选择。另外，银行挤兑可能源自不完全市场，因为总风险不能被对冲（Allen and Gale，1998）。根据 Gorton（1988），这些担忧比起自我实现的预言更能激发储户的需求冲击。总的来说，资金流动性风险内生于银行，是由对古典经济的偏离造成的。

6.2.3.2.2　市场流动性风险

　　单个银行的资金流动性风险（如个体流动性风险）本身并不能引起政策制定者的注意。当资金流动性风险传播到不止一家银行时，问题就出现了。下面我们将研究个体流动性风险是怎样传播到其他银行、在银行间市场和资产市场产生流动性风险的。资金流动性风险到市场流动性风险的传导机制如图6-5所示。

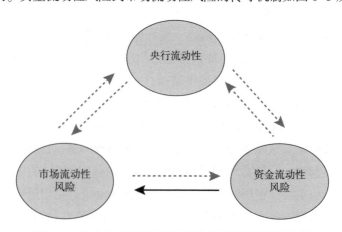

图6-5　资金流动性风险到市场流动性风险的传导机制

聚焦银行间市场发现，资金流动性风险直接与银行间市场流动性风险相关联。正如 Diamond 和 Rajan(2001，2005)解释的，银行由一个共同的流动性市场来连接所有银行的公共资金池。单个银行的失败可能传播给其他银行，造成破产的传染，直至整个系统的崩溃。此外，它们可以信息溢出的形式进入银行间市场，导致更广泛的银行挤兑。在这一背景下，个体的非流动会导致市场的非流动。

在存在不完全市场和非对称信息的情况下，这种互联会成为危机的传染渠道。这是因为，面对这种互联，证券存在的潜在损失可能与以信息不对称为特征的银行偿付能力损失相关联，从而引发对对手信用风险的担忧(Allen and Gale，2000；Drehmann et al.，2007；Brusco and Castiglinesi，2007；Strahan，2008)。在这样的背景下，可能会出现道德风险，因为无偿付能力的银行佯装是无流动性的银行，决定在银行间市场流动资金池里"免费搭车"。这些银行可能会减少对流动性资产的投资而进行高风险投资(Bhattacharya and Gale，1987)，并冒险重建(Freixas et al.，2004)。最终这会导致贷款的逆向选择，即无偿付能力的银行获得流动性，而缺乏流动性的银行不能获得流动性。贷款的逆向选择可转化为未来现金流的逆向选择(Hart and Moore，1994；Diamond and Rajan，2001)和归因于对手信用风险的未来贷款的不确定性(Flannery，1996)。由于对对手偿债能力的担忧(Rochet and Vives，2004)或对他们将来借款能力的怀疑(Freixas et al.，2004；Holmstrom and Tirole，2001)，也可能出现流动性"窖藏"的情况。总的来说，一些银行会被配给出银行系统，剩下的有流动性盈余的银行利用它们的垄断优势，以他人的失败战略性地提供贷款(Acharya et al.，2007)，从而恶化市场间的非流动性程度，或挤压急需流动性的银行，进而提高了获得流动性的成本(Nyborg and Strebulaev，2004)。

资产市场是资金流动性风险到市场流动性风险的另一种传播渠道。在银行间市场流动性提供渠道严重受损的情况下，流动性风险可能随着银行减价出售资产的行为而转移到资产市场，因为银行这一寻求流动性的行为会对资产价格和资产市场流动性产生重要影响。这一传播应从银行资产负债表的资产方开始，因为银行将要重组它们的资产组合，进而为不良资产寻找买家，以避免成本高昂的清算(Rochet and Vives，2004)。在不完全市场的背景下，流动性的供给和需求在短期内很有可能是无弹性的，金融市场只有有限的能力来吸收这些抛售的资产(Allen and Gale，2004，2005；Gorton and Huang，2004)。这将导致资产价格更大的波动(Allen and Gale，2005)、不确定性的增强及其引致的市场参与度降低（Easley and O'Hara，2009）、价格低廉，即由于某些国家的资产价格已低于其基本价值，市场清算价格仅为资产抛售价格（Allen and Gale，1998）。

6.2.3.2.3　市场流动性和资金流动性间的循环

到目前为止，我们分析了资金流动性到市场流动性的传导渠道。然而，很容易看出第二轮连锁效应会使市场和资金流动性形成一个环路（从市场流动性返回到资金流动性，循环往复），导致流动性螺旋式下降（见图6-6）。从这个意义上看，最后的结果远比原先的冲击糟糕。

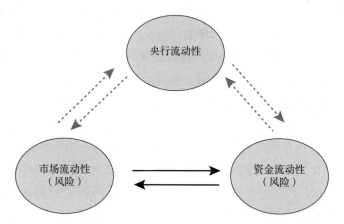

图6-6　资金流动性（风险）和市场流动性（风险）的相互作用

市场和资金流动性的强烈联系能够形成第二轮冲击，这将加深市场的非流动性。这将在资产和资产负债表按市值计算和符合规定的金融系统中发生，资产价格变化将立即在资产负债表的净值中体现，引起金融中介根据他们的杠杆指标调整资产负债表的规模，因此实现了反馈效应的快速传递（Adrian and Shin，2006）。在新价格下，外部受到偿债能力约束，内部存在风险控制或者监管等考虑，如与银行资产充足率管理办法相结合，因此会导致银行进一步的资产处置（Cifuentes et al.，2005）。由于交易规制、套利限制、掠夺性交易等产生的交易摩擦，陷入困境的定价将变得更加糟糕，并在更新这一循环的同时引致资产价格的螺旋式下降。这样一来，按市值计价的会计和监管约束的结合有可能诱发内生效应，这远比原始冲击大。单个银行的损失和资金流动性风险会被传播到债权人，导致银行间市场流动性风险的产生，这又会促进新一轮的资产降价（Cifuentes et al.，2005）和进一步的定价困难。在这个意义上，资金和市场的相互作用会导致市场上更严重的流动性资金的减少。

此外，证券化这一新的借贷方式也强化了市场和资金流动性间的联系，促进了两者间更直接的传播，并加速了从市场到资金流动性的第二轮冲击，反之亦然。证券化的影响具有两面性。一方面，它是银行资金的重要来源，是银行管理资金流动性风险的重要工具(将信用风险脱离资产负债表)。它通过建立一个更分散的资金池来满足不同的风险偏好，这有助于完全市场的建立。另一方面，它减少了传统上由银行实行的流动性传递的作用。在目前的设计中，银行产生资产和充当做市商分配它们。他们必须采用定价模型等专业知识，并越来越依赖诸如信用评级机构等的市场制度性因素。因此，证券化使银行更加依赖市场资金、市场结构和市场运行。值得注意的是，与过去银行资金来源主要是银行存款相比，现在银行贷款的动机和能力在更大程度上依赖市场条件。资金流动性(风险)和市场流动性(风险)的结合在新形式下也更加紧密，风险也以更直接的方式流转(Ferguson et al. , 2007；Brunnremeier, 2009)。这使资金和市场流动性的联系更加脆弱，因此减缓了向下的流动性螺旋的转变。

6.2.3.2.4 央行的角色

到目前为止，我们讨论了资金流动性风险是内生于银行系统的，在不完全市场和非对称信息下，资金流动性和市场流动性间会形成恶性循环，可能导致金融系统的系统性失灵。由于向境况不佳的金融系统提供支持的无效性，这种协调失败和传染效应被证明可能是成本高昂的(Aharony and Swary, 1983；Herring and Vankudre, 1987；Saunders, 1987)。央行作为整个经济的担保人(不只是银行系统的一部分)和基础货币发起人，应该能够解决系统性流动风险。因此，央行负有通过其干预措施防止恐慌引起的银行系统的崩溃、减少银行挤兑和被迫清算的成本的责任(Thornton, 2001；Bagehot, 1873；Humphrey and Keleher, 1984)。央行的角色是独特的，这归因于其规模和对破产的"免疫力"(Flannery, 1996；Goodhart, 2008)，也因为它是唯一一个维持社会总福利、支配维护市场稳定机制的单位。这些机制是流动性供应机制，包括紧急流动性供给等。此外，它也可以实行监管职能。总的来说，央行有能力也有权力来提供紧急流动性支持。

然而，央行干预政策有某些限制，这使它不足以应对金融危机。首先，它的重点在冲击的吸收而不是冲击的预防和阻止。换句话说，央行不能阻止对金融系统的冲击，而是将这些冲击的次要影响降至最低(避免传染、溢出或多米诺骨牌效应)。此外，它只可以被作为一个短期稳定工具(Humphrey and Keleher, 1984)。在我们简单的流动性联系图解中(见图 6-6)，这意味着央行干预可以注入短期流动性，其目的是防范市场和资金流动性风险的断裂，从而阻止资金流动性的进一步恶化、破坏市场。

当考虑危机情况下借贷给哪家银行及最优干预政策时，央行紧急流动性支持的范围和优势变得模糊。这种基础讨论又回到了 Bagehot(1873)的主张，他对这一问题发表了基础性经典看法。他认为央行应该无限制地借款给有优质抵押品、有偿债能力的银行以惩罚利率，这样银行就不会用资金支持目前的操作。然而，自 Bagehot(1873)以来，学者仍有很多研究和检验，他的部分观点受到质疑。单纯的"一刀切"政策不再被考虑，干预政策会根据实际情况量身定做。

央行干预所面临的问题核心在于信息的不对称阻碍了无流动性和无偿债能力的区分。更具体来说，不能区分无流动性和无偿债能力的借款者造成央行资金流动性和市场流动性的双向联系，也伤害了央行自身。如果拯救不值得的机构(如无偿债能力的机构)，那么央行就间接对有偿债能力但无流动性的银行进行了惩罚，因为增加了它们的融资成本。这使它们不能借贷或者归还贷款，因此增加了资金流动性风险(Flannery，1996；Goodfriend and King，1988)。如果我们将央行流动性的提供看作机构的一种安全保障，那么其与市场流动性风险的联系也是直接的。央行流动性的错误分配会使银行承担更多的风险，造成道德风险，因为它将激发有偿债能力的银行采取风险措施，用央行的钱采取风险措施来自救。结果是短时间内有利，但长期会引发流动性危机。最后，不值得拯救的机构最终破坏了央行自身的稳定。这会因为金融系统的恢复可能不确定、漫长及成本高昂使央行在维持金融安全方面面临更高的成本。从更实际的角度来看，央行的自由干预政策会增加央行资产组合的信用风险(取决于它接受的抵押品)，增加实行货币政策的难度。

总的来说，在高流动性风险的情况下，央行的作用是单调的。央行不能揭示流动性风险产生的原因，它自身的功能也因信息不完全而受到限制。在这个意义上，在出现危机的情况下，央行的角色不是在结构上，而是对金融系统短暂的支持，直到流动性风险结构原因消除。本质上，在动荡时期，央行通过向系统内暂时注入流动性，企图打破资金和市场流动性间的恶性循环。这种帮助提供得灵活、及时，直到其他需要时间的机构(监管机构)有了足够的时间去了解风险产生的原因。这种帮助是重要的，但不是万能的。事实上，它甚至不能保证成功，因为流动性风险产生的原因会破坏央行流动性稳定的角色，甚至产生相反的作用，正如前文所讨论的一样。在这种情况下，不仅资金和市场流动性风险之间的恶性循环没有被打破，还会形成一个以央行流动性为开端的新的金融系统恶性循环（见图6-7）。

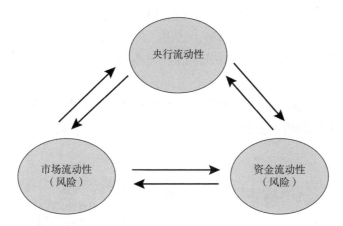

图6-7　金融系统内流动性（风险）之间的联系

6.2.3.2.5　监管和规制的作用

在动荡时期，监管和规制是非常重要的。有效的监管（可能以银行间市场相互监督的形式或官方的集中监管）能够减少信息的不对称，因为它方便了区分无流动性和无偿债能力的银行（Freixas et al.，2004）。此外，有效规则的存在将使监管有保障和支持（Rochet and Tirole，1996）。另外，高效的监管、有效的规制有助于新金融产品的开发，这将扩大资金池，从而满足不同的风险偏好并有助于建立完全市场。在这种情况下，监管和规制可以直接应对流动性风险产生的原因。

在高效的监管和有效的规制前提下，央行流动性的作用可以重塑，即央行流动性可以作为对抗流动性风险造成的麻烦的前锋，尽力打破或者停止资金和市场流动性的恶性循环。同时，为了终止目前的危机，也为了减少将来危机发生的可能性，监管和规制会解决流动性风险产生的根源，即非对称信息和不完全市场。流动性风险内生于金融系统，央行流动性的范围和有效性取决于系统中监管和规制的质量。最好的情况是，监管和规制减少了不对称信息，增强了市场的完全性，这样一来动荡的情况将会被避免，央行流动性干预将会是多余的。

然而，高效监管和有效规制的实施不是一个小问题。这是因为监管信息的收集和建立、规制及监督的实施成本会很高。市场纪律可以由单位之间相互监督的非官方方式来实现，正如Goodfriend和King（1988）的案例，放松监管的市场，通过它们自己的金融工具和成功经验进行自我约束，以保证运行良好。在这种情况下，央行干预会变得比较多余，对发达的激励系统有潜在的破坏作用。Rochet 和 Tirole（1996）支持银行间借贷有抵押物，通过保险和将失败成本转移给发起银行来增加银行的义务。然而，在必须需要央行干预的情况（如银行间市场失败）下，Rochet 和 Tirole（1996）支持通过央行对流动性进行集中管理。集中管理会提高透明度，实现信息搜集的规模化，这将降低监督银行的成本，更容易区分无流动性银行和无偿债能力的银行。此外，这将更好地在早期阶段将协调失败隔离开金融系统，帮助消除系统流动性风险。

6.3 当前状况的描述

以上的讨论都是理论性的，目前金融市场的事件和以上呈现的理论相吻合。下面我们将对近年的事情进行简单的描述，比照文献进行讨论。

简单了解现代银行业金融工程运作是很有必要的。在银行业"创造和销售"环境中，银行创造贷款（以抵押贷款和其他资产的形式），再将贷款产生的现金流打包成抵押贷款支持证券（MBSs）和资产支持证券（ABS），把这些证券卖给投资者（销售）。大多数情况下，这种销售不是直接的，而是通过特殊目的机构（SPVs）（中转机构或者特殊投资机构）实现的，因此以银行表外负债呈现。接着，SPVs 持有 ABS，发行（短期）的资产担保商业票据（ABCP）为缺乏流动性的长期证券提供资金。鉴于投资的期限错配，发起银行承诺在必要时通过信用额度向他们提供流动性支持。这种复杂的结构创造了流动性，满足了各种不同程度的风险偏好，但正如前文所证明的，也对经济压力反应敏感。

这样的压力源于美国次级抵押贷款市场信贷质量的急剧下降。早在 2007年初被延误处理的坏账数量急剧增长，这影响了结构性信贷工具的基础。随后，评级下调和实现这样复杂的金融工具的风险评估和定价方法的不足增加了ABS 基础的不确定性，造成市场（贸易）摩擦，并广泛传播，ABS 市场枯竭。结果是担保债权凭证（CDO/LDO）的发行量急剧下降，这种工具的不确定性增多，导致投资者纷纷拒绝继续持有到期的 ABCP。这导致 SPV 的增多，不得不利用发起银行承诺的信用额度。鉴于大量金融资产暴露风险，不得不安排从其他银行的紧急救助。因此，一些信贷机构破产了，包括一些大的全球银行（IKB、Northern Rock 等），一些被出售了（Merrill Lynch 等），还有一些受到了政府大量资本的注入（AIG、Citigroup 等）。更多的信贷机构发布利润预警和信贷损失（UBS、Deutsche Bank 等）。最终流动性均衡的银行倾向于储存流动性，以应对对手的流动性风险和它们资产负债表中流动资金的不确定性。这在银行间（无担保的）市场上形成严重的僵局，银行不能得到超过一周或两周的资金。货币市场利差飙升，使央行必须进行调解。

全球范围内各央行会做出了不同的反应，包括改变它的操作框架或者改变货币政策立场等。主要央行（ECB、Fed 和 BoE）的通常反应是通过长短期公开市场操作或国际协调行动（如 ECB 和 Fed 的货币互换协议）向市场投放大量流动性。以欧洲央行为例，其积极的流动性政策让位于暂时引进的固定利率政策。前者以明确的前期准备金为基础，通过主要的再融资操作来实现；后者则是在其主要再融资操作与经常性融资工具的更窄通道间进行全新分配。英国央行最初一段时期对混乱并未做出反应，在北岩银行遭受冲击（一个有偿债能力但缺乏流动性的按揭贷款放贷者，遭到挤兑）后，受环境所迫，它利用业务准备金框架的灵活性进行干预。美联储的反应是大幅削减利率，同时通过贴现窗口和公开市场操作的变化提供大量的流动性。关于结算价交易机制耻辱的讨论出现，尤其是在美国。总的来说，这次经历事实上是对央行流动性管理的压力测试，它们要根据迅速、出人意料的需求变化调整自身的流动性供给。

正如前文所描述的，分辨出运行中的机制是很容易的。首先，流动性风险的根源来自证券化的实践与市场对其风险评估、定价和管理不足的结合。这些结合最终增强而不是减弱了金融系统内与这些工具相关的非对称信息和风险分配。其次，虽然市场日益深化、服务范围更广、风险投资偏好增强，但是市场仍然没有变得完全，这从危机时期的经济低迷状态很容易看出。

资金和市场流动性风险在银行新的经济模式下变得非常明显。资金流动性风险与这些新的金融承载的不完全市场和非对称信息，导致投资方面的道德风险。例如，银行节省了昂贵的流动资金，投资于缺乏流动性和风险更大的资产，这会导致储户之间（如北岩银行）的挤兑，最主要的是市场参与者之间（银行间市场和资产市场之间的结构产品）协调失败的发生，进而导致市场流动性风险产生。货币市场陷入僵局是由于之前讨论过的逆向选择问题。逆向选择是对对手借贷风险的不确定性和由市场估值暴露的自身问题所产生的。同时，资产市场出现了典型的症状，如资产抛售和贸易摩擦（由于追加保证金的通知、交易员风险限制、交易量减少等）。这促使了第二轮冲击和螺旋上升效果的出现，加快了资金和市场流动性的风险传播速度。本质上，是资金流动性风险传到 ABS 市场，再传到 SPVs 资金流动性上，导致 ABCP 市场流动性风险的产生。风险再转回到银行资金的流动性上，然后再传到银行间市场流动性上。多回合效应在每个回合被重复和增强，造成流动性的螺旋式下降，使资产和银行间的市场陷入僵局，吸干了许多机构的资金流动性。

最终央行流动性的重要性和不足都很明显。缺乏一个良好运行的银行间市场，央行就面临金融系统日益不稳定和市场利率提高的问题。虽然各央行的目标、方法、效果各有不同，但它们都是通过向货币市场注入流动性来进行干预的。对每个银行决策的批判、抽象总结发现，不能用一个原则来解决所有问题，正如相关文献所建议的。然而，央行干预的局限性也不断涌现。虽然银行的操作工具在很多情况下是可以重组和扩展的，但是很明显地，单独的央行的干预措施并不能稳定这种强烈的信息不对称和逆向选择的环境。此后，动荡没有削减，而银行似乎越来越依赖央行发行的货币。监管和规制的作用不止一次被提出，特别是金融市场和银行监管框架的纠正措施一直是讨论的热点，其为银行系统建立了更好的透明度，是应对流动性风险的根本。

6.4　政策建议和结论

金融系统内有三种广义的流动性类型——央行流动性、市场流动性和资金流动性。这些流动性类型充分描述了金融系统的总体运行。这些流动性类型之间的联系是复杂的、动态的、强烈的，对金融系统的稳定性有积极或消极作用。在经济平稳时期，影响是积极的，帮助系统内流动性的配置以高效、无阻碍的方式进行再分配，因此总的来说，流动性本身不是问题，它是金融系统的润滑剂，使系统运行得无摩擦、无额外成本。然而，平稳运行并不会永远持续下去。

动荡时期与高流动性风险相关，通常后者产生次数较少、不连贯，但是比较激烈，能够破坏金融系统。流动性风险产生的原因在于对完全市场和对称信息的偏离，这将导致道德风险和逆向选择。从某种程度上看，如果这种情况持续下去，流动性风险在金融系统中就会出现，会造成资金和市场流动性的恶性关联，从而促进系统流动性风险的产生。正是这种市场流动性风险提醒了政策制定者，因为它存在破坏金融系统的可能性。在这种情况下，紧急流动性供应是维持均衡的一种方式。

央行有能力也有义务降低清算的实际成本和金融系统崩溃的可能性。然而，在动荡时期，央行注入流动性也不能保证成功，因为它不能解决流动性危机的根源。本质上，它仅能（暂时地）停止资金和市场流动性的恶性循环，其作用还会因流动性风险产生的原因而受阻。问题的核心在于央行不能准确辨别无流动性和无偿债能力的银行。因此，将流动性提供给不值得拯救的机构可能会对系统造成更进一步的伤害。这可能发生，因为它确实影响了有偿债能力但没有流动性的银行的资金流动性、市场流动性（通过有损金融系统士气，进而增加系统流动性风险）和它本身的功能（如可能会损害货币政策实现目标）。在这种情况下，带有央行流动性的完整的恶性循环圈就形成了。当央行必须做出提供流动性的决定时，应该考虑干预的收益与成本之间的权衡。这个任务不简单，也没有既定的法则。

为了消除系统流动性风险，流动性管理需要更大的透明度。监管是应对流动性风险的基本武器。通过对金融系统有效监管，降低不对称信息和道德风险，从而从根本上解决流动性风险产生的根源。这样更容易区分破产银行和流动性不足的银行，因而可以给最需要的单位提供流动性缓冲，也可以帮助市场变得更加完全。最好的情况是，当这种机制运行畅通时，央行作为流动性供给者的角色就是多余的。然而，这种机制花费很高，因为需要收集大量的信息。因此，它们应该由成本效率高和结果有效的单位运行。如果市场约束是不足以以较低的成本运行自己的监督规章制度，就应该由央行管理。

本讲阐述了流动性风险在金融系统稳定中的重要性，流动性风险一直存在，因此在制定货币政策时应将其考虑在内，在动荡时期尤其需要如此。在动荡时期，流动性溢价增加，如果这些溢价被不恰当地使用，与政策制定相关的资产价格信息将会被打乱。然而，这个阶段测量流动性溢价更加困难，因为这个时期的反馈效应存在随机性和放大机制，这将增加系统内资金流动的复杂程度。

7 PART

第 7 讲

影子银行与金融不稳定关系研究

本讲提要

本讲综述了影子银行的概念，以新凯恩斯经济学方法构建了分析模型，并进行了比较，进而阐述影子银行发展是否造成了金融不稳定。

7.1 影子银行的定义

影子银行的概念最早是由美国太平洋投资管理公司董事保罗·麦考利（Paul McCulley）在 2007 年提出的，他把那些从事银行经济活动却无银行之名的种类繁多的金融机构进行概括，将影子银行定义为从事与传统商业银行体系类似的金融活动，却不受监管或很少受中央银行（以下简称"央行"）监管的金融机构。国际货币基金组织（IMF）在 2008 年的《全球金融稳定报告》中首次提出准银行概念，IMF 除强调影子银行游离于监管之外且职能与传统银行类似外，还强调了它的高杠杆率和高经营风险。同时，IMF 指出影子银行的这两个特点是导致金融危机爆发并使危机恶化的重要因素。英格兰银行金融稳定部副总裁 Tuker 在 2010 年的会议中提出影子银行是向企业、居民和其他金融机构提供流动性、期限错配和提高杠杆率等服务，从而在不同程度上替代商业银行核心功能的那些工具、结构、企业或市场。这在一定义上充分揭示出影子银行体系的复杂性：它不但涵盖那些与传统银行相竞争的机构，而且广泛涉及一切可以发挥金融功能的市场、工具和方法。IMF 在 2012 年指出，影子银行本质上是为了风险转换和降低交易对手风险，其行为主要包括证券化和抵押品中介两部分。由国外影子银行概念的变化可以看出，欧美发达国家的影子银行产品越来越复杂，资产证券化逐渐成为影子银行的核心。

由于我国影子银行起步较晚，与美国等国家相比，我国的影子银行从形成机制、产品类型等多方面都与国外影子银行表现出极大不同。欧美国家的影子银行以资产证券化过程为主，而我国影子银行是根植于商业银行体系的，并没有那么强的创新性，虽然其业务模式从交易结构和参与方式等方面进行了一些包装，但究其本质仍然是与商业银行的经营模式类似的。我国很多学者对影子银行进行了本土化的定义。学者从影子银行包含的机构类型进行概括，如巴曙松（2013）按照口径的宽窄从四个层级对影子银行进行定义和分类；沈悦和谢坤锋（2013）从信用中介职能及信用担保的角度将中国的影子银行区分为内部影子银行与外部影子银行。综合来看，我国早期的影子银行是游离于监管体系之外的，可以看作传统银行信贷延伸的各类金融活动，它应该包括以下三类：第一，资金来源与传统的商业银行相似且受最严格监管的银信合作产品、委托贷款与未贴现银票；第二，资金来源不同于传统银行渠道且受到较严监管的信托、证券公司资产管理和金融租赁公司；第三，受监管程度最低的融资担保公司、小贷公司、典当行等民间融资机构。

7.2 国外关于影子银行的研究

国外关于影子银行的文献非常多，且对其进行的在宏观框架下的规范性研究的文章较多。综合来看，大致可以分为对影子银行的成因、影子银行催生金融危机的机制的研究。

对于影子银行的成因，较多人认同影子银行的产生是为了满足闲置资金追求安全和高流动性的需求。例如，Pozsar 等（2010）从需求方入手，阐述了金融中介机构如何将原有的风险资本体系进行重构，将安全资产和风险资产放入一个资金池内进行打包证券化并分层出售，这样不仅降低了风险，同时也提供了较高的流动性。除此以外，也有学者从不同的角度阐述影子银行的成因，

Gorton 和 Metrick（2010）认为，竞争导致影子银行的兴起。他认为在放松的金融管制下，非银行类的金融机构得到快速发展，传统商业银行受到冲击导致其资产负债表内创造利润的能力下降，商业银行为了寻求新的盈利点推动了影子银行业务的进一步扩大。

影子银行催生了 2008 年的国际金融危机，因而大多数学者通过建立宏观模型分析金融中介内部的崩塌如何传导进而引起实体经济的危机。综合来看，虽然学者所研究的影子银行结构和模型传导机制不同，但是基本得出了较为一致的结论，即影子银行提供了更多的信贷供给和流动性，而影子银行的高杠杆率和期限错配的特点使风险也在不断打包创新的过程中成倍地扩大，影子银行体系蕴含着十分严重的金融不稳定性，当冲击来临时，融资约束更进一步缩紧，加剧了对实体经济的冲击。Gertler 和 Kiyotaki（2010）将同业间的拆借市场纳入了研究的范畴，认为当缺乏完美的中介市场时，地区间资产价格不等导致实体经济信贷杠杆提高，当面临冲击时，杠杆作用放大了减少发放贷款的数量，进而放大了冲击对实体经济的影响，增大了金融的脆弱性。Sheng（2010）通过大量数据证明影子银行加剧了货币政策的复杂程度，增加了系统性风险，因此应进一步扩大货币政策实施和监管的范围。Gorton 和 Metrick（2010）通过对信贷利差和证券化债券的回购折现率做回归分析，发现两者具有很强的负相关性。当经济下行时，回购市场的抵押品价值缩水，信贷利差被进一步拉大，最终造成了美国金融危机的爆发。Goodhart 等（2012）在一个包含异质性家庭、银行和影子银行的两期一般均衡模型中加入不同的监管政策，得出非银行机构对风险的规避性低于银行机构的结论。当违约成本侵蚀了机构外生给定的股本资产时，融资约束收紧，进而引起资产减价出售并引发一系列的连锁反应，从而使融资约束进一步收紧。还有学者以影子银行发行安全的流动性负债来对冲高风险的非流动性资产作用机制作为核心环节建立动态宏观一般均衡模型，分析影子银行对整个金融部门流动性转换的周期影响，继而分析其影响整体经济周期的机制。

7.3　国内关于影子银行的研究

国内在影子银行的研究上定性研究较多，实证分析较少，通过建立宏观模型对机制进行研究的则更少。当影子银行概念刚被提出来时，大多数学者多以美国的影子银行为研究范畴，从美国影子银行产生的背景概念、发展历程等方面进行阐述，从而对中国的金融发展提出建议。易宪容（2010）从美国影子银行的产生背景、运作模式、崩溃原因、监管制度等多方面详细剖析影子银行，得出以证券化为核心的影子银行信贷得到无限制的扩张使风险被无限放大，一旦其中的某个环节出问题，那么整个运作体系就会崩塌的结论。所以，美国2008年金融危机的化解在于金融体系的重建。李扬（2011）阐述了美国影子银行的发展轨迹，他认为影子银行打破了传统银行的融资垄断地位，为客户提供了多样化的融资渠道，市场化的影子银行有更高的效率，稍微严格的监管都会对其造成巨大的效率损失，因而面对金融创新，我们应该把它交给市场，适当放松对其的严格控制。李波和伍戈（2011）详细说明了影子银行表外融资运行机制及其信用创造功能，其使传统的货币政策有效性大大减弱，所以影子银行加大了货币政策的调控难度。徐滢和周恩源（2011）对影子银行的抛售机制、恶性循环机制、预期机制进行了分析，认为影子银行的发展造成了经济的不稳定运营，显著削弱了货币政策的有效性。

2012年后关于影子银行的文献越来越多，且关于影子银行的研究越来越深入，除了定性研究，更多学者结合数据进行实证研究。综合来看，学者一般集中在影子银行的测度、对商业银行稳健性的影响、对货币政策的影响三方面进行研究。对于影子银行的测度，王浡力和李建军（2013）从各类机构资产规模的角度进行测度，并给出了各类型机构的风险控制意见；沈悦和谢坤锋（2013）将影子银行分为内、外两部分，内部银行的规模用实际数据表示，外部银行的规模用宏观资金流量法测算得出。关于影子银行对商业银行稳健性的影响，不同的学者得出的结论差异性较大。毛泽盛和万亚兰（2012）实证得知影子银行对银行体系稳定性的影响其实具有双重性，两者之间存在"U"形关系。张亦春和彭江（2014）通过14家上市银行的数据测度商业银行稳健性，然后利用面板VAR模型实证得出影子银行体系会小幅增强商业银行稳健性，但不具有长期影响的结论。李丛文和闫世军（2015）利用GARCH时变模型测度了各类型影子银行对商业银行的整体及局部动态风险的溢出效应，得出我国影子银行对商业银行系统的风险溢出效应整体较弱的结论，其中股份制商业银行最高，城商银行次之，大型国有银行最低。对于影子银行对货币政策的影响，学者普遍得出一致的结论。李向前等（2013）通过向量自回归得出影子银行会使货币政策的有效性有一定程度的减弱的结论。王振和曾辉（2014）通过修正IS-LM模型和建立SVAR模型，得出影子银行会加大货币政策调控难度的结论。

值得一提的是，裘翔和周强龙（2014）将影子银行引入了 DSGE 宏观分析框架之内，探究了中介体系对货币政策传导有效性的影响。他们在模型中较好地刻画了中国影子银行作为传统商业银行的延伸的特点，用贷款对象的还款风险区分影子银行和商业银行，并建立模型，得出我国影子银行不同于以资产证券化为核心的美国影子银行所表现出的顺周期性，而是具有明显的逆周期性的结论。他们也认为我国影子银行会削弱货币政策的有效性。当利率突然上升时，其会引起商业银行信贷规模的缩紧和影子银行规模的扩张。

总结现有的中国影子银行实证研究可以发现，影子银行数据的不易获得性是学者进行该方面学术研究的非常大的局限，在研究时，由于替代指标选择的不同，得出的结论有非常大的差别，这点又体现在影子银行对金融稳定性和宏观经济增长影响上面。本讲希望通过建立 VAR 模型，研究影子银行和我国宏观经济波动之间的关系。

7.4　中国影子银行机制

从理论分析上看，影子银行对宏观经济发展有好处亦有弊端。影子银行可以通过其多样化的产品和灵活的信贷机制提供信用转换、流动性转换，从而为经济发展注入活水，但是其期限错配、高杠杆、高流动性风险和低透明度、低市场组织度的特点使影子银行的发展为经济发展埋下了较大的隐患。

关于影子银行对经济发展的促进作用，我们可以大致将其分为三个方面。

首先，我国影子银行作为传统商业银行信贷的延伸，商业银行信贷的信用创造机制在影子银行中同样适用。在更多的情况下，我国的影子银行将商业银行的表内资产转移到表外（如银行理财产品等），这部分资产的信用创造路径与商业银行类似且功能更强。这是因为影子银行的资金留存比例大小并不受央行的强制约束，因而一般情况下会小于商业银行的法定存款准备金率，即影子银行的乘数大于商业银行的乘数，所以会增强货币的信用创造功能。

其次，影子银行的融资门槛较低，其风险承受能力高于商业银行。为应对全球性金融危机的影响，2009 年我国释放 4 万亿元的流动性，但是监管部门同时提高了贷款条件，导致风险低、资质佳、资产丰厚的企业能够较容易从银行得到贷款，而受金融危机冲击较大的高风险小企业无法从商业银行获得贷款。这会导致企业的流动性受限，尤其是在经济紧缩时期，企业流动性严重收缩，资金周转不开却无法从商业银行贷到资金，影响企业正常生产活动，严重的还会导致企业破产。我国的影子银行正是在此基础上快速发展的，影子银行受到监管的程度低于商业银行，且监管存在时滞，很多类型的影子银行作为新兴金融机构并没有明确的条例对其进行监管，因而影子银行能够将资金贷给高风险小企业，帮助它们渡过难关，这是有利于经济发展的。这也是我国影子银行与经济增长呈现逆周期性的一个原因。

最后，影子银行产品类型丰富，期限更为灵活，手续简单，可以满足企业不同风险状况下、不同期限的融资需求。近年来，规模爆发式增长的各类 P2P 平台提供不同类型的产品，各产品标的的风险和利率差别也较大，而且很多平台都可以按照投资者和企业的需求定制专属理财产品。相较于商业银行复杂的审批制度、有限的期限选择和严格的风险控制，影子银行极大满足了不同企业不同类型的资金需求。

然而，影子银行能够推高杠杆率，加剧流动性风险和信息不对称，这些机构鱼龙混杂，使宏观经济蕴含更大的风险，它加剧了金融的脆弱性，扰乱了正常的信贷秩序，进而产生经济的效率损失。影子银行的弊端大致有三点。

第一，杠杆比率过高。我国影子银行虽然证券化类型产品比例较低，但是体系内仍然具有较高的杠杆性。此外，金融监管并没有将影子银行纳入其中，所以对于影子银行而言，并没有要求其达到一定水平的存款准备金限额或者是一定程度的资本充足率，影子银行在进行资本运作时，其杠杆率在高额利润的驱动下远超传统商业银行等，但是这种高杠杆率使影子银行体系内部的脆弱性大大提高。一旦影子银行其中的一个环节破裂，那么高杠杆率将会使影子银行体系所面临的市场风险被无限放大，并且会产生一种自我强化机制，使资产价格下跌过程陷入恶性循环。

第二，流动性风险较大。资产负债的期限错配在影子银行体系中大量存在，这很容易导致流动性风险。影子银行通过发行各类短期产品从市场获得具有流动性的资金，而这些资金的需求方是一些期限较长但收益较高的产品，这种方式的利差收益主要源于这种"借短贷长"的模式。影子银行所实行的这种业务模式虽然使银行体系的流动性有所提升，但是这种提升实际上大大增加了对于市场流动性的依赖程度。影子银行在市场流动性比较充足时，可以利用新发行的债券来偿还已经到期的债券，这一方式使影子银行可以在任何时候从货币市场获得融资。但是，如果一些不稳定因素在市场中出现，使市场的流动性紧缩，那么由于影子银行过度依赖短期融资，影子银行的财务情况和基本面就会遭到投资者的质疑，在这种情况下，投资者有理由认为影子银行的偿付能力出现不足，随之而来的是市场的资金将会发生溃逃，影子银行无法继续从金融市场中得到资金来源，所以种种因素连环作用导致影子银行的流动性出现较大危机，这一危机与商业银行面临挤兑时的问题是十分相似的。自2015年开始，我国很多互联网金融平台的破产就可以用这种机制来解释。

第三，透明度低，行业不规范。一是我国现在并没有权威的评级机构对影子银行产品的风险性进行评级，普通投资者由于专业水平有限，并不能对所投资金融产品进行很好的风险评估。二是现阶段新兴金融市场的发展并不规范，监管方对机构的风险披露与管控不到位，使影子银行为了提高其产品的收益率和发行规模而刻意向投资者隐瞒产品的潜在风险，使投资者无法真正了解产品，导致投资者对市场变化和产品风险的敏感度较低。同时，由于我国影子银行的发展快于监管，一些影子银行为了追求高利润不惜采用违法违规手段，违约现象也时有出现，甚至有些P2P平台出现虚拟融资项、假三方、假担保的乱象。这打破了行业的正常规则，不利于机构的长期健康发展，扰乱了融资环境，增强了宏观经济不稳定性。

我们希望通过实证研究得出影子银行和宏观经济活动之间的影响关系，即是影子的发展对宏观经济活动产生影响还是宏观经济活动对影子银行的发展产生影响，抑或两者之间存在双向影响。我们可以建立向量自回归模型，然后通过格兰杰因果关系检验回答上述问题，同时通过脉冲响应分析得到当发生一个变量冲击时另一个变量变化的过程和稳态结果，这样解释力较强。

7.5　新古典理论中影子银行的理论模型

本讲的基础模型建立在四个假设的基础之上。

第一，企业（最终借款人）有借款的需求，家庭有富余的资金进而有资金的贷出倾向。若由家庭（最终贷款人）直接贷款给企业，那么由于家庭的强制力不足等，资金的回收非常有可能出现损失，而商业银行对于企业贷款的收回有完全的执行力，因而在新古典的模型中家庭部门不能直接把钱借给企业，它必须以商业银行为中介才能把钱贷给企业。

第二，金融中介机构是存在融资约束的，这实际上是一个委托代理问题。债权人认为商业银行和影子银行的经营者都有把金融中介的资产转移到家庭的动机，因此他们不会无限制地把钱投入金融中介机构，这就形成对中介机构的融资约束。

第三，影子银行存在的作用是购买商业银行缺乏流动性的资产（如住房贷款），并将它们打包证券化为流动性较强的新资产，再将 ABS 卖回给商业银行，使其继续吸收资金进行放贷，从而扩大了经济中的信贷规模。

第四，风险仅在金融中介内部转移，商业银行将风险转移给影子银行，而不转移给中介以外的非杠杆投资者。

前两个假设与 Gertler 和 Kiyotaki(2010)关于金融中介的假定一致，后两个是专门为本讲模型中的影子银行设定的。在本讲模型中，我们将详细介绍五部门的行为，这五个部门分别为商业银行、影子银行、家庭、最终品生产商和资本品生产商。

7.5.1　金融中介系统

金融中介系统由影子银行和商业银行构成，这两个部门有截然不同的作用。商业银行能够发放贷款而影子银行不能，但是影子银行更擅长持有贷款资产。影子银行能够将贷款资产证券化，商业银行为逐渐扩张自己的资产负债表，对证券化资产有强烈需求。

图 7-1 是相关部门的资产负债表情况，其中体现了各部门之间的关系。

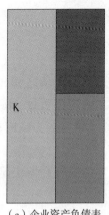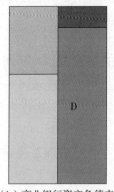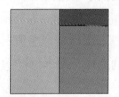

　（a）企业资产负债表　　　（b）商业银行资产负债表　　（c）影子银行资产负债表

图 7-1　各部门资产负债表情况

企业是最终借款人，企业为了获得生产所用的资本 K 向商业银行融资，得到资金 S。商业银行将一定份额的贷款资产保留在资产负债表中，通过其自有资金、吸收来的家庭存款 D 融资。在我们的模型中，商业银行能够运用二级信贷市场将一部分贷款转移出表。影子银行通过自有资金、发行信贷资产证券融资。反过来，信贷资产证券是由商业银行持有的。

对于影子银行发行的 ABS 产品，我们按照总体风险在影子银行和投资人之间的分担方式分为两类。一类是风险共享类型的信贷产品（Pass-Through，PT），其抵押资产池是优先级别的，收益由优先级别资产池的现金流决定，风险亦由投资人和影子银行共同承担。另一类型为风险承担类型的信贷产品（Debt-Like，DL），影子银行发行固定收益的短期债券，实现了期限转换，但同时风险也由影子银行独自承担。在接下来的分析中，我们研究两种类型 ABS 产品的投资组合权重对宏观经济产生的影响。

7.5.1.1 商业银行

我们假定商业银行是完全竞争的，在整个体系中只有商业银行能发放贷款，同时商业银行面临的委托代理问题导致银行能够融到的外部资金受到限制。除了发放贷款，商业银行还能够在二级市场上将贷款捆绑出售。捆绑出售可以帮助商业银行解决逆向选择的问题。由于银行和投资人之间信息不对称，投资人认为银行在二级市场上出售的抵押贷款质量差，因而不愿意购买，但是捆绑销售打破了信息不对称的问题，保证了二级市场中债权人购买的信贷资产是同等级的。在我们的模型中，二级市场是影子银行。

商业银行用卖出贷款的资金来购买影子银行发行的 ABS 产品，因此它的资产包括贷款和 ABS 产品。它的负债包括自有资产和家庭的存款。在 t 期末各商业银行的资产负债恒等式可以表示为

$$Q_t s_t^c + m_t^c = d_t + n_t^c \tag{7-1}$$

式中：$m_t^c = q_t m_t^{PT,c} + m_t^{D,c}$ 为商业银行持有的两种 ABS 产品价值之和，$m_t^{PT,c}$ 为风险共享类型的 ABS 产品，$m_t^{D,c}$ 为风险承担类型的 ABS 产品数量，q_t 为二者的相对价格；Q_t 为贷款相对价格；s_t^c 为商业银行贷款数量；d_t 为家庭存款；n_t^c 为商业银行资产净值。

商业银行期末的净值由留存收益的加总决定，收益由银行利差决定，表示为

$$
\begin{aligned}
n_t^c &= R_{st} Q_{t-1} s_{t-1}^c + R_{mt}^{PT} q_{t-1} m_{t-1}^{PT,c} + R_{mt}^D m_{t-1}^{D,c} - R_t d_{t-1} \\
&= R_{st} Q_{t-1} s_{t-1}^c + \left[\eta_{t-1}^c R_{mt}^{PT} + (1 - \eta_{t-1}^c) R_{mt}^D \right] m_{t-1}^c - R_t d_{t-1}
\end{aligned}
$$

由此可得到两种 ABS 产品收益率的加权值：

$$R_{mt} = \eta_t^c R_{mt}^{PT} + (1-\eta_t^c) R_{mt}^D \tag{7-2}$$

式中：η_t^c 为风险共享类型的 ABS 产品数量在总 ABS 产品数量中的占比；R_{mt} 为 ABS 产品收益率的加权平均；R_{mt}、R_{mt}^{PT}、R_{mt}^D、R_t 均为对应金融资产收益率。

将式(7-2)代入净值的公式并将其中的 m_{t-1}^c 通过式(7-1)进行替换，得到

$$n_t^c = (R_{st} - R_{mt}) Q_{t-1} s_{t-1}^c + (R_{mt} - R_t) d_{t-1} + R_{mt} n_{t-1}^c \tag{7-3}$$

商业银行能够持续经营的价值是其净值的折现，正如前文所讲，商业银行经营者有把钱拿回自己家的动机，而这个过程可能发生在未来的任意时间段内，折现因子为 Λ。假定每期比例为 σ 的经营者持续经营下去，$(1-\sigma)$ 的经营者退出。当银行期初收到退出信号时，银行家会把所有银行自有资本转移到家庭内部。所以，商业银行在 $t-1$ 期末的持续经营价值为

$$V_{t-1}^c = E_{t-1} \Lambda_{t-1,t} [(1-\sigma) n_t^c + \sigma V_t^c] \tag{7-4}$$

式中：σ 为商业银行家持续经营的比例；V_t^c 为商业银行 t 期末的持续经营价值。

银行能否持续经营下去受内生的约束限制。我们假设商业银行在相邻的两个时间段内有能力把一定比例的银行资产转移到家庭中，如果想使银行持续经营下去，那么银行当期的收益要大于银行家能够转移的资产。同时，我们认为 ABS 产品是更安全的资产，它更不容易被经营者转移，我们设定一个安全比率，所以持续经营的约束条件可以表示为

$$V_t^c \geqslant \theta_c (Q_t s_t^c + [1-\omega_c] m_t^c) \tag{7-5}$$

式中：θ_c、ω_c 均为外生参数；ω_c 为安全比率。

商业银行追求利润最大化，它受投资组合限制，值函数是线性的。设贷款、PT-ABS 相较于 D-ABS 的边际价值溢价分别为 $\mu_{st}^c = V_{st}^c / Q_t - V_{mt}^{D,c}$，$\mu_{mt}^c = V_{mt}^{pt,c} / q_t - V_{mt}^{D,c}$。我们可以得到值函数公式为

$$V_t^c = (\mu_{st}^c - \eta_t^c \mu_{mt}^c) Q_t s_t^c + [(V_{mt}^{D,c} - V_t^c) + \eta_t^c \mu_{mt}^c] d_t + (\mu_{mt}^c \eta_t^c + V_{mt}^{D,c}) n_t^c \tag{7-6}$$

式中：V_{st}^c、$V_{mt}^{pt,c}$、$V_{mt}^{D,c}$ 分别为商业银行贷款、PT-ABS、D-ABS 的值函数。

在式(7-5)的约束下，建立拉格朗日函数，设乘子为 λ_t^c，可得如下四个等式：

$$\mu_{st}^c - \eta_t^c \mu_{mt}^c = \theta_c \omega_c \frac{\lambda_t^c}{1+\lambda_t^c} \tag{7-7}$$

$$0 = \mu_{mt}^c (1+\lambda_t^c)(d_t+n_t^c-Q_ts_t^c) \tag{7-8}$$

$$V_{mt}^{D,c}-V_t^c = \theta_c(1-\omega_c)\frac{\lambda_t^c}{1+\lambda_t^c} \tag{7-9}$$

$$0 = (\mu_{st}^c-\eta_t^c\mu_{mt}^c-\theta_c\omega_c)Q_ts_t^c+[V_{mt}^{D,c}-V_t^c+\eta_t^c\mu_{mt}^c-\theta_c(1-\omega_c)]d_t+[V_{mt}^{D,c}+\eta_t^c\mu_{mt}^c-\theta_c(1-\omega_c)]n_t^c \tag{7-10}$$

从式(7-7)中我们可以很容易地得到 $\mu_{mt}^c = 0$。同时，我们知道两种 ABS 资产的流动性是相等的，所以它们的边际价值是相等的，通过解析式(7-8)至式(7-10)，可以得到商业银行对 ABS 产品的需求函数为

$$m_t^c = \frac{1}{\omega_c}d_t - \frac{V_{st}^c/Q_t-\theta_c}{\theta_c\omega_c-\mu_{st}^c}n_t^c \tag{7-11}$$

通过式(7-11)我们可以看出，随着净值的减少和存款的增多，商业银行对 ABS 的需求增大。这是因为净值高的银行贷款能力增强，因而对 ABS 需求减少，而存款多收紧了银行的激励约束，因而对它们的需求增大。拉格朗日乘子为 λ_t^c，我们可以看出，当银行放松一单位的激励约束时，银行的收益变化为

$$\lambda_t^c = \frac{\mu_{st}^c}{\theta_c\omega_c-\mu_{st}^c} \tag{7-12}$$

通过计算可得商业银行一单位自有资金的预期收益为

$$\Omega_t^c = (1-\sigma)+\sigma[V_{st}^c/Q_t+\lambda_t^c(V_{st}^c/Q_t-\theta_c)] \tag{7-13}$$

将式(7-7)、式(7-8)代入贝尔曼方程，可以得到式(7-6)的常数项如下：

$$\mu_{st}^c = E_t\Lambda_{t,t+1}\Omega_{t+1}^c(R_{s,t+1}-R_{m,t+1}) \tag{7-14}$$

$$\mu_{mt}^c = E_t\Lambda_{t,t+1}\Omega_{t+1}^c(R_{m,t+1}^{PT}-R_{m,t+1}^D) \tag{7-15}$$

$$V_t^c = E_t\Lambda_{t,t+1}\Omega_{t+1}^cR_{t+1} \tag{7-16}$$

$$V_{mt}^{D,c} = E_t\Lambda_{t,t+1}\Omega_{t+1}^cR_{m,t+1}^D \tag{7-17}$$

7.5.1.2 影子银行

我们也假设影子银行系统是完全竞争的。它们的资产池由从商业银行购买的各种初级证券组成。影子银行通过出售 ABS 产品和自有资金进行融资。在我们的模型中，证券化产品在金融中介系统中转移，而不会转移到像家庭这样的非金融投资者。因此，风险也是留存在金融中介之中的。风险如何在商业银行和影子银行中分配，前文也已经提到，这里不再赘述。

同商业银行的分析类似，我们也从单个影子银行入手。在 t 期末各商业银行的资产负债恒等式可以表示为

$$Q_t s_t^b = m_t^b + n_t^b \tag{7-18}$$

式中：$m_t^b = q_t m_t^{PT,b} + m_t^{D,b}$ 为影子银行发行的未偿付的 ABS 产品的价值，s_t^b 为影子银行贷款数量，n_t^b 为商业银行资产净值。影子银行的自有资产是由各项收益和支出的加总得来的，t 期末的自由资本可以表示为

$$n_t^b = R_{st} Q_{t-1} s_{t-1}^b - R_{mt}^{PT} q_{t-1} m_{t-1}^{PT,b} - R_{mt}^D m_{t-1}^{D,b}$$
$$= (R_{st} - R_{mt}) m_{t-1}^b + R_{st} n_{t-1}^b \tag{7-19}$$

式中：R_{mt} 为 ABS 产品收益率的加权平均。

类推式(7-2)，可以得到 $R_{mt}^b = \eta_t^b R_{mt}^{PT,b} + (1-\eta_t^b) R_{mt}^{D,b}$。我们认为证券化过程是无金融摩擦的，因为打包的贷款资产可以自由地进入和退出证券化资产池。因此，我们非常有理由认为一级市场和二级市场上的贷款资产价格是等价的。

影子银行经营者也面临同样的退出问题，退出概率也为 $(1-\sigma)$，仍然受内生的激励约束限制。所以，类比商业银行我们可以得到影子银行的持续经营价值为

$$V_{t-1}^b = E_{t-1} \Lambda_{t-1,t} \left[(1-\sigma) n_t^b + \sigma V_t^b \right] \tag{7-20}$$

式中：V_t^b 为影子银行的持续经营价值。

影子银行的经营者也是家庭部门的一分子，他们也有转移影子银行资产到家庭的动机，所以他们也受内生激励约束的限制。不同的是，商业银行的债权人是家庭部门，而影子银行的债权人是金融机构。相较于家庭部门对商业银行的监督，商业银行对影子银行抵押品质量的监督更严格。所以，影子银行经营者可转移的份额小于商业银行，即 $\theta_b < \theta_c$。影子银行的激励约束可以表示为

$$V_t^b \geqslant \theta_b (m_t^b + n_t^b) \tag{7-21}$$

影子银行经营追求利润最大化，最大化时关于值函数呈线性关系。定义两个边际价值溢价 $\mu_{st}^b = V_{st}^b / Q_t - V_{mt}^{D,b}$，$\mu_{mt}^b = V_{mt}^{PT,b} / q_t - V_{mt}^{D,b}$，得到影子银行的值函数为

$$V_t^b = (\mu_{st}^b - \eta_t^b \mu_{mt}^b) m_t^b + (V_{st}^b / Q_t) n_t^b \tag{7-22}$$

式中：V_{st}^b、$V_{mt}^{PT,b}$、$V_{mt}^{D,b}$ 分别为影子银行贷款、PT-ABS、D-ABS 的价值函数。

在式(7-21)的约束下，求解拉格朗日方程，关于的一阶导函数为

$$\mu_{st}^b - \eta_t^b \mu_{mt}^b = \theta_b \frac{\lambda_t^b}{1+\lambda_t^b} \tag{7-23}$$

$$0 = (1+\lambda_t^b) \mu_{mt}^b m_t^b \tag{7-24}$$

$$0 = (\mu_{st}^b - \eta_t^b \mu_{mt}^b - \theta_b) m_t^b + (V_{st}^b / Q_t - \theta_b) n_t^b \tag{7-25}$$

很容易得到 $\mu_{mt}^b = 0$，即 $V_{mt}^{PT,b}/q_t = V_{mt}^{D,b}$。将此关系代入式（7-24）可以得到影子银行的 ABS 产品供给函数：

$$m_t^b = \frac{V_{st}^b/Q_t - \theta_b}{\theta_b - \mu_{st}^b} n_t^b \tag{7-26}$$

由此可以看出，影子银行的 ABS 产品供给由自有资金规模决定。n_t^b 的系数 $\dfrac{V_{st}^b/Q_t - \theta_b}{\theta_b - \mu_{st}^b}$ 正好等于影子银行的杠杆率减 1，是大于 0 的，因而影子银行的杠杆率高于 1，ABS 产品供给的变动对影子银行自由资金的变动敏感。拉格朗日乘子表示了约束放松一单位时其收益的变化：

$$\lambda_t^b = \frac{\mu_{st}^b}{\theta_b - \mu_{st}^b} \tag{7-27}$$

通过计算可得影子银行一单位自有资金的预期收益为

$$\Omega_t^b = (1-\sigma) + \sigma [V_{st}^b/Q_t + \lambda_t^b(V_{st}^b/Q_t - \theta_b)] \tag{7-28}$$

求解贝尔曼方程的一阶条件可得

$$V_{st}^b/Q_t = E_t \Lambda_{t,t+1} \Omega_{t+1}^c R_{s,t+1} \tag{7-29}$$

$$\mu_{st}^b = E_t \Lambda_{t,t+1} \Omega_{t+1}^c (R_{s,t+1} - R_{m,t+1}) \tag{7-30}$$

$$\mu_{mt}^b = E_t \Lambda_{t,t+1} \Omega_{t+1}^c (R_{m,t+1}^{PT} - R_{m,t+1}^D) \tag{7-31}$$

7.5.2　家庭部门、最终品生产商和资本品生产商

非金融类部门的经济关系和标准的 DSGE 模型中的表述相同。家庭部门由工人、商业银行经营者和影子银行经营者构成。在家庭部门中，每个人都消费最终产品（c_t），金融机构的经营者在家庭部门中保持固定的比例。金融经营者经营各自的金融机构，当他们退出时，把资产转移到家庭部门，工人将劳动（L_t）卖给产品生产商并得到工资 W_t。

我们采用其他学者采用的办法（Christiano et al. 2005）来描述家庭的偏好：

$$U_0 = E_0 \sum_{t=0}^{\infty} \beta^t u(c_t, l_t) \tag{7-32}$$

$$u(c_t, l_t) = e^{\zeta_t} \ln(c_t - hC_{t-1}) - \frac{\chi}{1+\varphi} l_t^{1+\varphi} \tag{7-33}$$

式中：c_t 为家庭部门的消费；C_{t-1} 为前一期的总消费；l_t 为工人提供的劳动时间；ζ_t 为消费偏好冲击；U_0 为效用函数；β 为主观贴现因子；E_0 为期望符号；β 为折现因子；$u(c_t, l_t)$ 为效用函数；C_t 为消费；ζ_t 为消费冲击；χ 为

劳动贸易系数；φ 为劳动供给弗里希弹性。家庭将部分富余资金存入银行，利率为 R_t，将另一部分富余资金用于购买企业的股权，当然这一部分通过购买抵押债券实现。接下来我们将讨论购买企业股权的收益。

假定最终产品生产企业是完全竞争的，且技术不变，企业投入劳动和资本得到最终产出：

$$Y_t = e^{\alpha_t} K_{t-1}^{\alpha} L_t^{1-\alpha} \tag{7-34}$$

式中：α_t 为全要素生产率，受外生自回归过程控制；K 为资本；L 为劳动。资本的折旧率为 δ，得到

$$K_t = I_t + (1-\delta) K_{t-1} \tag{7-35}$$

式中：δ 为折旧率；I 为投资。

式(7-35)是 t 期末的资本存量，它由 t 期的投资和 t-1 期折旧后的资本共同组成。企业通过向商业银行贷款获得资金，购买生产所用的资本。我们假定商业银行有能力收回全部贷款，商业银行和企业之间是无摩擦的。

资本品生产商也被假定是完全竞争的，旧资本可以一比一地生产新资本，增加投资需要考虑调整成本的存在，参考 Christiano 等(1999)，设调整后的资本水平净增加为 $f(I_t/I_{t-1})$，该函数满足条件：$f(1) = f'(1) = 0$，$\varepsilon = f''(1) > 0$。资本品生产商的目标也为实现利润最大化，通过求解方程可以得到一条向上倾斜的供给函数：

$$Q_t = 1 + f\left(\frac{I_t}{I_{t-1}}\right) + \left(\frac{I_t}{I_{t-1}}\right) f'\left(\frac{I_t}{I_{t-1}}\right) - E_t \Lambda_{t,t+1} \left(\frac{I_t}{I_{t-1}}\right)^2 f'\left(\frac{I_{t+1}}{I_t}\right) \tag{7-36}$$

这表明在实现利润最大化时并不依赖其二阶条件，只与一阶导函数相关。Z_t 表示资本的边际产出，我们可以定义贷款利率为

$$R_{st} = \frac{Z_t + (1-\delta) Q_t}{Q_{t-1}} \tag{7-37}$$

PT 类 ABS 产品的收益率为

$$R_{mt}^{pt} = \frac{Z_t + (1-\delta) q_t}{q_{t-1}} \tag{7-38}$$

式中：q_t 为价格。

7.5.3 市场出清的均衡状态

为得到金融中介部门整体的自有资本数，我们将持续经营的金融机构的自有资本和新进入机构的资本进行求和。在 t 期，持续经营的金融机构的自有资

本由经营的资本积累构成，新进入的金融机构的自由资本为其家庭总资产的 ξ_τ（$\tau \in \{c, b\}$）。因此，商业银行和影子银行的自有资产可以表示为

$$N_t^c = (\sigma + \xi_c)(R_{st}Q_{t-1}S_{t-1}^c + R_{mt}M_{t-1}^c) - \sigma R_t D_{t-1} \tag{7-39}$$

$$N_t^b = (\sigma + \xi_b)R_{st}Q_{t-1}S_{t-1}^b - \sigma R_{mt}M_{t-1}^b \tag{7-40}$$

式中：N_t^c、N_t^b、ξ_c、ξ_b、M_{t-1}、D_{t-1} 含义同前。

当贷款(初级证券)市场、ABS 产品市场、存款市场、劳动力市场出清时，以上动态随机一般均衡模型是闭合的。当初级证券市场出清时，商业银行和影子银行对初级证券的需求等于企业的供给，表示为

$$S_t^c + S_t^b = K_{t+1} \tag{7-41}$$

当商业银行对 ABS 产品的需求和影子银行的供给均衡时，ABS 产品市场出清，总量上表示为

$$M_t^c = M_t^b \tag{7-42}$$

式中：M_t^c 为 t 时期商业银行对 ABS 产品的需求；M_t^b 为 t 时期 ABS 产品的供给。

除了总量上要均衡，ABS 产品结构的供求也需要均衡：

$$\eta_t^c = \eta_t^b \tag{7-43}$$

当家庭的资金供给和金融机构的资金需求均衡时，存款市场出清：

$$D_t = Q_t(S_t^c + S_t^b) - (N_t^c - N_t^b) \tag{7-44}$$

式中：D_t 为存款。

当劳动力的供给和企业对劳动力的需求均衡时，劳动力市场出清：

$$W_t e^{\xi_t}(C_t - hC_{t-1})^{-1} = \chi L_t^\varphi \tag{7-45}$$

式中：W_t 为工资，L_t 为劳动供给。

最后，总的社会产出均衡为

$$Y_t = C_t + \left[1 + f\left(\frac{I_t}{I_{t-1}}\right)\right] \tag{7-46}$$

式中：Y_t 为总产出。

7.5.4 模型的基本分析

本部分通过模型分析影子银行的活动对宏观经济产生的影响，尤其是两种类型 ABS 产品的不同组合模式对宏观经济的影响是否不同，模型参数及赋值如表 7-1 所示。

表 7-1 模型参数及赋值

描述	参数	赋值	描述	参数	赋值
生产所用资本比例	α	0.3	家庭的折现因子	β	0.99
资本折旧率	δ	0.025	消费习惯参数	h	0.70
闲暇效用	U_0	12.37	劳动力供给弹性倒数	φ	0.30
投资弹性		3.0	生产冲击		0.6
ABS 转化率	ω_c	0.5	持续经营概率	σ	0.90
银行贷款转移到家庭比率	θ_b	0.1224	家庭转移到新银行资产比率	ξ_b	0.0134
	θ_c	0.2216		ξ_c	0.0083
无影子银行的经济					
家庭转移到新银行资产比率	0.0172		商业银行贷款转移到家庭比率	0.2564	
	0.0				

我们只考虑较为简单的情况，即在 $\eta_t = 1$（只有风险共享型资产证券产品）和 $\eta_t = 0$（只有风险承担型资产证券产品）两种情况下，影子银行的活动对宏观经济的影响。

当 $\eta_t = 1$ 时，商业银行的总风险由来自贷款资产的风险和来自 ABS 产品的风险两部分构成。在 ABS 资产上的损失会加重在贷款资产上的损失，这些会导致银行资产缩水。同时，在商业银行再平衡的过程中，它倾向于扩大 ABS 产品的比例而缩减贷款比例，影子银行的资产同样会缩水，但是由于影子银行的负债为风险共享型 ABS 产品，其价格在期限内是可以受市场调节变动的，当其价格下降，影子银行净值受到部分保护。影子银行的高杠杆使其能够扩大贷款资产的数量。因此，在 $\eta_t = 1$ 时，影子银行规模膨胀，总体信贷水平变动不大，产出和投资下降，但会慢慢回到稳态。

当 $\eta_t = 0$ 时，商业银行的 ABS 产品收益是固定的，其风险仅来自贷款，当资产价格下降的风险完全反映在影子银行的自有资产上时，这会导致影子银行资产的缩减及 ABS 产品发行的减少，商业银行会加大贷款资产的持有而减少 ABS 资产的持有，以上都导致影子银行规模缩减。然而，由于影子银行的杠杆率更高，与 $\eta_t = 1$ 相比，在 $\eta_t = 0$ 时总信贷规模缩减得更多，使投资和产出产生更严重的缩减，宏观不稳定性增强。

当金融中介体系为传统的，即不存在影子银行的商业银行体系时，与 $\eta_t = 1$ 对比，产出和投资变动的差异不大，商业银行的总体风险较小，因而信贷资产下降幅度较小，但是由于没有证券化活动，总体的信贷规模下降更多。与 $\eta_t = 0$ 相比，产出和投资虽受冲击但是弱于存在风险承担 ABS 产品的情况，信贷资产略有扩张但变动不大，远好于存在风险承担 ABS 产品的情况。

7.6　中国影子银行和中国经济增长的实证研究

7.6.1　变量选取

本部分的难点之一在于影子银行数据的选取。由于影子银行中包含非常多类型的产品，且很多类型产品的规模只能估算而不能进行测量，如民间借贷，因此学者普遍采用的做法是用替代变量代表影子银行的整体进行实证检验。对于替代数据的选取，不同的学者有不同的选择方法。一部分学者用影子银行中的某一类产品来代替整体，但是不同类型机构由于产生时间、发展历程不同且所受监管的严格程度一直在发生变化，因此各类产品规模的差异性非常大，单一类型并不能很好地反映整体。例如，信托和委托贷款的数据可获得性较好，但是它们受到的监管逐渐严格，2012 年 1 月银监会叫停票据类信托，2014 年 3 月银监会以"窗口指导"的方式叫停银行信托类产品担保，2015 年 1 月银监会限制银行委托贷款发放[①]。由于这些监管政策的出台，信托和委托贷款当年增量会受到较大影响，但是与此同时，P2P 平台等互联网金融得到快速发展，体量迅速增加，总体上看影子银行的规模是越来越大的。如果以单一指标代替整体，那么指标的可靠性就非常值得质疑。从可获得性来考虑，P2P 平台虽然是近年来快速发展的影子银行类型，但是我国 P2P 平台非常多且透明度低，很难拿到数据。证券管理资金的规模等，中国证券业协会仅从 2011 年度开始对外公布年度数据，时间较短。所以，综合考虑数据可靠性和可获得性，本部分用委托贷款、信托贷款和未贴现银行承兑汇票的年度数据作为影子银行规模的替代指标(SB)。对于宏观经济活动的指标，本部分选取 GDP 的年度数据作为衡量指标，时间跨度为 2012~2014 年。以对数数据 lnSB、lnGDP 建立 VAR 模型，数据均来自《中国统计年鉴》。

---

① 银监会曾发布《商业银行委托贷款管理办法》，规定银行授信资金、筹集的他人资金等五类资金不得进行委托贷款，且委托人不得为金融资产管理公司和具有贷款业务资格的机构，银行也不得为委托贷款承担信用风险。

7.6.2 模型构建

在建立 VAR 模型之前，需对变量进行稳健性检验。当满足同阶单整的条件时，才能进行模型的构建。本部分采用 ADF 方法进行检验，通过 AIC 准则确定两变量的滞后期均为 2 期，然后进行 ADF 检验，结果如表 7-2 所示。可以看出，在不差分和一阶差分的情况下，两变量的 P 值均大于 0.05，只有在二阶差分的情况下，P 值才均小于 0.05，即两变量经过一阶差分后仍然是非平稳序列，只有经过二阶差分后才是平稳序列。

表 7-2　影子银行规模和 GDP 序列平稳性检验

变量	检测类型 (C, T, L)	T 统计量	Prob.	检测 T 统计量临界值	
lnSB	(C, 0, 2)	-2.410928	0.1642	1%水平	-4.420595
lnGDP	(C, 0, 2)	-2.911280	0.0819	5%水平	-3.259808
				10%水平	-2.771129
D(lnSB)	(C, 0, 2)	0.193488	0.9509	1%水平	-4.297073
D(lnGDP)	(C, 0, 2)	0.509402	0.9730	5%水平	-3.212696
				10%水平	-2.747676
D(lnSB, 2)	(C, 0, 2)	-9.629694	0.0001	1%水平	-4.582648
D(lnGDP, 2)	(C, 0, 2)	-4.392623	0.0126	5%水平	-3.320969
				10%水平	-2.801384

注：检测类型(C, T, L)中，C 代表常数项，T 代表趋势项，L 代表滞后项。

两变量满足二阶单整的条件，接下来进行协整检验。通过 Johansen 协积检验得到结果如表 7-3、表 7-4 所示。

表 7-3　迹统计量检验

Hypothesized No. of CE(s)	迹统计量	5%水平的临界值	Prob.
None	22.25233	15.49471	0.0041
At most 1	10.85640	3.841466	0.0010

注：样本区间为 2012~2014 年，滞后期为 1。

表 7-4　最大特征值统计量检验

Hypothesized No. of CE(s)	最大特征值统计量	5%水平下的临界值	Prob.
None	11.39594	14.26460	0.0354
At most 1	10.85640	3.841466	0.0010

注：样本区间为 2005~2014 年，滞后期为 1。

以 5%检验水平判断，迹统计量检验和最大特征值统计量检验 P 值均小于
0.05，因而 lnSB 和 lnGDP 序列存在协整关系，两序列之间的关系长期稳定。
两序列满足协整关系，因此可以建立 VAR 回归模型进行分析。

7.6.3 结果分析

7.6.3.1 格兰杰因果性检验

对两变量进行检验的结果如表 7-5 所示。由检验结果可以看出，lnSB 是
lnGDP 的格兰杰原因，但反过来是不成立的，即 lnSB 和 lnGDP 之间存在单向
的因果关系，表明影子银行的发展会对经济增长产生影响。

表 7-5 影子银行规模和 GDP 的因果性检验

原假设	Obs	F 统计量	Prob.
lnSB 不是 lnGDP 的格兰杰原因	10	6.01565	0.0467
lnGDP 不是 lnSB 的格兰杰原因		4.14351	0.0869

注：样本区间：2012~2014 年，滞后期为 2。

7.6.3.2 脉冲响应函数分析

影子银行规模对 GDP 的脉冲响应函数结果如图 7-2 所示。从脉冲响应结
果可以看出，当 GDP 在受到影子银行的正向冲击时，第一年后呈现小幅的波
动上升，然后会出现剧烈的震荡，在这个过程中会对经济产生负向的影响，到
第 8 年时趋于稳定，且稳定值略低于最初水平。这表明影子银行对经济在短期
内起促进作用，但是从长期来看，有小幅的抑制作用。

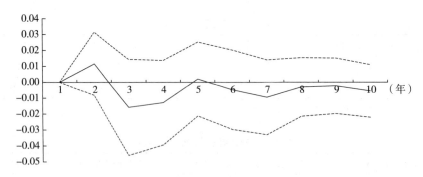

图 7-2 影子银行规模和 GDP 的脉冲响应结果

互联网金融本质、服务实体经济效率及监管

本讲提要

本讲基于互联网金融发展与监管的现状,从历史演绎的角度厘清其金融本质及其与传统金融有何不同,以及如何发挥金融为实体经济服务的功能,进而提出互联网金融监管的关键。本讲运用PVAR模型实证研究我国互联网金融对实体经济的影响,结果显示过去时期中我国互联网金融机构所吸收的公众储蓄并未有效转化为工业企业投资,而是大量滞留在金融体系内部,进而未能有效服务于实体经济。据此,本讲提出"安全、公平、效率"三大顺序监管原则,并通过整合互联网技术优势、新兴商业模式和传统监管资源,构建了一个引导互联网金融与实体经济相结合的监管联动机制,以促进互联网金融充分实现其社会价值与金融价值。

8.1 导言

伴随着金融创新实践的推进,互联网金融日趋成为经济增长的热点。我国互金监测平台数据显示,至 2017 年 7 月我国互联网金融平台成长已超过 1.9 万家,行业规模位居世界第一。这一新金融模式已然对我国宏观金融造成了新

的冲击和挑战：一方面，通过分蚀存贷支等传统金融业务，互联网金融迅速重构行业业态与市场格局；另一方面，由于法制尚未健全，P2P 网贷、众筹融资等偏离金融本源而野蛮发展，日渐沦为投机套利之工具，以致行业风险高企，加剧了金融不稳定性。从屡禁不止的 P2P 骗贷、跑路、倒闭潮等，到多头借贷、高年化利率的现金贷事件，互联网金融行业"一波未平一波又起"。仅以我国 P2P 网贷为例，其行业规模从 2010 年到 2014 年就增长了近 100 倍，同时行业风险剧增，并于 2015 年集中爆发，至 2017 年底许多问题平台被查处。

互联网金融发展迅速且模式众多，伴随着中国新一轮经济深化改革，互联网金融实践将更加频繁，对金融市场和宏观经济的影响也将更加深刻。正确认识互联网金融的本质及发展现状，是新时代下有序开展金融创新实践、保持经济平稳高速增长的重要前提。本讲提出，互联网金融本质依然是通过创造货币与信用关系来融通资金，服务于实体经济效率，并重点研究了我国互联网金融是否有效发挥了服务实体经济的功能，以及效率如何，同时探讨了监管机构应如何对互联网金融进行有效的监管及创新引导。

8.2 文献综述

8.2.1 互联网金融产生的理论基础

1995 年，全球第一家电子网络银行 SFNB（Security First National Bank）创立，自此互联网金融正式诞生并开始普及。2013 年之后，各类新金融模式在我国井喷式涌现，谢平和邹传伟（2012）据此提出"互联网金融"，并将其归为第三种融资模式，认为这一模式区别于传统的间接或直接融资，能促进市场接近无金融中介状态，进而实现瓦尔拉斯一般均衡。陆岷峰（2014）进一步指出，互联网金融是各种金融或准金融机构在金融服务中引入互联网技术手段的一种新模式。结合诸多学者的论述，近年来，我国互联网金融的产生及快速发展主要得益于金融抑制、长尾效应和交易成本三大理论基础。

第一，金融抑制。政府对利率、汇率及信贷配给等施加人为的干预，致使金融制度失效及经济发展阻滞，即构成金融抑制，继而促使非正式信贷市场兴起（Mckinnon，1973）。在此基础上，陈斌开和林毅夫（2012）通过数据论证指出，互联网金融模式有助于改善传统金融体系对资本的时空限制，提升金融的可得性与易得性，即金融抑制赋予了我国互联网金融充分的发展空间。周治富（2017）提出，这一新金融模式的出现主要得益于互联网技术驱动和金融环境转变，互联网金融正是在两者联合推进下所实现的金融制度变革。

第二，长尾效应。受制于信息不对称、交易成本等现实因素，大量中小微企业与低收入人群难以被主流金融覆盖，从而形成长尾市场（刘勇，2016）。随着长尾市场日益壮大、互联网技术成本不断降低，以及头尾部市场动态融合，互联网金融得以从海量的零碎资金和短期存款中获取可观利润，恰是被主流金融所忽视的长尾金融需求为互联网金融创造了巨大效益（孙剑，2017；刘英，2013）。

第三，交易成本。相较于传统金融中介，互联网作为金融中介具备突出的规模优势与技术优势，能显著缓解信息不对称并节约融资成本，进而提高金融资源的配置效率（陶娅娜，2013；宫晓林，2013）。对此，霍兵和张延良（2015）进一步指出，互联网金融平台凭借网络化运营机制可以拓宽信息传播渠道，降低搜寻成本，帮助交易双方实现自动对接和便捷操作，同时互联网金融产品大数据化的管理模式也使其摩擦成本较低、交易效率较高。

8.2.2　互联网金融的发展模式

根据"六分法"，互联网金融模式可细分为以下六类，即第三方支付、众筹、P2P网络借贷、电商金融、互联网金融门户及信息化金融机构（刘英、罗明雄，2013）。暂且撇开繁多冗杂的具体组织形式，本讲基于前人研究着重考虑交易结构的实质，将互联网金融区分为网络支付结算、网络融资、网络理财和数字货币四大发展模式。

第一，网络支付结算。它是指借助计算机信息技术和互联网为收付款双方提供资金支付、结算及与之相关的其他金融产品和服务。网络支付结算模式既包括由传统金融机构提供的网上银行、手机银行等移动支付类服务，也包括由非金融机构作为交易中介而提供的第三方支付服务，如支付宝、财付通等（王曙光，2014）。

第二，网络融资。长尾金融需求催生网络融资模式，这一模式以互联网为媒介，利用大数据技术实现个人、企业、金融及非金融机构之间的借贷交易（吴晓光，2011）。当前国内主要存在三种典型模式：一是P2P网贷（peer-to-peer lending），参与者通过P2P平台自行交易；二是众筹融资，发起人通过展示项目创意并承诺回报向公众募集启动资金；三是电商小额贷款，电商平台通过大数据和云计算采集用户行为数据，并据此建立信用评级及信用数据库，进而开展有针对性且风险可控的量化放贷（杨云龙、何文虎，2014；王曙光、张春霞，2014）。

第三，网络理财。网络理财是指金融或非金融机构依托互联网向公众提供基金、债券、期货、保险等理财产品的互联网金融服务，旨在帮助公众实现低门槛、易操作和碎片化的资金管理，代表产品有余额宝、众安保险等。

第四，数字货币。数字货币是由计算机运算产生或由网络社区发行管理，能在网络中进行交易、记账和贮藏的非实体货币（赵洁华，2007；何五星，2015），其具有发行主体去中心化、无信用担保、全球交易及数量有限等特征（姜立文，2013）。大多数学者认为数字货币会影响实际社会财富的创造及流通，威胁一国法币的权威性（倪娜、王布衣，2007）。焦瑾璞等（2015）则指出，数字货币具有发行成本低、管理效率高、金融覆盖面广等优势，能显著推动普惠金融发展。

8.2.3　互联网金融的本质界定

对于互联网金融是否为一种全新的金融业态，国内学者莫衷一是。以谢平（2014）和陆岷峰（2014）为代表的一部分学者认为，互联网金融转变了传统金融活动的组织形式，具备去中介化特性，或将倾覆传统金融。但另一部分学者如陈志武（2014）指出，互联网金融仅是渠道创新而非新金融，即只是一种涉及银行业务的媒介技术革新，而不是金融模式蝶变。有人认为其本质在于互联网，即互联网技术及互联网企业改变金融，这种观点以马云提出的"基因论"为代表，但更多专家学者强调在金融契约、金融功能、金融风险等内涵方面，互联网金融没有发生质变，故其本质还是金融（见表8-1）。

表8-1　不同学者对互联网金融本质的论述

学者	观点
陈志武（2014）	互联网金融只是渠道创新，产品结构及设计与传统金融相同，也没有改变跨期交换和信用交换的本质
彭欢，邱东阳（2014）	互联网金融的盈利模式基于金融本身，互联网只是手段，互联网金融的实质是金融
郑联盛（2014）	互联网金融是传统金融通过互联网技术在理念、思维、流程及业务等方面的延伸、升级与创新，其没有改变金融本质
孙明春（2014）	互联网金融的产生是一个水到渠成的现象，它是互联网企业为其客户提供的一种增值服务。互联网金融企业推出的新产品和新商业模式并不能实现去中介化的目标，也没有改变金融的本质

学者	观点
王念等(2014)	传统金融体系和互联网金融本质上都发挥了支付、投融资和风险匹配三个本质功能,只是互联网金融实现金融功能的方式、服务的对象不同于传统金融机构
李爱君(2016)	互联网金融是通过采用新技术和方法改变原有金融体系基本要素的搭配和组合而提供新金融功能的过程,其金融本质属性不变
韩亚欣等(2016)	互联网金融缘起于中国金融体制欠缺,中国的互联网金融本质上属于传统金融下的新类目,脱离不了传统金融范畴
王娜(2016)	互联网金融仍具有金融的货币本质和信用本质

资料来源:笔者整理。

8.2.4 互联网金融与实体经济效率

金融创新作为创新的一种具体体现,也会对长期的经济增长产生重要影响。具体而言,互联网金融为金融市场注入新的竞争因素,迫使金融及非金融机构提高效率并降低融资成本,进而增强了金融功能,最终促进了实体经济增长(李炳、赵阳,2014;张红伟、陈禹,2017)。吴晓求(2015)亦指出,互联网金融具有内生的普惠金融特质,凭借其数据挖掘与甄选技术能够有效改变金融歧视现象。

虽然这些学者从理论上强调了互联网金融凭借其技术优势可以缓解金融歧视,实现普惠金融,但是一些实证研究结论与之相悖。有学者利用P2P平台的交易数据论证了P2P网贷中存在显著的阶层歧视和非有效的地域歧视等(庄雷、周勤,2015;蒋彧、周安琪,2016)。周斌等(2017)也通过实证研究发现,互联网金融业务在短期内对投资、消费及进出口等存在负向影响。

8.2.5 互联网金融的风险及宏观监管

互联网金融兼具金融一般性风险和自身特殊风险,即除存在利率、汇率、流动性等传统风险之外,还具有网络安全风险、法律风险、长尾风险、跨境风险等特殊风险(颜伟荣等,2013;郑联盛,2014;李爱君,2016)。与此同时,基于互联网广域覆盖、高度互联、即时共享等运行机制,互联网金融还对上述风险具有放大效应(张铭洪、张丽芳,2010),风险的广泛性、突发性、隐蔽性、传染性等相较于传统金融也更为突出(陈放,2017)。Dynan等(2006)指出,金融创新通过增加金融产品种类加重了风险传导性和金融系统不稳定性。

周耿和范从来（2016）也指出，投资者的"羊群效应"随互联网金融产品设计的复杂程度递增，即互联网金融给资本市场带来了更多非理性成分。

就具体监管对策而言，谢平（2014）强调要兼顾互联网金融的双重风险特征，即将互联网金融适用于传统监管体系的同时，更要关注其在互联网技术方面和长尾市场上的特殊风险。进一步地，姜波和冯华（2017）提出以功能监管为核心建立互联网金融监管框架，同时采取审慎监管和行为监管以控制稳定性冲击和保护金融消费者权益。此外，陈放（2017）还指出，互联网金融的顺周期性会加剧经济波动，因此监管当局应实行有效的逆周期监管。

8.2.6　文献评述

从目前已有研究来看，学者虽然对互联网金融各方面都进行了有益探索，但是仍存在后续研究空间。具体而言：首先，当前对互联网金融的研究多以对各细分业态的定性分析为主，鲜有学者从理论高度对互联网金融整体业态进行历史演绎和抽象归纳，导致目前学界对互联网金融的演进逻辑及本质含混不清，研究结论上分歧多于共识，难以为监管当局提供有益借鉴。其次，互联网金融作为新兴事物，缺乏完备的前人研究成果，历史数据时间跨度较短，资料积累亦相对匮乏，以致对互联网金融与实体经济效率的实证探讨较少。

基于此，本讲试图从历史演绎的角度厘清我国互联网金融的演进逻辑，据此归纳和阐述互联网金融的本质，同时从实证角度通过构建 PVAR 模型探究我国互联网金融对实体经济的影响，据此分析互联网金融发展乱象背后的原因。

8.3　互联网金融的演进逻辑

8.3.1　演进动因

2013 年，随着互联网巨头进军理财市场，余额宝等互联网理财产品大热，传统金融机构也开始转向互联网积极谋变，数家基金公司开启线上销售时代，如"三马"跨界合作推出首个互联网保险产品"众安在线"等。自此，互联网金融被推向时代风口，迅速成为金融市场"新贵"。互联网金融的萌芽、成长乃至异军突起绝非偶然，而是内外动因共同驱动下的历史必然。

8.3.1.1　内在动因：金融制度失衡+金融市场供需两旺

第一，我国长期实行牌照管理、利率管制和分业监管等，由此形成了银行在金融市场中的主导地位，也直接导致部分信贷配置扭曲和金融抑制。一方面，银行授信条件严苛，导致经济活力高但经营风险大、缺乏抵押、财务状况和信用记录不透明的中小微企业被排除在外；另一方面，政府对国企一定程度上的偏爱进一步加剧了这种人为的融资倾斜。国企软预算约束、委托代理等问题都可能致使其在低效经营的情况下仍存在过度资金需求，政府的信誉背书则驱使以银行为代表的金融中介偏离市场原则，将大量信贷资源分配给国企。刘伟和李绍荣（2001）研究指出，20 世纪 90 年代末，非国企在三次产业增加值中贡献占比超过 60%，但工农中建四大行仅有约 30% 的贷款流向非国企。

第二，金融市场的变迁是我国互联网金融发展的另一个驱动因素。就资本供给而言，持续多年的经济高速增长导致我国民间资本迅速膨胀。就资本需求而言，传统金融体制的失衡导致大多数中小微企业的融资需求难以得到满足，近年来电子商务的发展又催生出新的中小微企业和创业者，长尾市场的壮大直接加重了中小微企业的融资饥渴。如此供需两旺的市场条件为互联网金融创造了广阔的发展空间——其崛起于市场边缘，通过创新技术手段和商业模式来发掘、整合及匹配金融资源，聚沙成塔，最终实现丰厚收益，成为资本热捧的"新贵"。之后资本的竞相追逐又进一步加速了互联网金融的成长。

8.3.1.2　外在动因：互联网技术创新+监管环境宽松自由

第一，互联网具有强大的联结、渗透和融合特性，以互联网为基础的技术创新、工具应用及互联网对金融业的渗透融合等，是互联网金融发展的首要外因。互联网、电子商务及社交平台是互联网金融初始发展的三大契机，发达的网络环境进一步为其创造出广阔的应用场景和庞大的生态集群。在此基础上，互联网技术，如搜索引擎、大数据、云计算等，被应用于金融业务，从而大幅削减信息搜寻、用户征信和风险控制等环节的花费，交易双方通过互联网便可快速甄选信息、匹配对象、确定比价并最终完成交易，金融交易的可得性、易得性及得益性均明显提高。同时，第三方支付将大量闲碎资金汇聚形成资金蓄水池，亦为互联网金融的横向发展提供了充实的内核支持。

第二，监管层的宽容和支持营造了充分自由的政策环境。传统金融体制弊病重重，既得利益的羁绊又使改革难以冲破旧体制的樊篱。互联网金融伴随着金融抑制和技术创新出现，面向长尾市场提供金融服务，其初衷符合普惠金融的理念，同时互联网金融通过鲇鱼效应还能倒逼传统金融机构改革。因此，监管层自互联网金融诞生之初就大力鼓励其发展：2013年党的十八届三中全会首提"互联网发展问题"，此后的政府工作报告又进一步强调要"大力发展普惠金融"等。简言之，监管层的宽容和支持为互联网金融的异军突起开辟了"绿色通道"。

8.3.2　演进过程

互联网金融可追溯至"金融互联网"。早在20世纪八九十年代，计算机就开始在我国银行业中被推广使用，金融专用网络体系建设也取得突破性进展，金融电子化进程随之加快。2003年，为解决网络购物中的信任和支付问题，淘宝推出"支付宝服务"，第三方支付由此诞生，这也标志着互联网金融新时代的来临。

我们认为，我国互联网金融主要经历了从渠道创新到业态沉淀再到新旧融合三个阶段的演进。我国互联网金融的演进实质，是互联网技术及互联网企业对金融产业链的逐渐渗透和交融，是金融基于渠道创新而实现的横向衍变与纵向进化（金融升级），且不论如何演进，互联网金融的本质均不会发生改变。

第一阶段（2013年之前）：渠道创新。2013年以前，我国互联网金融的发展主要表现为传统金融业务通过引入互联网技术而实现的由线下到线上的转型升级，如支付业务与互联网技术组合构成第三方支付，融资业务与互联网技术组合构成P2P网贷、网络众筹等互联网融资模式，理财业务与互联网技术组合则形成了"余额宝"等互联网理财产品等。总的来说，这一阶段互联网金融并未跳出传统业务范畴，改变的仅是管理金融业务和实现金融功能的手段，即纯粹意义上的渠道创新。

第二阶段（2013～2014年）：业态沉淀。经历上一阶段的渗透，2013～2014年互联网金融进入爆发增长期。除了数量上的迅速增长，各种互联网金融业务亦开始横向聚合，形成复合业态，大型综合性金融服务集团开始出现。例如，蚂蚁金融服务集团于2014年正式建立，其主营业务囊括支付、理财、融资及保险，大型综合性金服业态粗具规模；同年，国内首家由互联网企业运营的民营银行——深圳前海微众银行揭牌。自此，互联网企业亦可合法合规受理银行基本业务。

第三阶段(2015 年及之后):新旧融合。进入 2015 年,互联网金融不再是量变意义上的"互联网+金融",互联网金融业务或业态开始真正向传统金融延伸和融合,即"新旧融合"。此时,"线上+线下""互联网金融+传统金融"的交融趋势愈加明显,金融产业链更加细化,各环节乃至新旧金融之间的依赖程度也随之提高。这一阶段主要有三大现象级事件:一是互联网金融平台与地区金融资产交易所合作密切,网金社、天安金交中心等区域性互金资产交易中心纷纷获批设立;二是京东白条等电商消费金融产品借助资产证券化,相继推出 ABS 产品,并在线下交易所挂牌交易;三是区块链等金融科技问世,不断加深金融改革的深度和广度。

上述三个阶段的演进过程如图 8-1 所示。在这一演进过程中,互联网技术和企业在加深对金融产业链渗透融合的同时,也促进了金融业务的全面升级。金融业务的顺利开展主要包含制度、场所和信息三个方面,制度决定市场准入门槛、活动规范等,场所为金融活动提供空间和基础设施,信息则帮助具体金融业务开展。据此,互联网金融所实现的升级具体表现有:一是制度升级。一方面,金融业务由更多金融和非金融机构分担,金融产业链更细化,市场竞争更充分;另一方面,金融服务对象更普遍,金融门槛降低,进而改善传统金融

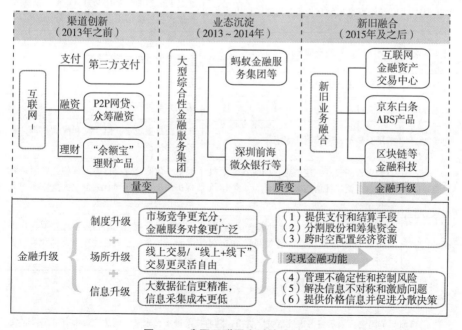

图 8-1 我国互联网金融演进过程

歧视现象。二是场所升级。互联网金融使交易从传统的线下交易转变为更即时高效、灵活自由和低成本的线上交易。三是信息升级。传统的人工征信存在人为隐瞒、统计误差、覆盖面不全、信息采集成本高昂等问题，而在互联网金融中，借助大数据征信和云计算等可以有效缓解上述问题。

金融升级根本上是为了更有效地履行金融职能。就金融功能而言，Merton（1995）提出，金融应为市场交易提供支付和结算手段、募集资金、跨时空配置资源、管理风险及不确定性等金融功能。对照互联网金融和传统金融，可发现两者在金融功能上并无根本差别，互联网金融的业务核心仍是融通社会资金，通过创造数字货币、撮合网贷等具体业务拥有与传统金融相同的货币创造功能和信用创造功能。两者的区别主要体现在服务对象、金融媒介、支付方式、交易特征、驱动因素等外在方面（见表8-2）。

表8-2 传统金融与互联网金融的对比

项目	传统金融	互联网金融
业务核心	融通资金	融通资金
货币创造	传统金融机构控制基础货币的发行和流通	借助互联网大数据创造数字货币[①]，具有去中心化特征
信用创造	传统金融机构的存贷业务创造了信用关系	通过P2P网贷、网络众筹、电商小贷等新兴模式在传统信用创造体系之外创造信用
服务对象	资信状况良好的头部客户	高风险项目、小微企业、普通居民等传统金融不予重视的长尾客户
金融媒介	银行和非银行金融机构	互联网平台
支付方式	银行支付	第三方支付
交易特征	单笔交易量较大，模式固定	单笔交易量较小，但产品和模式众多，业务范围广泛
风险控制	有较完善的宏观调控措施，同时各金融机构通过尽调、征信档案等强化微观个体风险控制	目前，政府监管以行为监督和金融消费者保护为主，互联网金融企业主要以客户大数据作为风险控制依据
驱动因素	过程驱动，注重与客户面对面直接沟通，在此过程中搜集信息、管控风险和交付服务	数据驱动，通过网络技术手段抓取客户的各种结构化信息，以此作为营销和风险控制的依据

资料来源：笔者根据公开资料整理。

---

① 目前，英国央行表示将考虑发行数字货币，随着技术进步，未来一国法定货币有可能采取数字形式。

8.3.3 演进趋势及互联网金融本质

凯文·凯利在《新经济新规则》一书中曾提出"组合技能"与"边缘革命"的关系，即在一个生态系统中，边缘革命阻力小、形式新，能顺应环境灵活调整，相比之下，中心企业推倒组合技能重来十分困难。因此，初创企业往往可以从市场边缘萌芽成长，继而不断转变颠覆中心。我国互联网金融的发展正符合"边缘—中心"的演进趋势，这一趋势进而造就了互补的市场格局，互联网金融作为社会金融的一部分，应当是对传统金融的有利补充。

我国互联网金融"边缘—中心"的演进趋势具体表现为：首先，由于旧金融制度失衡，互联网金融最初立足于长尾市场提供金融服务，这是其兴起的市场边缘；其次，传统支付功能单一，无法满足网络购物的支付需求，第三方支付由此兴起，这是其兴起的业务边缘。随着进一步发展，互联网金融的服务对象不再局限于小微主体，开始涉及大中型机构客户，金融业务也由支付逐渐衍生至借贷、理财等领域。从"边缘"到"中心"，互联网金融始终和传统金融共处同一金融体系，伴随互联网技术的普及和应用，金融抑制的范围亦将不断缩小（见图8-2）。目前新旧金融仍以互补共生关系为主，互联网金融应当成为传统金融的有益补充。

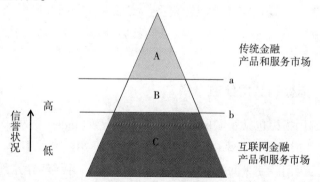

图8-2 传统金融与互联网金融的市场结构

注：①区域A表示传统金融面向信誉状况良好的少量金融对象提供产品和服务而形成的市场，区域C表示互联网金融的产品和服务市场，其所覆盖的群体通常为信誉状况较差、被传统金融排斥在外的长尾群体。②实线a表示金融市场中的交易成本，实线b表示金融市场中的政府管制，a和b共同形成金融抑制，对应图中区域B。③随着传统金融对互联网技术的应用，传统金融机构的交易成本会逐步降低，实线a会向下移动，区域A的面积会增加，同样地，随着互联网技术的普及和监管政策的成熟，互联网平台向金融消费者提供的产品和服务将日趋丰富，实线b会向上移动，区域C的面积也会不断扩大，最终金融抑制的范围将逐渐变小。

　　综上所述，我国互联网金融缘起于旧金融制度失衡和技术创新的叠加冲击，是金融边缘革命的直接产物，是融合了互联网思维及金融科技的新金融模式。在演进过程中，互联网只是工具，金融才是变革主体，其演进本质上是互联网技术及互联网企业通过对金融产业链的渗透，推动渠道创新并促进金融横向衍变与纵向进化，最终实现金融升级的过程。其中，互联网金融改变的仅是实现金融功能的外在因素，如技术手段、商业模式等，而金融功能、货币信用本质等内涵并不会因此发生改变。同时，互联网金融和传统金融共属同一金融体系，前者是对后者的有益补充。因此，就互联网金融的本质而言，其依然是金融本身，互联网金融应与传统金融一致，服务于实体经济。

8.4　实证研究

　　金融需求产生于经济发展中社会分工与商品交换的深化，故金融发展须与实体经济相结合。如前所述，互联网金融本质仍是金融，因而理论上应当发挥其融通资金、改善实体经济效率的作用。因此，我们将立足我国互联网金融的实践现状，通过构建 PVAR 模型，实证探究我国互联网金融发展与实体经济之间是否存在显著正向关系，即我国互联网金融发展与实体经济结合是否充分。

8.4.1　指标和数据处理

　　本讲所选用指标包括互联网金融综合发展指数（index）、居民消费价格指数（cpi）和工业增加值增长率（industry），数据均是 2014 年 1 月至 2016 年 3 月的月度数据。为消除变量间数量级相差较大的问题，并缓解异方差问题，使模型设定更合理，我们首先对互联网金融综合发展指数（index）和居民消费价格指数（cpi）进行对数处理。

　　首先，互联网金融发展指标。在本部分，我国互联网金融的发展水平由互联网金融综合发展指数（index）权衡。该指数系北京大学互联网金融研究中心编制，数据来自蚂蚁金服、米么金服、众安保险、趣分期、零壹财经等代表性互联网金融平台。以该指标权衡我国互联网金融发展水平具有代表性和权威性。

其次，实体经济指标。我们兼顾经济学理论和数据可得性，以居民消费价格指数(cpi)和工业增加值增长率(industry)作为实体经济效率的主要衡量指标，前者能反映居民生活水平，而后者能直接体现一国的生产增长状况。

对面板数据的平稳性进行检验。本讲分别采用 LLC 法、IPS 法、ADF-Fisher 法及 PP-Fisher 法进行单位根检验，检验结果如表 8-3 所示。结果显示，互联网金融综合发展指数(lnindex)非平稳，一阶差分后(Dlnindex)平稳。实体经济增长指标均为平稳变量，一阶差分后[Dlncpi，Dindustry]仍平稳。故对 Dlnindex、Dlncpi 和 Dindustry 建立 PVAR 模型进行分析。

表 8-3 相关变量的单位根检验结果

变量	LLC	IPS	ADF-Frish	PP-Frish	结果
lnindex	4.2980 (1.0000)	9.3140 (1.0000)	3.1610 (1.0000)	7.3798 (1.0000)	非平稳
Dlnindex	3.5904 (0.9998)	-20.1925 (0.0000)	447.639 (0.0000)	609.302 (0.0000)	平稳
lncpi	-13.3777 (0.0000)	-19.0709 (0.0000)	414.189 (0.0000)	437.778 (0.0000)	平稳
industry	-6.3155 (0.0000)	-1.7045 (0.0441)	195.771 (0.0000)	149.064 (0.0000)	平稳

8.4.2 模型设定

PVAR(面板向量自回归)模型最早由 Holtz-Eakin 等(1988)提出，该模型兼具时序数据和面板数据的优点，放宽了对时间跨度的限制，故能够较好地解决我国互联网金融历史数据积累不足的问题。同时，PVAR 模型通过前向均值差分和组内均值差分减少固定效应的影响(Arellano and Bover，1995)，再以内生变量的滞后变量作为工具变量进行系统 GMM 估计，可以比较准确地突出各变量间的动态相关关系，进而分析和验证互联网金融对实体经济的影响。

本讲所构造的 PVAR 模型如下：

$$y_{it} = \beta_0 + \sum_{j=1}^{p} \beta_j y_{i,t-j} + \alpha_i + \theta_t + \varepsilon_{it}$$

式中：p 为滞后期数；α_i 为个体效应向量；θ_t 为时间效应向量；ε_{it} 为随机扰动项；β_j 为待估的系数矩阵；$y_{it} = [Dlnindex_{it}，Dlncpi_{it}，Dindustry_{it}]$ 为本讲估计的列向量。前述模型采用系统 GMM 法估计系数，主要借助 Love(2006)编写的

pvar2 命令程序实现。相较于老版本的 pvar 命令程序，pvar2 内化了面板数据的组内均值差分过程和前向均值差分过程，并能进行滞后阶数选择、格兰杰因果关系检验、稳定性检验等。

8.4.3 实证结果与分析

8.4.3.1 滞后期数选择

根据 Andrews 和 Lu(2001)基于 Hansen J 统计量提出的选择标准，应当选择使 MBIC、MAIC 和 MQIC 值最小的滞后阶数构建 PVAR 模型。经反复验证，同时按照少数服从多数的原则，最终确定滞后 3 期为最优滞后期数，故构建 PVAR(3)模型。检验表如表 8-4 所示。

表 8-4 PVAR 滞后期数检验结果

滞后期	J	J-Pvalue	MBIC	MAIC	MQIC
1	166.07	1.30e-18	-40.44695	94.06966	40.2956
2	115.15	7.40e-13	-39.73746	61.15	20.81945
3	48.269	0.001373	-54.98959*	12.26871	-14.61832*
4	29.721	0.0004904	-21.91358	11.71557*	-1.727947

注：＊表示最优滞后阶数。

8.4.3.2 格兰杰因果关系检验

根据格兰杰因果关系检验(见表 8-5)，一阶差分后互联网金融综合发展指数(Dlnindex)是各实体经济增长指标发生变动的格兰杰原因。其中，一阶差分后互联网金融综合发展指数(Dlnindex)和一阶差分后工业增加值增长率(Dlnindex)之间存在双向格兰杰因果关系。总体而言，一阶差分后互联网金融综合发展指数(Dlnindex)和一阶差分后实体经济增长指标之间存在较为显著的格兰杰因果关系。

表 8-5 格兰杰因果关系检验表

原假设	Chi2	P 值	置信度	结论
Dlnindex 不是 Dlncpi 变化的格兰杰原因	23.179	0.000	99%	拒绝
Dlncpi 不是 Dlnindex 变化的格兰杰原因	5.7616	0.124	99%	接受
Dlnindex 不是 Dindustry 变化的格兰杰原因	11.675	0.009	99%	拒绝
Dindustry 不是 Dlnindex 变化的格兰杰原因	7.1636	0.067	90%	拒绝

8.4.3.3　系统 GMM 估计结果

为避免系数估计偏差，首先采用组内均值差分和前向均值差分分别消除时间效应和个体效应，然后再估计模型，估计结果如表 8-6 所示。

表 8-6　PVAR（3）模型估计结果

变量	（1）DLNindex	（2）DLNcpi	（3）Dindustry
L. DLNindex	−0. 267 *** (0. 0867)	0. 0928 *** (0. 0193)	−6. 385 *** (1. 843)
L2. DLNindex	0. 543 *** (0. 143)	0. 107 *** (0. 0282)	−7. 022 *** (2. 198)
L3. DLNindex	−0. 255 *** (0. 0711)	0. 0643 *** (0. 0208)	−3. 102 ** (1. 310)
L. DLNcpi	−1. 885 ** (0. 833)	−0. 414 (0. 299)	−12. 28 (10. 68)
L2. DLNcpi	−1. 413 *** (0. 537)	−0. 0684 (0. 249)	−22. 41 ** (11. 37)
L3. DLNcpi	−0. 790 (0. 495)	0. 170 (0. 131)	−25. 47 *** (9. 448)
L. Dindustry	−0. 0255 *** (0. 00734)	−0. 000216 (0. 00153)	0. 277 (0. 174)
L2. Dindustry	0. 0124 ** (0. 00586)	0. 00296 ** (0. 00142)	−0. 142 (0. 141)
L3. Dindustry	−0. 00283 (0. 00294)	0. 000974 (0. 00118)	−0. 123 (0. 0841)
Observations	434	434	434

注：括号中数字是标准误差。 *** $p < 0.01$， ** $p < 0.05$， * $p < 0.1$。

根据估计结果，我国互联网金融发展在一定程度上会推高物价，也会对工业生产造成更大幅度的负向冲击。就互联网金融综合发展指数对居民消费价格指数的影响而言，其滞后一期、二期、三期项系数分别为 0. 0928、0. 107 和 0. 0643，均在 1% 的显著性水平上显著，这表明短期内互联网金融的快速发展会导致我国宏观物价水平上浮，从而加大通胀压力。但就工业增加值增长率而言，其滞后项系数依次为-6.385、-7.022和-3.102，互联网金融发展对工业生产增长存在明显的负向影响。

综合上述实证结果我们认为，我国互联网金融发展或存在泡沫化问题，互联网金融并未充分与实体经济增长相结合。一方面，金融资金借助互联网金融模式重复投机，大量资金滞留在金融体系内，在抬高资金成本的同时，亦加速居民信贷消费，从而致使经济非理性繁荣和通胀压力加大；另一方面，互联网金融分蚀传统金融业务，吸收公众储蓄，但未把资金真实大量流向工业生产领域，故在一定程度上减少了工业企业的信贷供给，从而对工业增长产生负向冲击。简言之，当前我国互联网金融并未有效促进实体经济效率的改善。

8.4.3.4　脉冲响应分析

在进行脉冲响应函数（IRF）分析和方差分解（FEVD）之前，需先检验前述PVAR（3）模型的稳定性。模型的单位根检验如图8-3所示，模型所有特征值均在单位圆以内，表明本讲所构建的PVAR（3）满足稳定性条件。

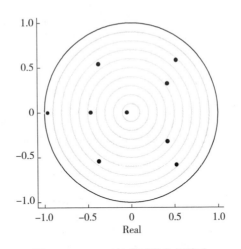

图 8-3　PVAR（3）模型单位根检验

由于所构建模型稳定，且存在格兰杰因果关系，因此可利用脉冲响应函数进一步可视化系统内各内生变量间的动态影响关系。图8-4表示在95%的置信水平下，对一阶差分后互联网金融综合发展指数（Dlnindex）施加一个标准差大小的冲击，一阶差分后居民消费价格指数（Dlncpi）和工业增加值增长率（Dindustry）的响应情况。

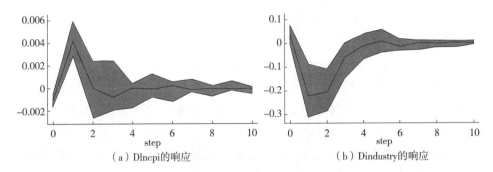

（a）Dlncpi的响应　　　　　　　（b）Dindustry的响应

图 8-4　脉冲响应示意

据图 8-4 可得，面对 Dlnindex 的冲击，Dlncpi 具有显著的正向响应，并于第二期达到峰值，第四期以后逐渐收敛至 0。相较而言，Dindustry 则表现出负向响应，且响应程度更加剧烈。根据前述脉冲响应，短期内两类实体经济增长指标对互联网金融冲击产生完全相反的响应特征，且负向响应程度远高于正向响应程度，这表明当前互联网金融整体上并未对实体经济产生积极稳定的正向影响，同时还隐含推高物价、吹大经济泡沫的金融风险。

8.4.3.5　方差分解分析

通过方差分解分析一阶差分后互联网金融综合发展指数（Dlnindex）对各实体经济增长指标[Dlncpi，Dindustry]的解释程度，方差分解结果如表 8-7 所示。

表 8-7　方差分解

S	DLNcpi	Dindustry
1	0.0005	0.0005
2	0.1562	0.1440
3	0.1852	0.2985
4	0.2185	0.4257
5	0.2396	0.4249
6	0.2389	0.4199
7	0.2758	0.4362
8	0.2832	0.4429
9	0.2898	0.4479
10	0.3115	0.4476

一阶差分后互联网金融综合发展指数（Dlnindex）对工业增加值增长率（Dindustry）的解释程度较高，一阶差分后工业增加值增长率（Dindustry）约45%的冲击响应可以由互联网金融变量予以解释。同时，互联网金融变量冲击对一阶差分后居民消费价格指数（Dlncpi）波动的贡献度也逐期上升，到第10期时方差占比约为31%。上述结果表明，互联网金融发展会显著引起实体经济波动，且在中长期内其影响会愈加突出。因此，当前必须重视互联网金融对工业生产和物价水平的冲击与影响，尽早引导互联网金融与实体经济增长相结合，以充分发挥其对经济增长的正面促进作用。

8.4.3.6 小结

前述实证结果表明：①当前互联网金融对工业生产增长存在明显的负向冲击。这主要是因为互联网金融分流公众储蓄，却并未把金融资金真正流向实业，而是将其滞留在金融体系内，既抬高了资金成本，更在一定程度上减少了工业企业的信贷供给。②在对工业增长产生负向冲击的同时，互联网金融不对等地对物价水平产生正向影响。这表明互联网金融在短期内可能带来金融繁荣，促进信贷消费，拉高消费者物价指数，最终诱致经济非理性繁荣。伴随互联网金融与传统金融的融合发展，中长期内监管当局须提防其过度吹大经济泡沫。

这一现象归根结底还在于我国互联网金融依然存在普惠悖论。一般认为，互联网金融改善实体经济效率的基础机制在于其对普惠金融的推动。谢平（2017）指出，互联网金融可以有效化解普惠金融悖论，即一方面降低了金融交易成本，另一方面又扩大了市场边界，保证并实现了金融收益，也就是说，互联网金融具备实现金融普惠的先天技术优势。但回归到金融本身，互联网金融本质仍是金融，是一种效率工具，而非纯社会公益。和传统金融一样，互联网金融发展的初衷和动力是追求经济效益最大化，在金融市场发展不健全、缺乏宏观监管和政府引导的背景之下，其会自觉或不自觉地沦为资本市场投机套利的工具，信贷歧视、金融犯罪等问题亦将接踵而至。回顾当下，过去几年间我国互联网金融的发展并未显著提升实体经济效率，除发展时间较短、行业尚未形成规模业态外，互联网金融过度逐利，以致其背离普惠金融本源是更为重要的原因。因此，尽管互联网金融具备实现普惠的技术条件，但是金融的效率性与逐利性又致使其在实际业务中延续信贷歧视痼疾，难以真正实现金融普惠，进而也无法充分与实体经济相结合。

具体就互联网金融的实践现状而言,其资金是否真实流向实体经济通常难以保证。互联网金融主要通过信贷配置联结实体经济,即平台的一端向社会公众与机构组织筹集资金,另一端则通过支付、众筹、P2P 网贷等业务将资金分配给具体融资项目。但事实上,所筹资金最终并未全数流向实体经济,而是通过以贷养贷、高息拆借等方式二度转回金融体系,甚至通过非法集资、骗贷跑路等造成资金损失。即使资金最终流向实体经济,但高风险高成本、对中小微群体低贷放等歧视问题依然突出。

以 P2P 网贷为例,一方面,传统的信贷歧视在 P2P 网贷中依旧存在。一是在对信贷标的选择上,P2P 平台存在明显的上浮趋势,愈加倾向于与优质项目和大型企业合作,以万达财富等为代表的"地产系"P2P 平台就曾大肆进军炒房行列,2015 年上线的"优安贷"项目则主要为大型央企、国企、龙头企业等提供金融支持,对中小微企业的忽视显而易见。二是在资金的空间流向上,2015~2017 年八成以上的 P2P 网贷资金集中在北京、上海和广州,中西部地区可获资金少之又少。另一方面,相较于银行机构,P2P 网贷融资成本高,对中小微企业授信额度低且增速逐年放缓(见表 8-8)。图 8-5 对比了同期银行贷款利率和 P2P 网贷利率。受限于利率管制,我国银行的贷款加权平均利率一般保持在 6% 上下水平,而 P2P 网贷风险较高,利率普遍高于同期银行借贷利率。尽管 2014 年以来 P2P 网贷利率有大幅下降,但是仍然比银行借贷利率高出 3 个点以上,2017 年就有超过六成(60.94%)的平台将网贷利率设置在 8%~12%(见图 8-6)。

表 8-8 我国中小微企业各类融资来源与增幅

年份	P2P 网贷		典当公司		小额贷款公司		银行机构	
	余额 (万亿元)	增幅 (%)	余额 (万亿元)	增幅 (%)	余额 (万亿元)	增幅 (%)	余额 (万亿元)	增幅 (%)
2010	0.0001	—	0.0365	—	0.1975	—	11.30	—
2011	0.0012	1100	0.0545	49.32	0.3915	98.23	15.49	37.08
2012	0.0056	366.67	0.0706	29.54	0.5921	51.24	14.77	-4.65
2013	0.0268	378.57	0.0866	22.66	0.8191	38.34	17.76	20.24
2014	0.1036	286.57	0.1013	16.97	0.9420	15.00	20.70	16.55

资料来源:《中国中小微企业金融服务发展报告 2015》。

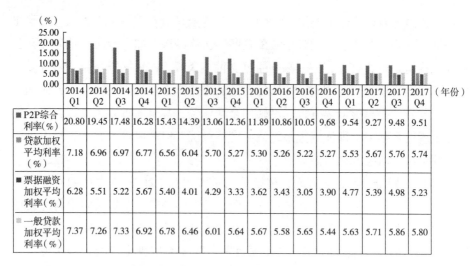

	2014 Q1	2014 Q2	2014 Q3	2014 Q4	2015 Q1	2015 Q2	2015 Q3	2015 Q4	2016 Q1	2016 Q2	2016 Q3	2016 Q4	2017 Q1	2017 Q2	2017 Q3	2017 Q4
P2P综合利率（%）	20.80	19.45	17.48	16.28	15.43	14.39	13.06	12.36	11.89	10.86	10.05	9.68	9.54	9.27	9.48	9.51
贷款加权平均利率（%）	7.18	6.96	6.97	6.77	6.56	6.04	5.70	5.27	5.30	5.26	5.22	5.27	5.53	5.67	5.76	5.74
票据融资加权平均利率（%）	6.28	5.51	5.22	5.67	5.40	4.01	4.29	3.33	3.62	3.43	3.05	3.90	4.77	5.39	4.98	5.23
一般贷款加权平均利率（%）	7.37	7.26	7.33	6.92	6.78	6.46	6.01	5.64	5.67	5.58	5.65	5.44	5.63	5.71	5.86	5.80

图 8-5 我国 P2P 网贷利率与银行借贷利率

资料来源：网贷之家、中国人民银行等。

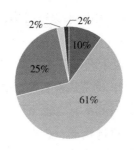

■ 8%以下　■ 8%~12%以下　■ 12%~16%以下　■ 16%~24%　■ 24%以上

图 8-6 2017 年我国 P2P 网贷利率平台分布

　　总而言之，互联网金融依然存在普惠悖论，以致传统金融的信贷歧视痼疾无法化解，资金难以真正流向实体经济，更无法精准弥补市场融资缺口。因此，必须重视互联网金融对实体经济的影响，及早构建互联网金融资金的流向引导机制，避免其发展脱离实体经济。

8.5 结论及监管建议

　　互联网金融要实现金融普惠、服务实体经济根本上是一个如何平衡金融利益分配和金融效率提升的政治经济学命题。前述研究显示，市场自由发展必将导致重效率而轻分配，互联网金融非但不能摆脱传统金融的痼疾，在过去一段时期内还加剧了金融不稳定性。因此，互联网金融要实现自身价值，合理的金融监管和正确的信贷引导就必不可少。

首先，从互联网金融的本质出发，其监管应当遵循"安全第一、公平其次、效率再次"的顺序原则。

8.5.1　安全原则：有效控制风险

互联网金融安全监管须兼顾金融风险特征和"互联网"技术风险的特殊性。一方面，互联网金融仍是金融，故应首先将其纳入传统金融监管体系进行规制管理。另一方面，传统金融监管方法要结合互联网属性进行修缮。一是针对互联网技术风险，高度关注大数据的安全性和专用性，在市场准入上新增并强化对互联网金融平台的技术标准要求等；二是针对互联网具有跨区域经营、跨行业连接的特性，及时调整传统的属地治理和分业监管方法，更加注重全国统一监管和协调共治，并借助大数据等技术手段，强化事前审查和事中预警，合理分担事后监管压力；三是针对互联网去中心化和重构权力契约的倾向，须坚实维护政府权威性，通过构建诸如网联清算有限公司的国有控股中心平台，保留政府对互联网金融平台的最高知情权和最高监督权，以防止互联网金融平台分蚀政府监管权力、形成利益闭环并导致新的垄断。

8.5.2　公平原则：实现普惠

政府应围绕惠利原则和普遍原则对互联网金融实行动态监管和定向引导，充分保证互联网金融的便易性和安全性。首先，适用法律不健全、征信体系不完善及行业风险未能有效缓解等因素直接推高了网络信贷的融资成本，因此必须加快建设完善法律体系、征信体系及监管体系，通过降低制度成本和风险成本实质性下调网络信贷的融资成本，保证互联网金融的惠利属性。其次，应当明确互联网金融与传统金融错位发展的发展战略：一是通过设置资金上限等体现互联网金融的小额融资属性；二是通过定向扶持政策(如项目制)等引导互联网金融资源流向长尾客户群体；三是必须合理隔离资金募集、存管和使用业务，将资金存管交由大型银行实施，并设置严格的信息披露制度和交易报备制度，防止平台擅自挪用资金，从而保证每笔资金都能公平公正地流向信贷需求群体。

8.5.3 效率原则：促进实体经济增长

发展互联网金融的最终目标要回到金融效率本身，即充分发挥互联网金融对实体经济增长的促进作用。对此，政府应从两个角度予以考虑：一是优化平台企业治理，二是合理预留政策空间。首先，互联网金融借助平台提供金融服务，平台越大，市场范围越大，平台收益越高。"平台为王"的发展模式导致互联网金融平台天然具备垄断趋势，垄断则将造成福利损失和市场低效。对此，可借鉴电力、天然气等传统平台企业的治理原则，政府重点控制中心平台，供求双方则实行市场化，如此既能防范垄断，又能充分发挥市场力量。其次，创新推动社会进步，政府应合理容忍金融创新，在监管细则上灵活运用红线原则和负面清单制度等捍卫安全底线，在防止监管真空的同时，为创新活动预留政策空间。

在安全、公平、效率三大监管原则的基础上，监管当局需尤其关注互联网金融服务实体经济的引导机制，整合互联网技术优势、新兴商业模式和传统监管资源，构建互联网金融与实体经济增长相结合的监管联动机制，如图 8-7 所示。

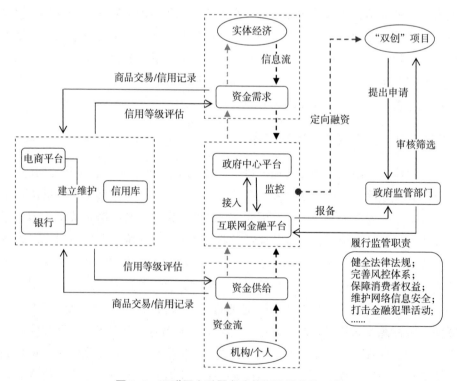

图 8-7 互联网金融服务实体经济的监管示意

　　首先，电商平台要发挥其大数据优势，结合银行等传统金融机构的征信资源，建立和完善企业及个人信用数据库，以供互联网金融平台筛选和审查借贷双方资质。其次，互联网金融平台要更加突出其信息中介特性，充分借助网络技术匹配资金流和信息流，同时互联网金融平台还应接入政府中心平台，按照业务分类向具体监管部门报备平台信息和资金使用信息，保证平台运作公开透明。再次，政府中心平台动态监控平台运作和金融资金流向，各监管部门相互协作，建立健全法治、征信及风险控制体系，维护网络信息安全并保障金融消费者权益，严厉打击金融犯罪行为等。最后，在资金需求端，伴随"大众创业、万众创新"的浪潮，政府应关注并遴选其中优质项目，引导互联网金融向其融资，即形成"项目申请—政府挑选—互联网金融对接融资"的优质项目定向融资模式。这一模式既能充分体现互联网金融的普惠特性，又能就两者结合做出良好示范，积极引导互联网金融服务实体经济。

9 PART

第 9 讲

美元国际货币地位和货币金融优势探究

本讲提要

　　本讲分析了债务—美元国际货币体系的本质，并具体量化测度了美元的货币金融优势，得出如下结论：第一，现代中央银行（以下简称"央行"）垄断基础货币发行，依据规则控制货币供应量，由于当代法币没有使用价值且不兑现，央行必须肩负稳定通胀和利率的责任，货币与国债发行要与本国实际资本积累规律相适应，否则会出现通胀或金融危机，但美元主导的国际货币体系突破了这个规律，美元虚拟资本不断膨胀不但造成美国经济结构失衡，更给其他国家带来难题；第二，1971 年美国违约让美元与黄金脱钩，由于国际货币的惯性，石油出口国和日本等国不得不将美元作为其出口计价和储备货币，这些国家持续购买美国债券等虚拟资本，从而构筑起其他国家实体经济经常账户出口、美元和美国国债金融账户出口的"帝国循环"机制，这巩固了美元国际货币地位，也使美国对外债务总规模脱离了国内资本积累与循环规律，获得了对外超级负债能力；第三，美联储在国内实施货币政策，无须为其他国家经济目标负责，通过美元长期持续贬值，可以降低实际外债价值和实际利息支付；第四，美元国际货币地位导致美国具有控制全球流动性方向和调整流动性结构的优势，美联储、美国政府及其控制的国际金融机构掌握着国际贸易、投资、金融交易机制，并通过货币政策和财政政策等影响全球流动性流动方向，为其国内宏观经济目标服务；第五，债务—美元与美国虚拟经济主导的经济结构是无法长期维持的，未来很可能再经历若干次金融危机，各国应为国际货币体系的改革做好预案。

9.1 导言

自 20 世纪 80 年代债务—美元主导的国际货币金融体系形成后，每次美国货币金融的重大变化都会对各国造成不同程度的影响。2020 年 3 月新冠疫情冲击导致了美国股市多次熔断，股市连续大跌后，美联储实施了无限量化宽松政策，具体措施包括将联邦基金利率降至零及无限量进行定期和隔夜回购协议操作，以确保美元流动性供应充足。事实上，为维持美国股市和债市，美联储在历史上已经多次出现过疯狂印钞行为，1994 年墨西哥金融危机、1998 年亚洲金融危机和 2007 年美国次贷危机背后都有美国采取货币政策调控冲击和美国金融资本的影子，很多国家和地区的经济和货币金融体系都承受了美国转嫁危机的巨大压力，经济增长趋势被打断。除了这些国家和地区自身存在的问题，实际上美国的美元地位及美国的货币金融优势也是重要的外部因素。针对上述问题，很多学者进行了研究，如利用克鲁格曼的第三代货币危机理论、麦金农(McKinnon)的"小国原罪"及"高储蓄两难"理论等进行研究，我们认为这些研究具有启发性，但仍需深入国际货币体系及国际货币体系蕴含的国际经济关系来进行研究。本讲具体分析了以债务—美元为本位的国际货币体系，提出了美国三个具体的动态货币金融优势，并进行了量化研究，从而更好地阐述了当前国际货币体系的问题及美元和美国的金融地位。[①]

9.2 当代国际货币体系研究综述

9.2.1 国际货币制度的演进

Cohen(2012)认为，国际货币本质上是货币职能在国际市场的拓展。Bordo 和 Redish(2013)总结了不同历史阶段国际货币体系的特征：从 19 世纪初"自发秩序"驱动的贵金属本位制到稍微有管制的金本位制，到两次世界大战之间

---

① 历史上出现过英镑、美元、欧元三种国际货币，1971 年后的美元是真正意义上的债务—主权国际货币。

有更多管制的金汇兑本位制，再到人为构建的布雷顿森林体系，以及最优货币区理论支持的欧元货币区。他们认为布雷顿森林体系在20世纪70年代初崩溃，被非系统的、有管制的浮动汇率制替代，尽管各国有定期的政策协调，但是此时的浮动汇率制与早期的金本位制一样，几乎没有管制。他们认为金本位制的关键在于对主要国家坚持货币和黄金之间的可兑换性，而有管制的浮动汇率制成功的关键在于20世纪70年代以后主要国家的中央银行坚持通胀长期目标，并且基本上坚定执行了规则的而不是相机抉择的货币政策。20世纪90年代以来形成了浮动汇率美元本位制与欧元并存的国际货币体系，其中债务—美元是占主导地位的。由于美国经济虚拟化发展，为维持美国金融稳定，从格林斯潘领导的美联储开始放松了通胀目标，采取了持续宽松货币政策，2007年次贷危机后实施了四次量化宽松货币政策，造成了国际流动性泛滥。

9.2.2 债务—美元对其他国家的影响研究

9.2.2.1 理论研究

从理论研究上看，Cohen（2012）认为，国际铸币税产生于外国居民用本国货币换取贸易商品和服务时，且仅有国际货币发行国可以获得国际铸币税。曹勇（2002）认为，铸币税产生于金块本位制和金汇兑本位制，延续至信用货币时代，在国际经济与贸易发展的背景下，铸币税拓展至国际铸币税。国际货币发行国因他国持有该货币获得的净收益为该国从他国获得的资产收益减去利息及其他支出后的净值。郭嘉和毛翀（2004）认为，国际货币在国际贸易及经济交易中的核心作用使他国对该国货币产生了需求，在获得该国货币时，必然会导致商品、服务或者资本品流出，在这个过程中产生了直接的国际铸币税。间接的国际铸币税收益还包括国际货币发行国不用以本国商品、服务和资本品流出换回国际货币；推动和扩展了国际货币发行国和接受国之间的贸易；发行国金融体系在深化的同时，金融体系收入也随之增加；国际货币发行国受汇率波动影响小。李翀（2014）认为，国际铸币税具体是指一个国家凭借本国货币的国际储备货币地位所获得的被外国作为储备手段保留的本国货币的金额，扣除本国为此支付的利息代价以后的一种国民福利。

中国社会科学院经济所"经济增长与宏观稳定"课题组（2009）从货币霸权视角建立起失衡与危机的数理模型，指出2008年国际金融危机与美国扩张性货币政策及美元霸权密切相关。陈建奇（2012）研究了在现代国际货币体系下，主权信用货币充当国际储备保持稳定性的条件是国际储备货币发行国实体际经济增长率大于或者等于通胀率与国际储备货币收益率之和。以美元为例的实证研究表明，在布雷顿森林体系与现代国际货币体系下，美元国际储备长时间偏离保持稳定性的可持续水平。谢平和陈超(2009)对主权财富基金进行研究，构建了"国家经济人模型"，国家在经济发展的初期和高增长阶段，外汇储备迅速增加，国家逐步将盈余财富用于投资，然而，随着生产要素的消耗，国家积累的财富逐步达到顶峰，当国家经济进入富裕导向阶段或稳定低增长阶段时，国家需要消费积累的财富，投资也倾向于无风险资产。张定胜和成文利(2011)利用一般均衡模型研究发现，发行储备货币的中心国家享受这种"嚣张的特权"，使其能够利用外围国家的外汇储备来为他们的经常账户赤字融资，这种"嚣张的特权"以储备货币的高估为基础，而这种高估的一个可能原因是中心国家有较高的货币增长率。

9.2.2.2　实证研究

9.2.2.2.1　铸币税的测算研究

李斌(2005)利用 IMF 相关数据测算出 1967~2002 年美国获得的铸币税总计 1724.73 亿美元，且国际铸币税收益呈上升趋势。Cohen(2012)认为国际铸币税的来源有两个：一是外国积累的现金，即纸币和硬币。由于央行无须对外国持有的现金支付利息，对于国际货币发行国而言，这一部分相当于一笔等值的无息贷款。美国财政部估计，约有 60% 的美元现金在海外流通，如果以 4% 借款成本计算，该部分的国际铸币税收入每年可达 180 亿美元。二是外国积累的以本币计价的金融债权。这增加了对资产的有效需求，流动性增强，从而导致国际货币发行国借款成本降低。据估算，这种影响带来的流动性溢价约为 0.8%，美联储和美国国内其他债务人每年因此少支付约 1500 亿美元的利息。可以通过计算国际货币发行国所持有的外国资产的收益率与所负担的外国负债的成本之间的差异，估算这一部分的国际铸币税收益，这一部分的超额收益率约为每年 3%。李翀(2014)指出，从流量角度分析的是国际储备货币发行国通过国际收支逆差获得的铸币税收益，从存量角度分析的是某时刻国际储备货币发行国持有的货币资产减去为此支付的利息。他运用美国商务部经济分析局提供的数据测算了 2001~2012 年美国获得的国际铸币税，认为在此期间美国平均每年获得的国际铸币税收益超过 6000 亿美元。他还利用 2001~2012 年《国际货币基金组织年报》粗略估算了美国获得的国际铸币税存量，认为此期间内受益于世界各国外汇储备增加，美国获得的国际铸币税也随之增加。

9.2.2.2.2　发行国货币金融政策的外溢影响研究

Baks 和 Kramer(1999)研究发现，主要发达国家的货币流动性对本国金融市场(房地产和证券市场)具有外溢影响，对其他国家金融市场也具有显著外溢影响。Schularick 和 Taylor(2012)将 2008 年国际金融危机称为"信用膨胀的崩溃"，指出 2000 年以后发达国家政策制定者为了阻止金融危机去杠杆化过程对实体经济的冲击，采取了各种救助措施和宽松货币政策，正是这些政策提供了宽松的流动性条件，推动了金融大规模增长和金融系统杠杆的广泛使用，从而酝酿了危机。Becker 等指出，2001~2003 年美国、日本和欧洲的过度宽松货币政策应该为现阶段全球流动性泛滥负责，其是造成 2008 年国际金融危机的重要原因之一，并强调 2008 年以来美欧主要发达国家和地区的宽松货币政策再次释放了大量的货币流动性，创造出更多的国债等金融资产，引发新的全球流动性泛滥，将对未来全球资产价格和通胀产生更大影响。①

潘吟斐(2013)通过 SVAR 模型把中国通胀率和每个月工业增加值作为代理变量，实证显示中国的 CPI、工业增加值和美国 FBR、M2 之间存在协整关系，美国的货币供应量对我国的通胀和产出利率产生的贡献率比较低。王书朦(2016)认为，美国的货币政策主要是通过新兴经济体的汇率及短期利率产生影响，采用了 2008~2015 年的中美数据建立了非线性时变参数视角的 TVP-VAR 模型，得出美国的货币政策调整对中国经济的增长、物价的波动和进出口贸易产生了外溢性影响的结论。张小宇和于依洋(2017)通过构建美国 FBR、中国的实际 GDP、中国货币通胀率的三元线性回归模型，认为美国货币政策对中国产出在短期会产生负效应，但在长期表现为正效应，对中国的通胀产生正向国际效应，并且美国的货币政策对中国的宏观经济溢出效应强度存在非对称性，同时认为货币政策传导机制受阻的原因是中美两国的财政货币政策博弈。

9.3　债务—美元国际货币体系的本质

国际货币兑换需求来自国际贸易需求和跨国实际投资的融资需求，因此国

---

① Becker S, Dallmeyer J, Giesle B, et al. Global Liquidity "Glut" and Asset Price Inflation［R］. Deutsche Bank Research，2007；Becker S. Is the Next Global Liquidity Glut on Its Way？［R］. Deutsche Bank Research，2009.

际货币原则上应该与各国实际资本积累和循环规律相适应，这也是最初的国际货币以黄金为锚的原因，国际货币理论上是不兑现的。但债券—美元主导的国际货币体系突破了这个原则。

9.3.1 货币经济运行要遵循资本积累规律：马克思资本积累和虚拟资本理论分析范式

关于现代市场经济的信用货币经济本质与运行规律，柳欣等梳理和发展了马克思政治经济学的货币金融思想，即货币是资本主义再生产的关键环节，是与资本主义在生产和积累紧密联系的。[①] 现代市场经济是以货币经济方式运行的，其核心经济关系是资本所有者通过抵押资产或未来收入流创造对外负债的能力，进行融资、雇佣、投资，最终实现资本价值增值。国民收入核算体系中以货币量值表示的所有统计变量与新古典理论的生产函数或技术分析是完全无关的，其来自经济关系，表现为特定的货币金融关系。

伊藤·诚和考斯达斯·拉帕维查斯认为，马克思政治经济学是在劳动价值理论和资本积累理论基础上，以历史发展逻辑展开货币与金融信用研究，从流通环节的货币扩展到资本积累过程中的货币资本，到银行信用等金融资本，再到股票、债券等虚拟资本，实际上都是建立在劳动价值论、资本积累规律基础上，又常常偏离这一规律，因此常通过经济危机或金融危机重新回到这个规律。[②] 大卫·哈维提出，马克思的货币金融思想并未停留在货币媒介分析上，深刻解释了货币转化为货币资本的本质，并分析了各层级金融资产的信用性质及虚拟资本的性质。[③] 何干强（2017）阐述了马克思社会再生产与货币回流规律，指出马克思论述的社会总资本再生产和流通，无论是社会简单再生产，还是扩大再生产，都要通过货币回流规律进行。社会再生产的实现，要求社会总产品的产品价值构成，必须形成两大部类之间的一定组合比例关系，全社会用于固定资本更新的货币量和体现折旧基金的商品量必须平衡，相应的固定资本与流

① 柳欣. 资本理论[M]. 北京：人民出版社，2003；柳欣，吕元祥，赵雷. 宏观经济学中存量流量一致模型研究述评[J]. 经济学动态，2013（12）：15-23；樊苗江，柳欣. 货币理论的发展与重建[M]. 北京：人民出版社，2005；王璐，柳欣. 马克思经济学与古典一般均衡理论[M]. 北京：人民出版社，2005；伊藤·诚，考斯达斯·拉帕维查斯. 货币金融政治经济学[M]. 孙刚，戴淑艳，译. 北京：经济科学出版社，2001.

② 伊藤·诚，考斯达斯·拉帕维查斯. 货币金融政治经济学[M]. 孙刚，戴淑艳，译. 北京：经济科学出版社，2001.

③ 大卫·哈维. 资本的限度[M]. 张寅，译. 北京：中信出版集团，2017.

动资本之间必须平衡，两大部类在扩大再生产中为追加不变资本和追加可变资本所进行的货币积累和实际积累也必须平衡，而货币回流规律是社会再生产的实现在流通领域的表现（何干强，2017）。

张云和刘骏民（2008，2009）、李宝伟和张云（2015）则在马克思虚拟资本理论基础上发展了虚拟经济理论分析体系，指出马克思是在劳动价值论的基础上使用"虚拟资本"概念的，其是指股票、债券及当代失去了黄金作为基础的货币资本，没有价值但有价格，不直接参与生产过程却具有价值增殖的形式。虚拟经济理论阐述了现代市场经济为什么会出现"脱实向虚"的发展问题，揭示了美国次贷危机等金融危机的本质。

9.3.2 从资本主义经济关系理解当代货币经济体系：虚拟资本理论结合金融不稳定分析方法

对资本主义国家呈现出的虚拟经济发展倾向及金融危机问题，马克思货币金融思想和虚拟资本理论给出了深刻解释。马克思政治经济学阐述了货币形式从最初具有内在使用价值的金属（商品）货币到随着资本主义经济发展，政府垄断的法币制度转化为法币与信用货币相结合的货币制度，现代货币系统失去了价值内涵——政府和央行垄断了基础货币发行，商业银行以杠杆机制创造资产和负债，但保持了货币的价值尺度，也保持了货币资本的功能，即支付与贮藏。现代市场经济是复杂的社会化大生产，货币经济关系贯穿整个市场经济社会化大生产体系，包括融资、投资、生产、交换、分配、消费，其中融资和投资须经过货币转化为货币资本来实现，是资本积累的关键。上述关系构成了社会总资产的生产和循环，如果各部类之间不平衡，国民经济就会出现经济危机或金融危机。

在分析资本主义货币经济内在不稳定时，除了运用上述理论做具体分析，明斯基的金融不稳定理论、技术方法，以及存量—流量研究方法也给我们提供了逻辑一致的技术分析手段。以明斯基为代表的后凯恩斯货币经济理论研究者实际上深受马克思政治经济学影响，认为资本主义核心经济关系在于融资、投资和资本积累理论，与马克思货币转化为货币资本及货币、生息资本、金融信用、虚拟资本研究体系是不矛盾的，都具有广义、内生货币金融经济思想特点。Wray认为，应从历史发展进程来看现代资本主义经济，包括市场经济在内，都是依靠广泛的货币经济关系来实现运行的，所谓广义货币就是各经济主体之间复杂的资产—负债关系，他认为所有的货币金融资产都具有这样的共性。他把货币经济体系归纳为三个方面：第一，政府和央行具有负债和发行基础货币的垄断权力，掌握基础货币发行权就是一种对国内公众的负债能力。政府税收不是对货币创造的约束，而是公众接受政府创造货币的制度基础，公众需要持有政府借据才能偿还政府各种征税，中央政府征税—负债机制与央行货币管理机制构成现代货币经济的基础，为社会经济活动提供了价值尺度、支付手段和清算结算制度，为资本积累和金融投资活动提供了制度基础。第二，商业银行被允许以杠杆和抵押机制进行负债和创造金融资产。第三，非银行金融机构创造以未来收入流为保障的各种市场信用资产。广义货币体现的是各主体之间的经济债务—债权关系，共性是都由记账货币来衡量，所以政府借据(基础货币)就成为记账货币，为公众所接受，并成为广义货币的记账单位。随着货币金融系统的发展，社会融资规模远大于传统银行负债(各类存款，也即狭义货币和广义货币)。现代广义、内生信用货币系统中货币金融资产的信用特征、风险与流动性特征是三位一体的。现代货币金融系统存在脱离两部类循环发展和资本积累规律的内生机制，因而内蕴了金融不稳定。[①] 后凯恩斯的存量—流量理论也有相同思想，不同之处在于存量—流量思想是对部门资本积累存量和收入流量的货币经济进行分析，各种存量—流量方法给我们具体分析金融不稳定提供了有力的技术工具。另外，越来越多的研究显示，虚拟经济越是高度发展，流动性风险就产生于不同信用等级的货币金融资产之间，政府发行的基础货币和有存款保险制度保障的狭义货币就成为越安全的避险手段。随着经济虚拟化程度的深化，金融不稳定更频繁地以某一市场或整个金融体系的流动性危机开始，金融稳定就更加依赖政府提供流动性支持。[②]

以上述理论来分析债务—美元主导的国际货币体系，能更清晰地揭示这种国际货币体系为什么会存在，以及存在的根本问题是什么。当主权货币制度体系被扩展到国际货币时，该国政府、央行就可以对全球经济体负债，换言之就是可以从其他国家借钱了。自布雷顿森林体系崩溃后，美元就成为不用兑现的国际货币，这种情况持续了37年，其净负债规模持续上升，美国对外净债务严重偏离其国内GDP，也偏离国家外债风险水平线。

---

① L. 兰德尔·雷. 现代货币理论[M]. 张慧玉，王佳楠，马爽，译. 北京：中信出版集团，2017.

② Godley W. Money and Credit in a Keynesian Model of Income Determination[J]. Cambridge Journal of Economics，1999，23(4)：393-411；Godley W，Lavoie M. Monetary Economics：An Integrated Approach to Credit，Money，Income，Production and Wealth[M]. London：Palgrave MacMillan，2007.

现代主权国家政府和央行基于税收制度，依托基础货币—与国民经济增长相联系的信用货币创造—国民收入—税收的国内货币循环体系，形成中央财政—央行—商业银行构建的基础货币—信用货币—金融资本创造体系，这个货币经济体系遵循国内长期资本积累、循环规律，形成货币资本循环规律。在这个货币经济运行体系中，现代主权国家政府垄断基础货币发行权，权力被限制在国内，并为国内经济目标服务，但在1973年布雷顿森林体系崩溃后，美国政府、美联储和美国金融机构将这种信用创造机制扩展到全球贸易、投资和金融活动中，实际上是垄断了国际货币金融信用创造机制，其政府可以从全球获得廉价债务融资，进而为其在全球进行贸易、金融投机、资本积累融资服务，其私人金融机构控制了大部分货币金融资本创造和交易，而美联储和美国政府不需要担负维护世界经济稳定发展的关键责任。债务—美元国际货币体系使美国政府、美联储获得了从全球借钱的特权，却不需要担负控制全球通胀和维护金融稳定的义务。吉川元忠（2000）将债务—美元循环机制称为"帝国循环"，认为债务—美元主导的国际货币实际上没有有效的国际共同约束。

这个特权的获得经历了一个长期过程。在1973年布雷顿森林体系崩溃时，在欧洲美元基础上，美国与中东石油输出国家建立了石油美元定价、结算、清算和支付机制，从而欧洲、石油生产国和消费国开始使用美元定价、结算清算和储备，并使德国、日本等国和石油生产国将对美经常项目盈余以美元形式再次投资和回流到美国。20世纪80年代后的数据显示，美元从依靠实体产业支撑转换为高度依赖美国金融资产支撑（从政府债务到次级债）[①]。在美国贸易保护政策支撑下，经常项目盈余国家不能自由地投资美国高科技产业，而只能继续购买美国国债，这就构成了美元债务与美元之间的循环，脱离了其国内资本积累与循环规律约束。尽管美国实体经济、国际贸易和黄金储备已不能支撑美元国际货币地位，但是美元已经成为石油和大宗商品交易计价、结算、支付货币，各国国家央行和金融机构无法撼动美元在国际贸易、石油等大宗商品交易中的霸主地位，即没有国际货币替代方案和足够的货币金融控制能力。经常项目盈余国家不得不将手中的美元储备投资到美国国债等金融资产上，从而确立了债务—美元国际货币体系。

1985年美国通过"广场协议"与德国、法国等欧洲国家迫使日本进行了汇

---

① 如果美元不是国际货币，政府发行债务以实现货币发行，那么就受到通胀机制的束缚，但是作为国际货币，其债务发行的空间就被大大拓展了。

率协调。美国在实施汇率贬值的同时还提高了利率的政策，以刺激出口和吸引资金回流到美国，但刺激出口效果并不显著，而吸引资金回流的利率政策收效明显，对美国此后的经济复苏和金融膨胀起到关键作用。奥村洋彦（2000）通过数据分析显示，"广场协议"签订后，20 世纪 90 年代日本央行大规模投资美国债务，随后金融机构和个人投资者大量投资美国金融资产，加之这些投资者为他们已经在日本国内获得的收益寻找更安全的投资机会，因而日本的企业、金融机构和个人投资者都深度参与到美元"帝国循环"中来。[①] 20 世纪 90 年代，东南亚国家因为推行出口导向政策，高度依赖美国市场需求，采用美元对贸易进行计价，同时为了维持其货币对美元等主要货币稳定，以降低出口企业汇率风险，他们实行了盯住汇率制度，为此将所获得的经常项目顺差以美元形式储备起来，并投资到美国国债等金融资产上。德国、日本、石油生产国、东南亚国家和中国，这些经常项目盈余国家在过去几十年中相继进入"帝国循环"，并交替成为美国债务的关键持有者，成为支撑"帝国循环"的力量。

我们借助上述理论将美国的货币金融优势具体归结为三种动态优势：第一，美元和美国国债、金融资产的"帝国循环"机制，即美国对外债务总规模脱离了其国内资本积累与循环规律的约束，却长期获得其他国家低廉的产品和服务，获得对外超额负债优势。第二，控制全球流动性方向和结构调整优势，即美联储、政府和其控制的国际金融机构掌握着国际贸易、投资、金融交易机制，通过利率等政策影响全球资金流动方向，灵活地实现其国内宏观经济调控目标。第三，控制美国对外债务利息的能力优势，即通过美元流动性资产长期持续贬值，降低其实际债务利息，而无须为其他国家宏观经济稳定目标和发展负责。对上述货币金融优势的理解不能仅停留在静态分析上，即只考虑铸币税是多少及外溢影响大小是不够的，还应该高度关注这些优势使美国可以持续从别国资本积累和循环中获得剩余价值的能力，甚至理论上可以不用支付利息（只要债务—美元体系一直循环下去），并且不需要真正担负维护全球宏观经济发展目标和人民福利方面的责任。

作为国际货币发行国，要能够依靠本国资本积累持续向世界提供实际产

---

① "广场协议"签订后，美国和欧盟金融机构游说各国政府联合要求日本开放金融市场，外资机构把在美国和欧盟的各种金融自由化交易方式及制度引入日本，也刺激了日本经济"脱实向虚"，使其企业、银行和家庭都投身房地产等虚拟经济活动中，而美欧金融机构以金融创新形式、金融投资方式参与和影响日本金融市场，进一步刺激了日本经济的虚拟化。

品，并将所获得收益以本币形式为世界经济活动提供信用支持，这就是布雷顿森林体系的本质。特里芬提出"特里芬难题"，即在以黄金—美元体系中，美元作为主要国际储备货币，在黄金生产缓慢情况下，国际储备的供应就取决于美国的国际收支状况，当美国国际收支保持顺差时，国际储备资产就不能满足国际贸易和投资活动需要，而如果美国国际收支出现逆差，国际美元储备资产过剩，美元就会发生兑付和贬值危机。特里芬认为这是难以解决的内在矛盾，但美国 1971 年在违约将美元与黄金脱钩后，成功地用美国国债与美元挂钩，实现了国际货币金融优势特权的建立，即建立了持续超过实体经济资本积累能力的大规模对外负债能力。[①]

9.4　美国货币金融优势的量化分析

2019 年美国国债总规模已经达到 22.72 万亿美元，但 2019 年其 GDP 只有 21.4 万亿美元，在全球持有 29.3 万亿美元资产，国外投资者持有美国 40.38 万亿美元资产，美国对外净债务已经超过 11 万亿美元。

9.4.1　超额对外负债能力：债务—美元国际货币

第一，经济虚拟化深刻改变了美国经济结构。随着美国经济虚拟化加剧，黄金—美元国际货币体系嬗变为债务—美元国际货币体系，国际货币体系的本质发生了根本变化。20 世纪 50 年代，美国的核心经济支柱是制造业，而如今美国经济围绕金融、房地产、服务业运转，这是美国后工业化经济的特征。[②] 如表 9-1 所示，2007~2009 年美国各行业对 GDP 的贡献率有显著的差异，其中虚拟经济所创造的 GDP 占总 GDP 的比重有逐渐增大的趋势，并且约为传统实体经济的 1.5 倍。

---

① 罗伯特·特里芬. 黄金与美元危机——自由兑换的未来[M]. 陈尚霖，雷达，译. 北京：商务印书馆，1997.

② 张云，刘骏民. 从美元本位制到双本位国际货币体系——全球金融失衡和动荡的根源[J]. 南京社会科学，2010(4)：22-28.

表 9-1　美国各行业 GDP 占总 GDP 的比例　　　　单位：%

| 年份 | 农业采矿公共 | 传统实体经济 | | | | 批发零售 | 信息产业 | 虚拟经济 | | | 其他服务 | | | | 政府部门 |
		建筑业	制造业	运输仓储业	总计			金融房地产业	职业服务业	总计	教育医疗救助	娱乐休闲餐饮	其他服务业	总计	
2007	4.77	4.94	12.81	2.83	20.58	12.01	4.85	19.87	11.45	31.32	7.35	3.68	2.28	13.31	13.16
2008	5.39	4.44	12.33	2.87	19.64	11.78	4.96	19.05	11.91	30.96	7.78	3.64	2.25	13.67	13.60
2009	4.71	4.00	11.98	2.77	18.75	11.55	4.89	19.93	11.52	31.45	8.442	3.62	2.29	14.352	14.33
2010	5.07	3.62	12.23	2.84	18.69	11.61	4.88	19.72	11.56	31.28	8.34	3.61	2.22	14.17	14.29
2011	5.59	3.52	12.29	2.88	18.69	11.59	4.69	19.67	11.68	31.35	8.29	3.62	2.18	14.09	13.98
2012	5.32	3.61	12.28	2.89	18.78	11.73	4.56	19.99	11.84	31.83	8.27	3.69	2.20	14.16	13.60
2013	5.64	3.72	12.19	2.92	18.83	11.80	4.74	19.73	11.77	31.50	8.22	3.76	2.18	14.16	13.32
2014	5.54	3.87	12.12	2.95	18.94	11.80	4.54	20.11	11.85	31.96	8.11	3.82	2.20	14.13	13.07
2015	4.39	4.08	12.06	3.01	19.15	11.90	4.76	20.50	12.04	32.54	8.20	3.92	2.21	14.33	12.94
2016	3.89	4.26	11.72	3.02	19.00	11.81	4.85	20.85	12.09	32.94	8.35	4.03	2.23	14.61	12.89

数据来源：根据美国经济分析局数据整理。

　　第二，所谓"经济复苏"主要还是虚拟经济复苏，实体经济再工业化乏力。首先，从产业结构来看，美国以第三产业为主，美国国际收支自 1983 年起基本保持经常项目逆差逐年扩张而金融项目顺差的态势，实体产业空心化状况越发严重。其次，再工业化政策没有根本扭转经常项目逆差。经常项目的波动主要受净出口波动的影响（见图 9-1）。

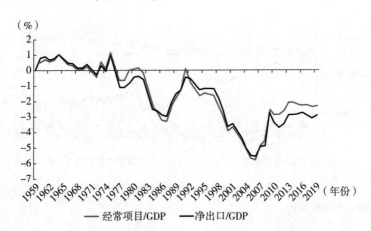

图 9-1　美国经常项目、净出口占 GDP 比重

资料来源：Fred。

对美国而言，经常项目是逆周期波动的，即经济衰退时经常项目逆差受贸易逆差收窄的影响同步收窄，而经济扩张时逆差扩张。2008 年后，两者仍旧呈现逆周期的特点，但波动幅度明显变小。美国在 2008 年后贸易逆差的下限明显比 2008 年前收窄，我们认为有三个方面的原因：一是本轮复苏较为疲软，美国国内对海外产品的需求不是很强劲。二是美国石油出口猛增，极大改善了美国净出口形势。若将石油进出口差额从商品贸易差额中剔除，其他商品贸易净出口的逆周期性并未改变（见图 9-2）。三是美国服务净出口改善。2017 ~ 2018 年服务净出口顺差是 2007 年该指标峰值的 2 倍（见图 9-3），而同期名义 GDP 仅增长 30% 左右。

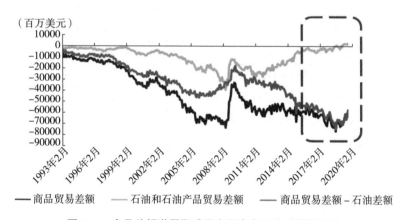

图 9-2　商品差额逆周期减弱主要来自石油差额的改善

资料来源：Wind 数据库。

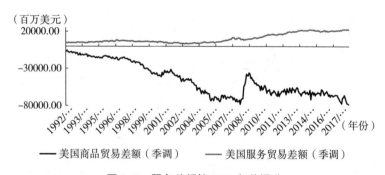

图 9-3　服务差额较 2008 年前提升

资料来源：Wind 数据库。

第三，超额负债能力支撑美国经济"复苏"。大量新兴经济体持有美元作为主要外汇储备，由于本国金融市场不发达，转而购买大量美国债券作为投资，成为"帝国循环"的重要支撑。美元回流支持美国政府采取宽松的货币政策和财政赤字，支撑着美国经济"高债务、低储蓄"的现象①。美国联邦债务(federal debt)由两大部分构成：公众持有的债务和政府间债务。公众持有的债务是政府定期拍卖的各种短期、中长期和长期债券，由非联邦实体的个人、公司、地方政府和外国政府持有，也包括美联储的负债。政府间债务是指联邦政府对信托基金(如社会保障信托基金)和联邦特殊基金的负债。美国之所以没有爆发大规模的债务危机，是因为其掌握了国际主导货币的发行权，不断提高债务上限，将风险转移到其他国家。1970~2019 年美国联邦债务与公众持有的债务情况及债务与 GDP 的比重情况分别如图 9-4、图 9-5 所示。

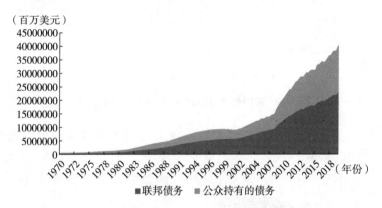

图 9-4　1970~2019 年美国联邦债务与公众持有的债务情况

资料来源：圣路易斯联储。

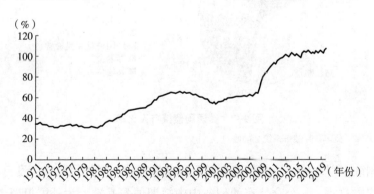

图 9-5　1971~2019 年美国公共债务占 GDP 的比重

资料来源：圣路易斯联储。

---

① 林江，徐世长．美国财政悬崖、美元霸权及其对中国经济的影响[J]．广东社会科学，2013(2)：16-23.

截至 2019 年底美国外债总额占 GDP 比重为 93.2%，相对于 2011 年虽然比重下降了，但是绝对规模大幅上升（见图 9-6）。

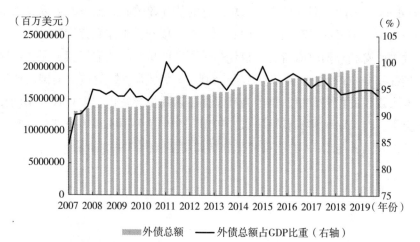

图 9-6　美国外债总额及外债总额占 GDP 比重

另外，美国国债持有人构成中，外国央行和投资者持有美债比率达到 35.32%（见图 9-7）。

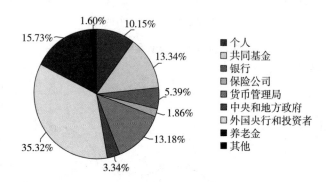

图 9-7　美国国债持有人比率

资料来源：美国联邦储备系统金融账户。

美国政府财政赤字不断扩张，其可以通过发债、增加税收或者发行货币的方式获得财政收入。公众持有的债务中中短期债券基本上为外国投资者持有，因此美国政府可以利用美元霸权地位来举债，获取廉价的资金来源。货币增发意味着加大美元贬值的压力。弱势美元虽然可以填补贸易赤字，但是会导致外国持有的美国金融资产流动性下降，对美元信心不足，从而抛售美元。而任何国家试图抛售美国债券必然会引起风险通过金融杠杆被放大，可能引起美国国内经济危机，有损美元国际货币主导地位。因此，美联储会通过选择实行量化宽松政策或者加降息等方式来调控，维持美元汇率稳定。

第四，美国巨额财政赤字与其他国家美元外汇储备和主权财富基金形成显著对应关系。IMF 发布的官方外汇储备构成中，美元所占比重有逐年增大趋势，2019 年该比重又上升到 60% 以上（见图 9-8）。这表明欧元区经济相对于美国经济更差，美元的国际货币主导地位决定了各国不得不选用美元作为主要的外汇储备，从而便于调节国际收支、进行国际支付。

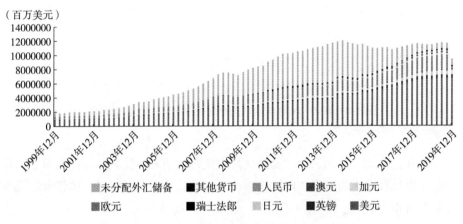

图 9-8 1999~2019 年官方外汇储备货币构成

资料来源：IMF 公开数据。

据 SWF Institute 的统计，截至 2019 年 2 月，全球共有 79 支主权财富基金，资产总额约 8.12 万亿美元，包括新加坡淡马锡控股公司（Temasek Holdings）、阿联酋阿布扎比投资局（Abu Dhabi Investment Authority）、美国阿拉斯加永久基金（Alaska Permanent Fund）、俄罗斯稳定基金（Stabilization Fund）、卡塔尔投资局（Qatar Investment Authority），以及 2007 年设立的中国投资有限责任公司等。主权财富基金的兴起是现行国际货币体系失衡的结果之一，反映了美国货币金融优势的影响，也反映了全球流动性泛滥的状况。第一，国际货币体系的美元本位制直接导致主权财富基金资本额的急剧扩张；第二，美元贬值及美国国债的低收益率使拥有巨额外汇储备的国家蒙受巨大的损失，使其不得不以建立主权财富基金的方式进行多元化投资。布雷顿森林体系的崩溃使国际货币体系从此震荡，这是主权财富基金兴起的根本原因，1999 年后的美元—欧元双货币体系同样缺乏有效约束，全球流动性泛滥依然形势更加严峻。1999~

2019 年全球央行储备中美元、欧元占比变化如图 9-9 所示。

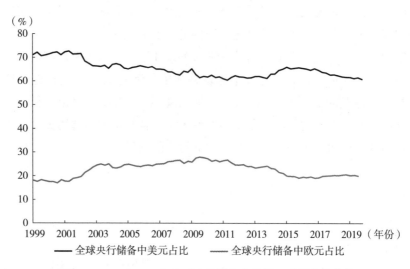

图 9-9　1999~2019 年全球央行储备中美元、欧元占比变化

资料来源：Wind 数据库。

　　第五，美元、欧元在国际金融交易中使用比例发生变化。美元相对于其他国家货币具有的优势体现在国际货币市场交易、货币市场发行、国债和票据发行及未清偿规模上，美元虽然在欧元出现初期地位等有显著下降，但是在 2011~2013 年经过一段时间此消彼长后，美元超过欧元再次成为主要交易货币（见图 9-10~图 9-13），这表明欧元区经济的恶化和美国四轮大规模量化宽松经济刺激政策通过美元流动性泛滥的支持，再次提高了美国国债等金融资产的吸引力。

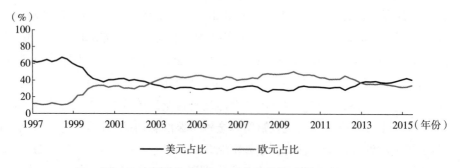

图 9-10　国际货币市场工具未偿余额（按发行货币）

资料来源：Wind 数据库。

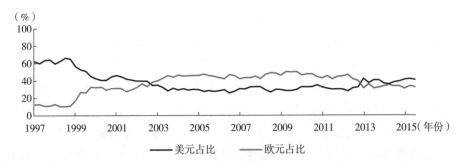

图 9-11　国际货币市场工具总发行额（按发行货币）

资料来源：Wind 数据库。

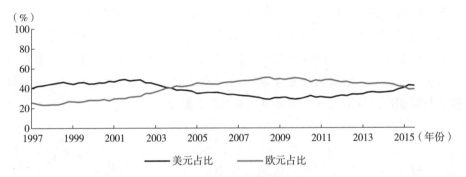

图 9-12　国际债券和票据未偿余额（按发行货币）

资料来源：Wind 数据库。

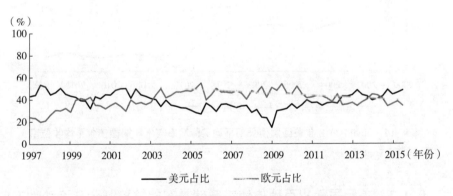

图 9-13　国际债券和票据公开发行额（按发行货币）

资料来源：Wind 数据库。

9.4.2　债务—美元"帝国循环"的本质

美联储在国内实施货币政策，无须为其他国家经济目标负责，通过美元长期持续贬值，可以降低实际外债价值和减少实际利息支付。2019 年美国国债平均收益率约 2.1%，也就是说，2019 年美国新增财富 8488 亿美元（2019 年GDP 增量），而仅是国债的利息就要付掉 4767 亿美元。如果以 2018 年美国国债收益率 2.63% 计算（见图 9-14），美国 2019 年利息支出本应为 5975 亿美元，实际上少支付 1208 亿美元利息。在理论上只要债务——美元国际货币体系这种"帝国循环"机制一直维持下去，美国就不用彻底与其他国家清算债务利息，因此美债利息就不是一个多大的问题。而美国长期施行美元贬值政策，在没有新国际货币制度改革方案和替代货币的情况下，即便美元和美债事实上就是在贬值，各国投资者仍在持续购买，因为这是要抛出持有的大量美股、衍生工具等高风险资产而不得不采取的避险策略，这也是更高层级的"帝国循环"。2020 年新冠疫情冲击下，在美股多次熔断、大跌之后，美债收益率甚至可以为负，但美元指数竟然能达到 100 以上，这表明全球投资者无法获得足够的其他国家安全资产，依然只能在美股等金融资产与美债、美元之间进行风险转移。与此相比，铸币税这种静态损失观点就不重要了。

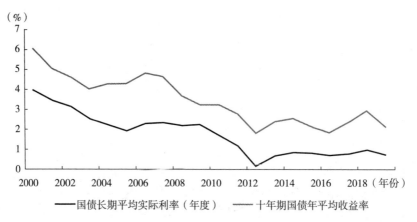

图 9-14 2000~2018 年美国国债长期平均实际利率与十年期国债年平均收益率

资料来源：Wind 数据库。

9.4.3 美元国际货币地位使美联储具有能够控制全球流动性方向和流动性结构调整优势

第一，美联储、政府和其控制的国际金融机构掌握着国际贸易、投资、金融交易渠道和结算、清算机构，因此美联储货币政策影响着全球资金流动方向，可以依托非实体经济和金融资产支撑货币的国际地位。灵活地使其为其国内宏观经济目标服务。因此，美国国内金融市场成为吸引其他国家持有美元外汇储备的内部蓄水池和缓冲器。美国可以根据国内宏观经济目标引导国际资金的流入，或流出美国金融市场。美联储、美国金融机构和企业之间，通过长期实践精熟于这种循环机制，从而刺激了美国国内金融规模的膨胀和金融深化；其经常项目逆差可以长期维持，并且是通过对外持续负债来支撑的，即金融项目长期顺差支撑，国内金融机构、政府部门和地方政府通过从海外获取金融资本输入，对内发行消费贷款和房地产贷款，支撑国内消费和投资需求。过去三十多年中，美国根据国内宏观经济目标，通过强美元与弱美元政策转换来缓冲国内经济压力和调动全球资金的流入、流出，从而获得其他国家实体经济产生的剩余价值。因此，美国取得了支配全球产品、服务和资源配置的优势地位。此外，美国货币金融优势在 20 世纪 80 年代以后大大增强，金融凯恩斯主义刺激了美国金融资产规模不断膨胀，其他国家则承受了美元流动性膨胀和金融资产膨胀的冲击。

第二，美国对国际货币金融机构的强力控制使其他国家无法对已经严重失衡的债务—美元国际货币体系进行根本改革。国际货币基金组织（IMF）、世界银行（WB）和世界贸易组织（WTO）是三大最具影响力的国际经济组织，美国在其中拥有较大的贸易规则制定权和决策权。2007 年 IMF 在美国的操控下通过了《对成员国政策双边监督的决定》。该决定在汇率监督方面没有抓住主要矛盾，即加强对影响系统性稳定的主要储备货币发行国的政策进行监督，反而给新兴市场国家的汇率施加了较大压力。美国为了减少本国贸易逆差，以人民币"根本性失衡"为由要求人民币升值，实质上对美国有利。此外，根据《国际货币基金协定》，"份额的任何变更，需经 85% 的多数票通过"，以及"在国际经济条件允许的情况下，基金得以总投票权 85% 的多数票作出决定，实行一个在稳定但可调整的平价的基础上普遍的外汇安排制度"等，这些条款都规定了若要通过某项决议需要 85% 的总投票权，而美国的份额约占 18%，意味着其拥有一票否决权。因此，虽然国际经济组织的目的是维持国际货币秩序的稳定，但发达国家依旧是主要的受益者，并且拥有较强的话语权。

9.4.4　美国货币金融政策的两大目标与政策规律

如果国际货币在全球范围（包括黄金在内的各种国际约束）内失去有效约束，美国这样的全球最大债务国可以将全球实体经济和金融市场作为依托，实现本国国内宏观经济目标。自 20 世纪 70 年代以来，美国货币金融政策目标主要有两个：一是降低美元汇率，以刺激出口；二是提高利率，实现美元走强，吸引全球美元资金回流到美国金融市场。美联储常在这两个目标之间转换。自 2008 年以后，美联储实施多轮量化宽松货币政策，在国际上降低美元价值，在国内保持基础利率处于历史最低水平，并且不断向金融市场和金融机构注入流动性，期望同时实现两个经济目标：提高美国产品在国际上的竞争力，实现美国经济"再工业化"；在金融市场上实施金融凯恩斯主义，维持美国金融系统不崩溃，最终确保金融—债务—美元货币体系不崩溃。依据吉川元忠（2000）对美国经济结构的分析，美国当时实施的美元贬值政策是不可能使美国实现实体经济再工业化的，这一观点被总结为"不可逆转性"论点。但是，美国可以通过货币金融优势，使国际资本流向美国金融市场，继续购买美国国债和其他金融资产，在短期实现虚拟经济复苏，以实现所谓"经济短期繁荣"。同时，用各种贸易保护手段保护本国企业和市场，挤压其他国家商品出口空间，使依靠制造业产品和服务出口支撑经济的国家因为过度依赖美国市场而造成产品生产相对过剩，过去长期投资出现严重的过度积累，实体经济陷入困境。另外，这些国家过去获得经常项目盈余，因为是使用美元结算和储备的，所以不得不继续投资美国金融市场。

美国在建立和运用货币金融优势地位时，一方面推动资本自由流动，另一方面在 1974 年推出具有贸易保护目的的贸易法案。在实践中，它设立的条款使其充分利用贸易伙伴国对其巨大国内市场的高度依赖来保护美国国内市场。这类政策也使其货币金融优势变得更加可靠，因为在不使国内出口企业受到太大冲击的基础上，美国货币政策具有更大的调控弹性。而贸易伙伴国不具有这种优势和弹性，在不能持续扩大贸易优势时，就不得不将过去的盈余继续投放到美国金融资产上。

9.5 "高储备两者"困境

从 1973 年布雷顿森林体系崩溃后国际经济和货币金融格局及主要发达国家宏观经济结构都发生了很大变化，美国、欧元区和日本走向不同形式的金融化。作为债务国的美国所具有的货币金融优势，本质上就是使美国具有利用美元在全球创造对其有利的金融信用，分享其他国家实体经济发展带来的好处，影响全球资本流动，通过货币政策调控对外负债的实际水平的优势。

9.5.1 "小国原罪"

从 1997 年亚洲金融危机开始，国际资本对东南亚国家和韩国经济及金融市场造成巨大冲击。麦金农在分析这些国家遇到的货币危机时，将其概括为"小国原罪"，即这些国家因为不具备国际货币金融优势地位，在经济发展中必然以出口为导向，为此必须稳定本币与国际货币的汇率，以保持出口稳定增长。在发展初期，因为国内不能创造足够的金融信用，以实现从国外获得技术、管理、资本及出口商品的国际销售渠道和市场，所以这些国家必须争取国际美元信用支持，并采取了盯住美元的固定汇率制度以维持出口定价，同时又开放了本国金融市场，这些国家积累了大量短期外债。在 1997 年亚洲金融危机爆发后，这些国家发现其积累的大量短期外债受到国际投机资本冲击，所持有的外汇储备无法进行支付，使其出口赖以稳定的固定汇率制度无法维持，陷入所谓货币错配的困境，麦金农称之为"小国原罪"。[1] 2007 年越南再次经历了一次国际货币冲击，遭受国际投机资本的"剪羊毛"之祸。2016 年以来美国引导国际资本流向美国及实行贸易保护政策，导致阿根廷、印度、俄罗斯等新兴市场国家货币出现了大幅贬值，分别对其国内经济造成很大冲击。美国作为债务国，如果拥有国际货币地位，就可以操控对外负债的贬值。墨西哥、巴西和阿根廷是美国对外投资和金融投资的重要市场。作为对美债务国，墨西哥在 1984 年和 1994 年两次债务危机中受到经济不景气拖累，美国货币政策加剧了墨西哥货币贬值，造成其美元负债大幅增加，需要偿还的利息大幅上升，引发债务危机。

9.5.2 日本、中国和欧元区国家对美债权国家的问题

在 2008 年美国次贷危机之后，随着美国实施量化宽松货币政策，人们所持有的大量美元外汇储备和美元资产都面临贬值风险。麦金农将这种情况称为"高储备两难"。

日本与早期具有国际货币地位的英国根本差异就在于，日本作为债权国没有国际货币地位，所以无法降低由债务国汇率贬值引起的金融投资风险。相对于美国的国际货币金融地位和大规模金融化，日本在国际货币金融体系中的地位是非常弱小的，这使日元几乎没有大规模输出和循环机制，即没有利用其经

---

① 麦金农. 麦金农经济学文集[M]. 李瑶，卢力平，译. 北京：中国金融出版社，2006.

常项目顺差建立以日元对外投资的计价、结算机制，从而不具备利用国际货币金融优势在全球为自己创造金融信用的能力。同时，日本对美国的实际投资和债权都是用美元进行的。日本只在亚洲很小区域范围形成日元输出和资金回流循环，并未在国际贸易、资源定价和金融交易中建立日元地位。因此，在1985 年面临国内需求饱和、制造业利润率下降以及美欧要求日元升值的多重压力下，日本央行刺激经济的低利率货币政策使大量日元流动性在日本国内累积，进入房地产和股票市场，并且不是以日元形式，而是用美元对外进行大规模投资。因此，可以说日本不具有国际货币金融优势地位，严重束缚了日本后工业化的经济发展，从而在错误政策下陷入泡沫经济。中国与日本一样，在成为对美国最大债权国后，对美债权是以美元计价和储备的，对外直接投资和金融投资都是用美元进行的。我们实质上与日本和东南亚国家一起陷入美元"帝国循环"中，因此总是受美国国内货币金融政策影响。在未来，中国要巩固当前取得的在国际贸易和投资领域的成果，要稳步提高人民币和中国金融地位，以适应双边和多边投资及贸易需求。

欧元区国家国际货币金融优势地位对欧元区经济发展的影响也是显著的。欧元①的出现在很大程度上主要是欧盟国家希望降低在国际贸易和金融交易中对美元的依赖。但欧元区最大的问题就在于它是货币和经济联盟，在财政上是不统一的。欧元区内部是以德、法为核心，其他国家充分利用德、法经济优势获得发行欧元债务的能力，忽视了欧元区内部经济差异和财政不统一的巨大影响。欧元区国家自 2000 年以来发行了大量债券，并且这些国家债券主要是在欧元区和欧盟内部形成的，形成了内部欧元和债务的国际资金循环，即基本上还是在欧元区内部的欧元—欧债循环。欧债危机、英国脱欧和新冠疫情冲击很可能进一步削弱欧元的影响。

9.6 国际货币体系演变规律分析

美国的金融危机可以通过国际货币体系迅速传遍世界，越来越多的人在谈

---

① 欧元的出现总体上被解释为是推动欧洲经济一体化，减少欧元区内部汇兑等方面引起的大量成本和不便。

论修补或重建国际货币体系的问题。当危机爆发和发展时，需要各国商谈解决办法，中国有无长期和短期的一揽子方案则事关重大。如果能够理解国际货币体系的核心关系，了解其背后的决定性因素，就会看到未来国际货币体系构架是规律作用下多种力量碰撞的结果。

9.6.1 布雷顿森林体系的核心关系

对布雷顿森林体系核心关系的认识牵涉对其演变规律及决定因素的认识。西方的传统观点是将战后布雷顿森林体系的核心关系看作汇率制度问题，布雷顿森林体系意味着建立固定汇率制度，1971 年美元停止兑换黄金意味着建立浮动汇率制度。这样的认识引导我们将国际货币体系重建的核心放在设计一个什么样的汇率制度可以更好地保证国际贸易和国际投资环境更稳定的问题上。

实际上，美国 1944 年是靠自身经济实力迫使世界签署符合美国利益的协议的(美元与黄金挂钩，各国货币与美元挂钩)，而 1971 年又单方面撕毁协议，宣布美元不再兑换黄金，这也是凭实力来维护美国的最大利益。显然，布雷顿森林体系及其演变的核心关系是美元的霸主地位，支持这个地位的主要是美国的经济、政治实力，具体的货币制度则服从这个利益，是从属的，可以有选择的。这样的认识引导我们以我国和其他各国的利益关系为中心，以经济实力为支撑来考虑重建国际货币体系。

9.6.2 政府因素如何从边缘走到中心

在 19 世纪或更早的时期，国际贸易是不承认纸币的，因为它没有价值。在国际上实行的是金块本位，只有黄金才是货币，此后纸币在有稳定含金量和随时兑现保证时，才被作为黄金的代表进入流通，这就是金本位制度。此时，所有国际货币都是靠黄金的自然价值来保证其货币功能的。但在 20 世纪 20 年代初实行的金汇兑本位就不再仅是靠黄金的自然力量来维持国际货币的地位了。少数国家(当时的美国和法国)承诺其货币可以兑换黄金，其他国家的货币则与这些国家的货币挂钩。在国际上流通的主要是承诺兑换黄金国家的货币，其他货币在国际贸易中的使用量很小。这种制度是靠黄金的自然力量与政府的信用一起来支撑的。比起金本位和金块本位，政府信用已经越来越多地加入国际货币体系中来。但是直到金汇兑本位时，黄金还是国际货币体系形成的决定性因素，只是政府作用在逐渐增强。布雷顿森林体系的建立则显示出政府在国际货币体系建立过程中的决定性作用。虽然兑换黄金的承诺仍然占有重要地位，但我们看到了世界货币是怎样从依赖黄金价值的自然力量向依赖政府的超自然力量转化的。也就是说，重建国际货币体系的基本力量必须是超经济的政府力量。

9.6.3 中央集权与货币的统一性

黄金等贵金属直接充当货币时，货币可以自动进入和退出流通领域。当一两黄金只换一个烧饼时，由于两者价值差别太大，人们觉得不合算，就会储藏黄金，于是黄金自动退出流通，变成金银首饰和金块等；如果一两黄金换两头牛，黄金换回的价值比自己本身价值高许多，储藏的金银就会被铸造成货币进行流通。黄金靠其价值来维持货币的功能和统一性。纸币没有价值，就没有这个自动进入和退出的机制，就不能靠其自身价值来维持货币的功能和统一性。纸币和符号货币的数量与统一性必须靠央行的中央集权来控制。这意味着重建国际货币体系的正确方向是集权和有效控制，而不是分散决策的自由化。

9.6.4 世界货币体系的两个转折

第一，1971 年之后国际货币体系中权利与责任失衡。1971 年美国尼克松政府宣布美元停止兑换黄金，导致美国对外提供美元不再有黄金储备的约束，理论上美国可以无限制地对外提供流动性。美元不再有含金量，它与任何国家的货币一样，彻底地虚拟化了。20 世纪 70 年代，没有任何货币可以挑战美元的世界霸主地位。在这样的前提下，美元维持其世界霸主地位实际上确保了美国联邦储备的世界央行的地位和权利，它有权向世界提供任何数量的流动性，却没有任何世界央行的责任和义务。这是 1971 年以后世界货币体系中最根本的问题，即货币权利和责任的失衡。正是这个失衡导致美元在世界的泛滥，导致美国国内实体经济与虚拟经济的失衡，导致美国国内累计的资产膨胀和经济杠杆化，为美国的金融危机和美元危机埋下了祸根。

第二，1999 年欧元之后出现货币的统一性与多元化的现实矛盾。货币本身要求统一性，在战后到 1999 年之前，美元的霸权客观上满足货币统一性的要求，或者说美元霸权之所以可以长期存在，是因为它承担着世界货币统一性的功能。1999 年，欧元开始在国际上正式使用，2002 年，欧盟开始使用统一的货币欧元，并在世界上开辟了美元、欧元两大主要货币与英镑、日元两个次主要国际货币的多元化世界货币格局。美元霸主地位衰落，引起各国纷纷将自己货币推向国际储备货币的尝试，俄罗斯、印度、墨西哥等都做过或正在做这种努力。当霸权遇到挑战时，实际上就是货币统一性遇到了挑战。美元霸主地位的衰落意味着世界货币的统一性正在丧失，国际货币体系开始进入无政府状态。世界货币体系开启了一个任由虚拟货币的流通规律左右的时期。

9.6.5 美元、欧元两大货币体系加速崩溃

9.6.5.1 较小国货币具有从属性，霸主货币缺乏约束

1971年美元停止兑换黄金之后，美元的霸主地位依然从1971年维持下来的原因有三个：一是20世纪70年代美国实体经济仍然十分强大（1971年美国GDP占世界GDP的47%，其中制造业占GDP比重还在21%以上，2007年只有11.7%）；二是世界上暂时没有美元的替代品；三是世界货币彻底虚拟化之后，较小国货币难于摆脱霸主货币美元的决定性影响。

美国经济学家麦金农提出了"小国原罪"说：如果较小国经常项目逆差，它就要靠借外债来弥补其贸易逆差，这会导致其货币不断贬值，积累的债务负担越来越重，直到破产边缘（20世纪90年代初的拉美国家外债不断膨胀就是如此）；如果较小国经常项目顺差，就会不断积累外汇储备，本币不断升值，外汇储备不断缩水，国内流动性充斥，资产价格高企，直到产生泡沫经济（20世纪80年代初到90年代的日本就是例子）。只有保持经常项目收支平衡，且与大国货币保持一致，才能避免损失。即使美元滥发引起美元贬值趋势，也是一样的，较小国必须调整以跟上美元贬值的步伐，否则本国货币升值过多或过少都会招致大量投机活动，直至引起本国经济衰退（如1997年亚洲金融危机时的泰国等）。较小国货币单独采取措施抗衡美元的结果无异于"自杀"，这就是美元霸权下较小国货币附庸地位的悲哀。

也就是说，整个世界货币体系的命运完全依赖对霸主货币的约束，在美元没有外部约束的情况下，就只好依赖美国的"自律"，依赖其货币当局是从全球利益来制定政策，还是仅考虑本国利益。不幸的是，美国货币当局考虑的仅是美国的利益，而且不是其长远的根本利益。

9.6.5.2 欧洲十二国政府力量冲破美元独大的藩篱

当任何一个"货币小国"随着本国经济增强。打算将其货币推向国际货币的时候，最初总是要与美元保持一个相对稳定且汇率持续走强的趋势，但是其能否成为国际货币取决于它能否借助政府超经济的力量冲破美元强势的束缚。日元和当年的西德马克都曾经在与美元保持基本一致的情况下试图摆脱美元束

缚而成为自主的国际货币。1985 年的广场会议迫使日元升值（1 年时间内从 213 日元兑 1 美元大幅升值到 80 日元兑 1 美元），彻底封闭了日元在国际上继续扩张的道路，而 1991 年欧共体 12 国签订的《马斯特里赫特条约》则将西德马克摆脱美元影响的道路进一步拓宽，为欧元的诞生奠定了基础。没有这种超经济的政府力量合作干预，欧元是不可能出现的，美元的霸主地位也不会遇到实质性的挑战。欧元的出现最终打破了美元"一统天下"的世界货币格局，使国际货币体系进入一个新的发展阶段。

9.6.5.3 "滥币陷阱"将国际货币体系引向崩溃

欧元的诞生使美元霸主地位受到挑战，从而动摇了当代国际货币体系中世界货币的统一性。在两大货币同时存在的体系中，就存在一个"滥币拉良币"的"滥币陷阱"。当美国国内长期财政赤字和居民长期低储蓄率造成美国经常项目持续逆差时，美元大量流往美国境外，刺激了美国境内外美元资产的膨胀和积累。美元资产在境外的泛滥导致美元汇率持续下跌，也使刚刚诞生的欧元不断升值。如果美元不断贬值，欧元不断升值，欧洲的出口就会受到抑制直至衰退。与此同时，在欧元"坚挺"的时候，以欧元计价发行债券容易取得成功，经济商也更容易赚钱。欧元国际债券从 2003 年起就迅速膨胀，到 2004 年 9 月，欧元取代美元成为国际债券和票据市场发行量最大的币种；截至 2007 年 12 月末，欧元在国际债券和票据市场中余额高达 11 万亿美元，占比为 49%。欧元占世界外汇总储备的比例也从 1999 年的 18% 迅速上升到 2007 年的 26.5%。在两大货币共同存在的情况下，一种货币的滥发一定会拉另一种货币"下水"。美元汇率下跌终究会导致欧元随之下跌，而其他货币又必须跟进，反过来，欧元因过度发行而贬值，最终也会导致美元和其他货币随之贬值。这就是"滥币陷阱"会将世界货币体系引向崩溃的原因。

2002 年以后国际金融资产大幅度飙升，全球各国货币当局手中的外汇储备从 2002 年的 2.4 万亿美元迅速膨胀到 2007 年底的 6.4 万亿美元，扩张了 1.7 倍；国际债券与票据从 2002 年底的 9.3 万亿美元扩展到 2007 年底的 22.8 万亿美元，扩张了 1.5 倍；全球对冲基金资产总额在 2002 年底不过 1 万亿美元，2007 年底资产总额已经上升至 1.9 万亿美元，几乎增长了 1 倍，整个世界进入了一个金融资产迅速膨胀和泛滥的陷阱。欧元的出现使世界货币体系的统一性遭到破坏，世界货币数量进一步失去控制，导致国际货币、金融资产和投机资金泛滥，引发整个世界货币金融体系的危机。

因此，对于未来国际货币体系的重建，我们要做的不是"设计"，而是在规律认识基础上对可能结果的"估计"。

9.6.6 国际货币体系现存的基本问题

根据我们前面的分析，国际货币体系现存的基本问题有三个。

第一，2002年以前在美元一币独大情况下，显示出的最重要问题是国际货币发行没有从全球各国利益出发的约束。美国有世界央行的权利，却没有世界央行的责任和约束。因此，新体系要对国际货币提供有从全球角度和各国利益出发的约束。

第二，欧元加入世界货币体系之后，出现了格雷欣法则的变种，"滥币陷阱"的新游戏。同美元一币独大的情况相比，这并未使货币滥发的情况得到抑制，反而使货币在美元霸主时期的统一性被破坏，加速了世界货币体系的崩溃，卢布、墨西哥比索、印度卢比都曾试图国际化，给我们描述了一个争抢国际货币带来的利益，而不考虑应有责任的一幅"货币无政府主义"的图画。显然，如果所有货币都变成世界货币，只会是使世界更加混乱。保持货币的统一性仍然是国际货币最重要且最具技术性的问题。

第三，现存货币体系最现实的危机就是支撑美元和欧元的主要是其虚拟经济，而不是实体经济。美元的支撑是其债券和其他金融资产，2019年美国债券市场余额为27.4万亿美元，境外债务达13万亿美元，欧元的国际债券也大约为11万亿美元。美国产生金融危机的根源在于虚拟经济过分膨胀和去工业化，因此它将虚拟经济的不稳定性带给了美元和世界货币体系。欧元也类似，它更大的问题是欧元区的摩擦带给欧元许多不稳定因素，由于代表的虚拟经济不稳定，美元和欧元为主要货币的体系就一定会处于动荡不安的状态，何况至今也未看到美国和欧盟有削减虚拟经济的措施，即便是停止虚拟经济扩张的措施。这就是说，要么欧元区和美国经济实体化，要么必须有新的力量将更多实体经济的因素带进国际货币体系，否则没有必要修改或重建国际货币体系。

9.6.7 国际货币体系的基本功能和目标

国际货币体系为什么要重建，以及怎样重建，依赖对国际货币体系功能和功能保障的认识。根据我们前面的分析，国际货币体系的基本功能是为国际贸易、国际投资提供稳定的计价标准和支付手段，并为世界金融的稳定提供监管和调整的框架，防止金融危机的产生。国际货币体系的目标是建立包容有序的国际货币金融体系。各国应该共同推动增加发展中国家在国际金融机构中的发言权和代表性，增强国际金融体系的有效性。

9.7　结论与未来趋势

9.7.1　债务—美元国际货币体系是不可维持的

Duncan(2005)认为，货币最主要的两大功能是清偿债务和价值储藏。对信用的需求和对货币的需求，随着以营利为目的的资本主义生产而产生。人们将信用作为最重要的货币功能，货币必须具有充分的流动性以支持经济活动。流动性短缺会阻碍需求，产出和就业会下降。国际货币同样承担起国内货币的职能，即选择流动性最强的货币。但是，人们同样注重发行国家的生产基础规模和实力，经济体必须有一个强大的生产基础，以支持流通中所需要的大量货币。此外，一个国家的生产能力是保持政治经济领先的根本力量。后凯恩斯主义者反对国际货币控制在一个国家的手中，随着美国生产力基础不断遭受侵蚀，美元代表国际债务和价值储藏是不可靠的，最终将导致美元彻底崩溃，相应的国际货币秩序将重组。美国生产能力的减少和经常账户赤字的不断增长是美元必须崩溃的主要原因，其世界货币的地位将被替代。[①] Schmeidler(2008)认为，通过进出口的变化和世界 GDP 中的份额下降可看出，美国经济的较低生产力和竞争力将无法支持大量美元的流通。美元变得难以接受，经济主体远期合约选择其他货币或者另选方式存储值。这是后凯恩斯主义者认为美元作为世界货币贬值的原因。他们指出，新古典主义和后凯恩斯主义这两种理论都认为随时间推移美元在各种类型国际交易中的使用会有所减少，被越来越少地用于贸易票据融资，国际贸易商品也越来越少地用美元计价，这表明各国开始意识到持有大量美元外汇储备是不稳定的。

新古典主义和后凯恩斯主义学派都认为美元的重要职能将下降。但新古典主义学者认为，美元供给的剧烈增加及随之而来不断上升的通胀压力导致美元缺乏稳定性。后凯恩斯主义学派则认为，缺乏生产力和竞争力的美国经济，造成了美国在世界 GDP 中份额不断下降和美国巨大的经常账户逆差。本讲认同后者是美元衰落的根本原因，但美联储继续滥发美元和美债的政策将加快美元衰落。从短期来看，美元和其他国际货币会存在此消彼长的波动过程。Maggiori 等(2019)

---

①　Duncan R. The Dollar Crisis：Causes，Consequences，Cures[M]. John Wiley & Sons，2005.

提出，国际货币除了作为外汇储备起重要作用，最常被用于计算公司和政府债券、银行贷款及进出口票据融资。这些货币占全球外汇市场交易量的大部分，提供至关重要的流动性，并且通常被实施了汇率管理制度及与美元、欧元挂钩汇率制度的国家作为外汇储备目标货币。他们提出近期数据显示，在十年的相对较短的时间内，美元国际货币影响力在增强，而欧元国际货币影响力在下降。

9.7.2 债务——美元国际货币体系格局要转变

我们认为经济虚拟化和产业空洞化的美国经济必将导致美元地位的进一步衰弱，债务——美元的国际货币体系不可能持续。2020 年的新冠疫情对债务——美元主导的国际货币和国际经济体系造成结构性冲击。自 2020 年 2 月底以来，美国股市、债市及大宗商品价格已经持续大跌，美国股市四次熔断，本轮金融不稳定风暴截至目前还不是以大规模金融机构倒闭为特征，而是以美国直接融资市场萎缩和政府对外负债能力萎缩为特征的。在美国经济结构、产业结构和收入分配制度没有深刻改革，继续推行贸易保护政策的背景下，新冠疫情冲击和政府治理不力已成为压垮美国经济的"一根稻草"，美国经济事实上已经进入阶梯式衰落的新阶段。2020 年 3 月，美联储宣布实施无限量化宽松政策，美国短期内严重破坏了国际金融体系，这种饮鸩止渴的行为，将使其快速失去在国际上的国家信用，并且这种量化宽松政策也不可能帮助解决美国国内的根本经济困境，包括经济虚拟化、两极分化、就业岗位脆弱、消费支持不足等问题。

为维护美国金融资本利益，美联储实施无限量化宽松政策，向全球金融市场扔了一个"金融核弹"，对中国来说损失的是美国债券利息，国内经济、金融市场也受到一定程度冲击。但是我们认为，只要制造业强大，对外债权财富的账面损失可以通过短期投资组合尽量降低，国内金融体系也能得到稳定。首先，从国内政策来看，为应对以上局面，开展新基建和发展制造业是国民经济立国之本，我国扎实做好 5G、大数据、人工智能等新技术产业升级，创造性建设现代新基础设施体系，大力做好民生工作，解决广大人民群众的就业和收入问题，提升国内消费市场活力，这是当前和未来经济工作的根本；其次，我国通过适度、次序加快金融市场开放，加强地区国际金融中心发展，积极落实金融开放政策，吸引国际人才和资金。此外，加强区域贸易合作，筑牢"一带一路"国际经济合作，强化贸易、投资活动以支撑国际金融合作，从而切实增强人民币和我国在国际货币和金融体系中的话语权。

10 PART

第 10 讲

流动性调控有效性比较分析：
价格型工具与数量型工具

📖 本讲提要

近年来"钱荒"和"资产荒"相继出现，资本市场流动性问题日益凸显，这既影响了资本市场的融资行为，也带来了金融不稳定风险，逐渐受到学术界和业界的关注。银行间债券市场作为我国主要债券市场及公开市场操作的重要载体，中央银行（以下简称"央行"）对其市场流动性进行精确调控越来越必要，但关于货币政策工具对债券市场流动性影响的具体研究较少，精确到市场流动性调控工具类型选择上的数理研究更是比较缺乏。

本讲从流动性调控的视角，基于 2005～2016 年中国银行间债券市场交易的实际数据构建非流动性指标对市场流动性进行测度，并选择公开市场操作和质押式回购利率分别作为数量调控工具和价格调控工具的代表，构建带有随机波动的时变参数向量自回归（TVP-SV-VAR）模型，实证分析这两种调控工具对银行间债券市场流动性调控的效果。这种计量模型能够体现货币政策工具调控效果的时变特征，并且能够分析公开市场操作对质押式回购利率的引导效果。研究结果表明，价格型工具和数量型工具对银行间债券市场流动性调控均有效，但公开市场操作这种数量调控更加迅速和有效，在银行间债券市场流动性调控中应该被优先考虑；质押式回购利率这种价格型工具对流动性调控的作用维持时间更长，所以更适合中长期调控。实证结果还发现，随着时间推移，央行借助公开市场操作引导质押式回购利率的效果越来越差，已经基本失效；

为了保持银行间债券市场流动性调控中价格调控工具的有效性，央行急需进一步创新引导利率的新工具。此外，研究还发现质押式回购利率对债券市场流动性的调控具有较为明显的时变特征，其在市场流动性动荡时期调控作用增大。本讲实证研究结果为更好实施银行间债券市场流动性调控提供了理论支持。

10.1 引言

银行间债券市场是我国债券市场的主体，根据中央结算公司发布的《中国债券市场概览（2016 年版）》，2016 年其成交量占比达 75.89%，托管量占比达 90.98%，远超证券交易所和柜台债券市场。然而，近年来，"钱荒"和"资产荒"不断出现，我国银行间债券市场流动性持续出现波动，2013 年债券价格的急跌和 2016 年底的又一次大幅杀跌就是这种波动的突出体现。市场流动性是市场参与者能够迅速进行大量金融交易，并且不会导致资金资产价格发生显著波动的情况。当代包括债券市场在内的资本市场流动性之所以重要，首先是因为其状况会影响市场上相关资产发行方的筹融资，Amihud（2002）提出的流动性溢价理论指出，当市场流动性较差时，投资者因不能将证券在市场中轻松交易，会要求更高的收益率作为补偿，使发行方的融资成本增加，这样就会导致发行方减少融资。国内学者也实证说明了中国债券市场中存在流动性溢价现象，流动性较差的资产具有较高的收益预期。其次，资产的市场流动性情况会直接影响投资者的资金状况。投资需要资金，一般情况下投资者获取外界资金需要抵押手中的资产，而抵押物市场流动性变差会使其融资变得困难，资金状况恶化，进而迫使其抛售资产来回笼资金，而大量抛售又会使资产价格大幅下跌带来损失，资金状况进一步恶化。因此，资本市场流动性的稳定非常重要，它既影响筹融资活动，也对投资者的资金状况造成影响。

具体到银行间债券市场，国债、企业债和金融债等债券品种的市场流动性会直接影响政府、企业和金融机构的融资，同时该市场也是银行等金融机构集中进行资产配置的重要市场，其流动性变化会对整个金融体系的资金状况造成影响。银行间债券市场是央行公开市场操作实施的重要载体，是货币政策传导的重要场所，因此中央银行（以下简称"央行"）非常有必要针对银行间债券市场流动性进行调控，综合运用利率、存款准备金率、公开市场操作等价格型和数量型工具来平衡和管理此市场的流动性。在调控过程中，不同政策工具的作用效果差异很大，选取合适的工具可以达到事半功倍的效果，因而也就很有必要对不同类型的货币政策工具的调控效果进行研究，以便更高效地调控银行间债券市场流动性。本讲基于中国银行间债券市场月度数据构建非流动性指标，并选择公开市场操作和质押式回购利率分别作为数量调控工具和价格调控工具的代表，采用带随机波动的时变参数向量自回归（TVP-SV-VAR）模型实证对比分析这两种工具对银行间债券市场流动性调控的效果，为更好实施银行间债券市场流动性调控提供理论支持。

10.2 相关研究及评述

在如何解决市场流动性问题方面，即有研究集中分析了影响市场流动性的因素。Blankespoor 等（2014）以企业对 Twitter 的使用数据为基础，发现信息传播与市场流动性正相关，企业可以通过更广泛地传播新闻来减少信息不对称，提高市场流动性。Liu（2015）认为投资者情绪是市场流动性的格兰杰原因，当投资者信心指数上升时，股市的流动性更强。Peranginangin 等（2016）基于印尼证券交易所的数据研究发现，国外交易对价格发现过程有很大的贡献，也有助于提高新兴市场流动性。国内学者还指出，最小报价单位、卖空交易和投资者行为也会影响股票市场流动性。具体到债券市场流动性影响因素的研究较少，有研究认为透明度对债券的市场流动性影响因债券而各异，也有学者指出债券市场分割的存在影响我国债券市场流动性，还有学者关注做市商制度对债券市场流动性的影响，指出中小机构做市商提供的流动性要优于国有银行、股份制银行和外资银行。

除了上述微观层面影响因素的分析，宏观层面的货币政策对市场流动性的作用和影响越来越受到学者的关注。多位学者基于日本、美国、欧洲和中国等国家和地区的数据进行了实证分析。有学者通过 VAR 模型研究日本后泡沫时期影响股票市场流动的因素，结果表明货币供应量和利率工具对股票市场流动性的影响都不显著。而 Goyenko（2009）等用相同实证方法基于美国市场数据研究发现，货币政策不仅会影响债券市场流动性，而且会通过债券市场间接影响股票市场流动性。Amador 等（2013）实证发现欧洲央行的扩张性货币政策导致德国、法国和意大利市场的总体股票市场流动性增加，同时发现货币政策对单只股票流动性有着非线性影响，对小股票的影响明显增强。Chu（2014）通过动态 SJC-Coupla 模型对中国股市进行分析，得出流动性较低的股票市场会受到紧缩货币政策的影响，高度流动性的股票市场则依赖扩张性的货币政策的结论。

此外，也有学者关注央行的信息公开和沟通的作用，分析货币政策发布对股票市场流动性的影响，发现货币政策发布后将会造成流动性损失，但是该影响效应持续时间较短。Lee（2016）等指出，央行的沟通在降低市场流动性损害方面发挥了重要作用，提高了政策行动的可预测性，从而缓解了信息不对称。

国内学者关于货币政策对市场流动性的影响也展开了研究，关注点主要集中于股票市场。储小俊（2008）等运用 VAR 模型实证得出货币供应量和利率对股票市场流动性都没有显著影响的结论。而彭小林运用脉冲响应和 BEKK 模型实证指出，货币政策对股票市场流动性造成显著影响，狭义货币供应量（M1）对股票市场流动性的冲击作用更大，而同业拆借利率的作用周期更长。耿中元等（2016）在分析货币供应量及利率对股票市场流动性的影响时指出，广义货币供应量（M2）及 7 天银行间同业拆借利率对其影响更为明显。

一些国内学者也关注到了货币政策对市场流动性影响的时变特征。其中，孙彬等基于美国市场数据运用 DCC-MVGARCH 模型实证表明，次贷危机爆发后，融资流动性和市场流动性的相关性显著增强，呈现流动性螺旋的现象。在基于中国市场数据的研究中，方舟等（2011）、金春雨等（2016）分别利用 MS-VAR 和 TVP-VAR 模型分析了货币政策对股票市场流动性影响的时变特征，货币供应量和同业拆借利率对股票市场流动性影响的时变特征明显。姚登宝等（2016）利用 DCC-MVGARCH 模型实证表明，货币流动性和股票市场流动性在平稳期呈正相关关系，在危机期呈负相关关系，这表明货币政策对市场流动性的时变影响。

从现有研究来看，国内外学者已经关注到市场流动性问题并对影响它的各种因素进行了探究，但关于货币政策对市场流动性的作用的研究结论不一，且国内多针对股票市场研究，缺乏对货币政策工具对于银行间债券市场流动性的作用的研究。本讲将系统考察数量型工具和价格型工具在银行间债券市场流动性调控中的表现，以便央行更好地调控银行间债券市场流动性，发挥银行间债券市场的职能。本讲也完善了关于国内市场流动性调控的研究，使流动性调控领域的研究成果更加丰富。

本讲选取 2005~2016 年中国银行间债券市场交易、公开市场净投放和质押式回购利率的月度数据，采用带随机波动的时变参数向量自回归(TVP-SV-VAR)模型捕捉非线性时变特征，就公开市场操作、银行间质押式回购利率对银行间债券市场流动性调控的效果进行对比分析。其中，公开市场操作这样的数量型工具是央行可以直接控制的，而质押式回购利率这样的价格型工具只能被央行间接引导。在实践中，央行主要通过公开市场操作盯住货币市场短期利率，但这一目标能否实现实际上值得探讨，孙国峰等（2014）指出，由于货币市场流动性需求难以预测，流动性数量和利率不具备一一对应的关系，公开市场操作即使可以保证流动性供给水平，也无法稳定货币市场利率水平。因此，要完整分析价格调控，不仅需要探究利率能否有效调控市场流动性，还需要讨论央行能否通过公开市场操作引导利率变化。因此，本讲的研究就具体分为：①公开市场操作这种数量型工具和质押式回购利率这种价格型工具对银行间债券市场流动性调控的有效性比较，以及两者调控的各自特点；②实证检验公开市场操作这一央行的直接货币政策工具能否有效地引导利率。

10.3　研究设计

10.3.1　银行间债券市场流动性测度

债券市场流动性是指在短期内，以对债券价格影响小的方式低成本地进行交易的能力。已有研究用价差、交易量、时间指标及价量结合四类指标来测度金融市场流动性，第四类中的流动性比率指标大多涵盖市场的深度和宽度两个方面，从而更加全面，也更具优越性。Amihud 的非流动性指标是金融市场流动性测度指标中的典型代表，被广泛应用于国内股票市场，但由于学者对于债券市场流动性关注不多，度量时绝大多数采用的是报价价差、换手率等仅反映一个市场单个方面的指标，较为粗略。为了更准确地度量，本讲参考王茵田等将非流动性指标引入银行间债券市场流动性测度。债券市场月度非流动性计算如下：

首先，交易日 d 债券市场的非流动性为

$$\text{ILLIQ}_{qd} = \frac{1}{q} \sum_{x=1}^{q} |R_{xd}| / \text{VOLD}_{id} \tag{10-1}$$

式中：q 为交易日 d 交易的债券数；$R_{xd} = \dfrac{P_d - P_{d-1}}{P_{d-1}}$，为债券 x 在交易日 d 的

收益率；P_d 为交易日 d 的收盘价；$VOLD_{id}$ 为债券 x 在交易日 d 的成交量；$ILLIQ_{qd}$ 为交易日 d 的市场非流动性。

然后，债券市场的月度非流动性为当月各交易日非流动性的算术平均数如下：

$$ILLIQ_m = \frac{1}{g} \sum_{d=1}^{g} ILLIQ_{qd} \qquad (10-2)$$

式中：m 为第 m 个月；g 为一个月内交易日的个数。从式（10-1）和式（10-2）可以看出，收益率增大，成交量降低，债券市场非流动性值（ILLIQ）就会变大，即所衡量的债券市场流动性下降。该指标既涵盖了价格波动又兼顾成交量，可以更准确地对流动性进行测量。

10.3.2　货币政策工具

公开市场操作以银行间市场为政策实施载体，是在调控市场流动性中非常重要的货币政策工具，主要包括回购交易、现券交易和发行央行票据。在回购交易中，政府直接与金融机构在银行间回购市场中达成交易，交易带来的资金量增减会影响后者的流动性，进而影响其买卖债券的行为，这一资产调整又会影响债券市场流动性。现券买卖和央票投放过程中，央行作为主体直接参与债券发行和交易，通过市场手段构成了对银行间债券市场流动性的直接调控，因此公开市场操作通过量的调控直接或间接影响银行间债券市场流动性。基于上述分析，本讲将公开市场操作净投放量作为货币政策对债券市场流动性进行数量调控的指标代表。

银行间回购市场是金融机构进行批发融资的主要场所之一，与信用贷款融资的同业拆借市场相比，运用抵押贷款融资的回购市场风险更低、交易量更大，所以银行间市场质押式回购利率更具有基准性，并且其基准性也得到了很多研究的支持。作为货币市场基准利率，银行间质押式回购利率不仅直接影响金融机构的融资流动性，而且通过影响金融机构的债券买卖行为对债券市场流动构成了间接影响，因此央行可以将其视为对债券市场流动性进行价格调控的合适工具，而且目前在实践中央行正通过央票发行利率及回购交易中的招标利率，引导银行间市场质押式回购利率，进而调控银行间债券市场流动性。

在具体选择中，由于质押式回购产品有多种期限，相应地，也有各个期限的利率，因此需要选择合适的利率期限。从市场交易规模来看，1 天期即隔夜质押式回购（R001）的产品交易量占主要部分，且很多学者也用隔夜质押式回购利率作为基准利率指标，因此本讲也选取 R001 的利率作为质押式回购利率的代表，研究价格型工具对于银行间债券市场流动性调控的效果。

10.3.3 模型构建

已有研究中提到了货币政策的时变特征，为了更好地选择政策工具，高效精确地调控债券市场流动性，需要将货币政策工具调控的时变特征纳入考虑，故本讲采用 TVP-SV-VAR 非线性模型来分析不同货币政策工具对债券市场流动性的调控效果。RIMICERI 将简单 VAR 模型中的截距、系数和方差设定为随时间变动的参数，建立了随时间变动的带随机波动的时变参数（TVP-SV-VAR）模型，该模型可以很好地捕捉时变特征，其后 Nakajima 研究指出 TVP-SV-VAR 非线性模型优于其他固定参数的 VAR 模型。

TVP-SV-VAR 模型可以由 SVAR 模型拓展推导而来，最基本的 SVAR 模型如下：

$$\mathbf{A}y_t = \mathbf{F}_1 y_{t-1} + \cdots \mathbf{F}_s y_{t-s} + \mathbf{u}_t \tag{10-3}$$

式中：$\mathbf{y}_t$ 为 $k \times 1$ 维向量；s 为滞后期数，$t = s+1, \cdots, n$；$\mathbf{A}$ 和 $\mathbf{F}_1, \cdots, \mathbf{F}_s$ 为 $k \times k$ 维系数矩阵；$\mathbf{u}_t$ 为 $k \times 1$ 维结构冲击向量。假定 $\mathbf{u}_t \sim N(0, \mathbf{\Sigma})$，

$$\mathbf{\Sigma} = \begin{pmatrix} \sigma_1 & \cdots & 0 \\ \vdots & \vdots & \vdots \\ 0 & \cdots & \sigma_k \end{pmatrix}, \sigma_i$$ 为结构冲击的标准差，同期相关系数下三角矩阵

$$\mathbf{A} = \begin{bmatrix} 1 & 0 & \cdots & 0 \\ a_{21} & 1 & \cdots & \vdots \\ \vdots & \vdots & \vdots & 0 \\ a_{k1} & \cdots & a_{k,k-1} & 1 \end{bmatrix}$$。式（10-3）进一步可以改写为简化的 VAR 模型：

$$\mathbf{y}_t = B_1 y_{t-1} + \cdots B_s y_{t-s} + \mathbf{A}^{-1} \mathbf{\Sigma} \varepsilon_t \tag{10-4}$$

式中：$\varepsilon_t \sim N(0, I_k)$，$B_i = A^{-1} F_i$，$i = 1, \cdots, s$。将 B_i 按行堆积得到新矩阵 $\boldsymbol{\beta}$，$\boldsymbol{\beta}$ 为 $k^2 s \times 1$ 维向量。此时令 $X_t = I_k \otimes (y_{t-1}, \cdots, y_{t-s})$，$\otimes$ 为两矩阵进行克罗内克积运算，进而式（10-4）可以变为式（10-5），其中参数均为固定值。

$$\mathbf{y}_t = X_t \boldsymbol{\beta} + A^{-1} \mathbf{\Sigma} \varepsilon_t \tag{10-5}$$

进一步地，允许参数随着时间变化，可以将式（10-5）拓展为 TVP-SV-VAR 模型：

$$\mathbf{y}_t = X_t \beta_t + A_t^{-1} \Sigma_t \varepsilon_t \tag{10-6}$$

式中：β_t、A_t 和 Σ_t 都是时变的，令下三角矩阵 $\mathbf{A}_t$ 中元素堆叠向量为

$\mathbf{a}_t = (a_{21}, \cdots, a_{k,k-1})'$，$\mathbf{h}_t = (h_{1t}, \cdots, h_{kt})'$，$h_{jt} = \lg \sigma_{jt}^2$，$j = 1, \cdots, k$，$t = s+1, \cdots, n$。假设式（10-6）中系数服从随机游走，即 $\beta_{t+1} = \beta_t + u_{\beta_t}$，$\mathbf{a}_{t+1} = \mathbf{a}_t + u_{a_t}$，$\mathbf{h}_{t+1} = \mathbf{h}_t + u_{h_t}$，

$$\begin{pmatrix} \varepsilon_t \\ u_{\beta_t} \\ u_{a_t} \\ u_{h_t} \end{pmatrix} \sim \mathrm{N} \left(0, \begin{pmatrix} I & 0 & 0 & 0 \\ 0 & \Sigma_\beta & 0 & 0 \\ 0 & 0 & \Sigma_a & 0 \\ 0 & 0 & 0 & \Sigma_h \end{pmatrix} \right)。$$

这里 $t = s+1, \cdots, n$，β_t、$\mathbf{a}_t$ 和 $\mathbf{h}_t$ 新息冲击不相关，Σ_β、Σ_a 和 Σ_h 都是对角矩阵，$\beta_{s+1} \sim \mathrm{N}(u_{\beta_0}, \Sigma_{\beta_0})$，$a_{s+1} \sim \mathrm{N}(u_{a_0}, \Sigma_{a_0})$，$h_{s+1} \sim \mathrm{N}(u_{h_0}, \Sigma_{h_0})$。

在上述 TVP-SV-VAR 模型中参数是随时间变化的，不可以用最小二乘法（OLS）和极大似然估计（MLE）等传统的估计方法，需要用贝叶斯估计方法。贝叶斯估计先验给出参数的分布情况，然后求解得到其后验分布。同时，由于模型中被估参数众多，求解过程中需要利用马尔科夫链蒙特卡罗（MCMC）模拟方法。MCMC 方法主要步骤如下：首先，令 $\omega = (\Sigma_\beta, \Sigma_a, \Sigma_h)$，同时给定变量 β、a、h、ω 的初始值；其次，进行多次重复抽样。一次抽样过程如下：

（1）确定 a、h、Σ_β、y，对 β 进行抽样。

（2）确定 β，对 Σ_β 进行抽样。

（3）确定 β、h、Σ_a、y，对 a 进行抽样。

（4）确定 a，对 Σ_a 进行抽样。

（5）确定 β、a、Σ_h、y，对 h 进行抽样。

（6）确定 h，对 Σ_h 进行抽样。

以上为 TVP-SV-VAR 模型的一般数理结构，y_t 为代表 $k \times 1$ 维向量，在本讲的分析中，令 $y_t = (PO, R, ILLIQ)'$，本讲实证模型中包括 PO、R、ILLIQ 三个变量，分别表示公开市场操作净投放量、质押式回购利率、银行间债券市场非流动性。在模型分析过程中，先用 MCMC 方法求解得到参数的后验分布，然后通过脉冲响应图分析不同类型货币政策工具调控银行间债券市场流动性的效果。

10.4 实证研究

10.4.1 样本选取及数据说明

银行间债券市场流动性的度量是本讲数据处理的重点，我们综合考虑市场

上存量较高的国债、金融债和企业债三大类债券，根据 Wind 数据库可得，2016 年末其存量占比总计达 65.33%，故以此来代表银行间市场的交易债券。在时间段选取上，2005 年以前银行间债券市场成交量比较低，数据显示 2003 年之前银行间债券市场全年的成交量不到 10000 亿元，2004 年全年成交量也仅为 24625.94 亿元，不到 2005 年的 58864.54 亿元的一半，而 2005~2016 年平均每年的成交量为 501465.80 亿元，这个时间段交易量远大于 2005 年之前的。鉴于成交量太低会影响数据的稳定性，本讲最终将样本时间段定为 2005 年 1 月至 2016 年 12 月，通过对这 12 年间的债券交易明细数据进行处理可以得到 144 个月度数据，即实证分析中样本数据为月度数据，共 144 个样本。在对微观交易数据处理中，由于银行间债券交易不连续，有些债券在一段时间内实际交易日很少，为了保证数据的稳定性，我们去掉了交易日较少的债券，仅选取统计期间交易日在 365 天以上的债券进行计算。银行间债券市场流动性计算的原始数据来源为 Wind 数据库。

此外，为进一步说明 ILLIQ 指标的有效性，我们将其与很多学者使用的换手率这一流动性测度指标做个对比，考量银行间债券市场的换手率，所选择的债券也同样为国债、金融债和企业债，计算方法为成交量除以托管量，其中成交量和托管量数据均取自 Wind 数据库。图 10-1 为标准化的换手率 turn 和 ILLIQ 的走势，两个测度指标呈现负相关关系，即换手率较高时，市场非流动性相应地比较低，而换手率较低时，市场非流动性相应地比较高，这在一定程度上也对本讲的测度结果进行了检验。

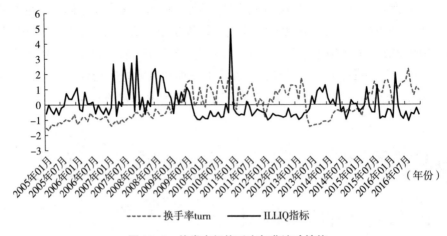

图 10-1　债券市场换手率与非流动性值

注：图中数据均为标准化后数值。

根据图 10-1 所展现出来的变化走势，可以将样本时间段划分为三段：2010 年以前及 2013 年以后这两个时间段债券市场非流动性数值和波动都比较大，这两段时间内债券市场流动性明显比其他时段差很多；从 2010 年开始，一直到 2013 年，这段时间内市场非流动性数之外值都比较小，换手率也高，除 2011 年 1 月出现了债券市场流动性的异常之外，其余时间债券市场流动性都较好。具体分析可知，由于受金融危机的影响，2008 年前后银行间债券市场流动性比较差，随着我国四万亿元刺激经济计划逐渐发挥作用，2010 年初市场流动性得到改善，其后 2013 年"钱荒"的爆发又使银行间债券市场流动性变小，流动性波动幅度增大。

相应地，公开市场操作净投放量的时间段也是 2005 年 1 月到 2016 年 12 月，而由于隔夜质押式回购品种 2006 年才开始出现，2005 年用与隔夜质押式回购利率高度同步的隔夜同业拆借利率来代替隔夜质押式回购利率，2006 年 1 月至 2016 年 12 月的数据用隔夜质押式回购利率，保证了代表数量型工具的利率数据时间段也为 2005 年 1 月至 2016 年 12 月。公开市场操作净投放量数据和利率数据也都来自 Wind 数据库。由于各变量量纲差别很大，为保证计算及消除后面分析的不便，本讲先对各变量进行了标准化处理，然后对标准化后的变量进行 TVP-SV-VAR 模型分析。

10.4.2 实证分析

10.4.2.1 求解

由上文实证设计可知，本讲构建一个三变量的 TVP-SV-VAR 模型，变量分别为 PO（公开市场操作净投放量）、R（质押式回购利率）和 ILLIQ（债券市场非流动性）。为避免虚假回归，先使用 Stata 通过 ADF 对各变量进行单位根检验，在 1% 的显著水平上，均拒绝原假设，各变量都是平稳的时间序列。

在参数设定上，本讲参照 Nakajima 的设定，参数的先验分布为 $(\Sigma_\beta)_i^{-2} \sim Gamma(20, 10^{-4})$，$(\Sigma_a)_i^{-2} \sim Gamma(4, 10^{-4})$，$(\Sigma_h)_i^{-2} \sim Gamma(4, 10^{-4})$，$(\Sigma_\beta)_i$、$(\Sigma_a)_i$ 和 $(\Sigma_h)_i$ 为方差的对角矩阵的第 i 个元素。初始值设定为：$u_{\beta_0} = u_{a_0} = u_{h_0} = 0$，$\Sigma_{\beta_0} = \Sigma_{a_0} = \Sigma_{h_0} = 10 \times I$。模型中变量的顺序会影响脉冲响应结果，从货币政策工具的作用原理来看，公开市场操作包括央行的正回购和逆回购，资金净投放量的增减会直接影响质押式回购利率，同时这两个的变动又都会影响银行间债券市场非流动性，因此变量顺序可设定为（PO、R、ILLIQ）。

模型使用 MATLAB 软件进行求解，程序代码参考 Nakajima。在滞后期选择中，先对三个变量的简单 VAR 模型滞后项进行检验，其中，AIC 规则下滞后期为滞后 2 期，HQIC 和 SBIC 规则下滞后期均为 1 期，由于 MCMC 方法不要求滞后期很大，考虑到充分估计和信息准则的多数原则，最后滞后期选择为滞后一期，用 MCMC 方法模拟 100000 次，模拟抽取得到有效样本，MCMC 模拟估计结果如表 10-1 所示。

表 10-1 MCMC 方法模拟估计结果

参数	均值	标准差	置信区间下限	置信区间上限	CD 收敛检验值	无效影响因子
$(\Sigma_\beta)_1$	0.00	0.00	0.00	0.00	0.85	8.04
$(\Sigma_\beta)_2$	0.00	0.00	0.00	0.00	0.31	8.24
$(\Sigma_a)_1$	0.01	0.00	0.00	0.01	0.01	50.02
$(\Sigma_a)_2$	0.01	0.00	0.00	0.01	0.62	44.43
$(\Sigma_h)_1$	0.01	0.00	0.00	0.01	0.78	60.13
$(\Sigma_h)_2$	0.62	0.11	0.43	0.87	0.50	20.67

模拟结果中包括参数的后验均值、后验标准差、95% 置信水平、Geweke 的 CD 收敛检验值和无效影响因子，图 10-2 为 MCMC 方法模拟结果参数分布情况。

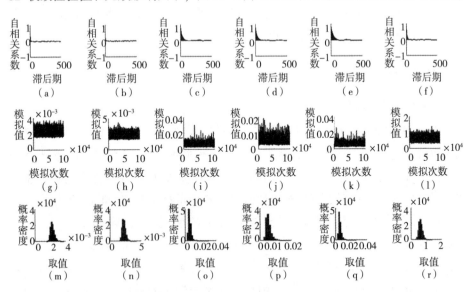

图 10-2 MCMC 方法模拟结果参数分布情况

从 Geweke 的 CD 收敛检验值得知，收敛于后验分布的原假设不能被拒绝（5% 的临界值为 1.96）。估计结果中无效影响因子最大为 60.13，即代表抽取的样本中至少有 1663（100000/60.13）个不相关样本，足够用来估计模型的后验分布，因此模型的估计有效。

其中，图 10-2(a)至图 10-2(f)分别表示参数$(\Sigma_\beta)_1$、$(\Sigma_\beta)_2$、$(\Sigma_a)_1$、$(\Sigma_a)_2$、$(\Sigma_h)_1$ 和$(\Sigma_h)_2$ 的自相关函数图，图 10-2(g)至图 10-2(l)分别表示 6 个参数的模拟路径，图 10-2(m)至图 10-2(r)分别表示 6 个参数的后验分布函数图。从图 10-2 中可以看出，样本自相关函数图中自相关系数几乎为 0，参数的模拟路径也很平稳，后验分布收敛，证明 MCMC 方法可以有效产生不相关的样本，模型估计结果有效。

10.4.2.2 实证结果及分析

在对 TVP-SV-VAR 模型的结果具体分析时，脉冲响应图能够准确而直观地展现出变量冲击传导关系，可以用来有效地考察政策工具变量冲击变动对债券市场非流动性的影响。TVP-SV-VAR 模型的脉冲响应结果共有两种类型：一是给定几个滞后期，观察这几个滞后期的脉冲响应结果随着样本时间推移的变化，可以用来分析脉冲响应的时变特征；二是给定几个样本时间点，观察普通的脉冲响应结果，可以看几个特定样本时点上脉冲响应的变化路径。两种类型的图结合分析既能考察冲击的动态特征，也能对响应路径有全面的认识。因此，下文在分析公开市场净投放量、质押式回购利率和债券市场非流动性这三个变量之间相互影响时会呈现两种脉冲响应的结果图，以便更好地分析影响。

图 10-3 为债券市场非流动性对公开市场操作冲击的脉冲响应结果，其中图 10-3(a)显示了全样本期内滞后 1 个月、6 个月和 12 个月脉冲响应结果随时间的动态演化，图 10-3(b)描述了三个具体时点的脉冲响应路径。图 10-3(a)显示了从 2005 年 1 月到 2016 年 12 月滞后 1 个月、6 个月、12 个月的脉冲响应结果随时间的变化情况，整体来看，银行间债券市场非流动性对公开市场操作净投放冲击的响应比较稳定，时变特征不明显，公开市场操作的调控效果并不取决于债券市场流动性状态的好坏。图 10-3(b)完整地显示了脉冲响应的路径，描述的是样本期间内三个具体时点上的脉冲响应路径，其中三个时点的选择参考牟敦国等的研究，分别指代我国经济繁荣、金融危机及后经济危机这三个时期，图中三条线基本重叠在一起，也进一步说明了时变特征不明显。从脉冲响应路径上看，如果公开市场净投放量有一个单位标准差的正向冲击，那么会立即引起当期债券市场非流动性下降，下降幅度在滞后一个月时达到最大，随后冲击作用逐渐减弱，6 个月后影响效果几乎为 0，可见公开市场操作冲击对于银行间债券市场流动性的影响期限较短。

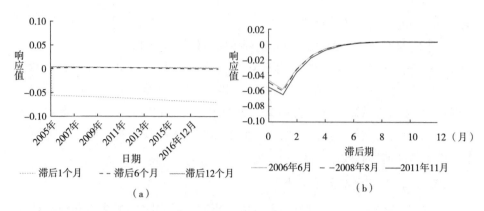

图 10-3　债券市场非流动性对公开市场操作净投放量冲击的脉冲响应结果

图 10-4 为债券市场非流动性对质押式回购利率冲击的脉冲响应结果，其中图 10-4(a)显示全样本期内滞后 1 个月、6 个月和 12 个月脉冲响应结果随时间的动态演化，图 10-4(b)描述了三个具体时点的脉冲响应路径。

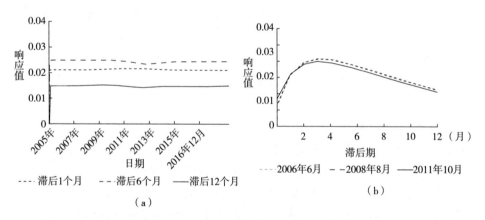

图 10-4　债券市场非流动性对质押式回购利率冲击的脉冲响应结果

质押式回购利率对银行间债券市场流动性的调控作用，可以从图 10-4 的脉冲响应结果中分析得到。首先，相较于公开市场操作净投放量，质押式回购利率冲击对债券市场非流动性的影响有着较为明显的时变效应，在 2010~2013 年，中期(6 个月)和长期(12 个月)的冲击反应程度明显低于其他时间。由图 10-1 可知，这段时间非流动性(ILLIQ)比较低，比较平稳，这也就反过来说明在流动性较差时，质押式回购利率变动对银行间债券市场流动性的影响更大。质押式回购利率作为短期基准利率，反映了金融机构在货币市场获取批发性融资的难易程度，是金融体系融资流动性的重要指标。

Brunnremeier等（2014）指出，在动荡时期，由于抵押融资形式带来了保证金螺旋，资产抛售引发的资产价格大幅降低产生了损失螺旋，资金流动性和资产市场流动性之间的关系得到加强。图10-4表明这一现象在我国银行间市场中也很显著，在动荡时期，质押式回购利率变动对银行间债券市场流动性的作用效果更显著，央行应该更加关注。

其次，从脉冲响应的路径来看，质押式回购利率一个单位标准差的正向冲击，也会引起债券市场非流动性的上升，并在滞后3个月时冲击反应达到最大值，其后冲击作用逐渐衰减，但不同于公开市场净投放量，冲击作用在滞后12个月仍然很明显，这表明利率变动对于银行间债券市场流动性的作用效果维持时间很长。此外，对脉冲响应程度进行比较，公开市场操作净投放量冲击引起银行间债券市场流动性响应值的绝对值最大超过0.06，而质押式回购利率冲击的影响值的绝对值最大不到0.03，可见质押式回购利率对流动性的调控程度要明显低于公开市场操作。

图10-5为质押式回购利率对公开市场操作冲击的脉冲响应结果，其中图10-5(a)显示全样本期内滞后1个月、6个月和12个月脉冲响应结果随时间的动态演化，图10-5(b)描述了三个具体时点的脉冲响应路径。

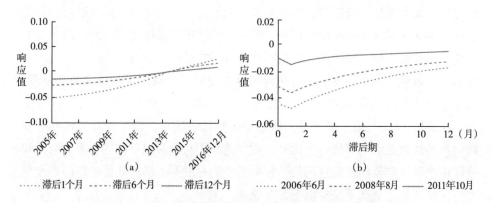

$\cdots\cdots$滞后1个月 $----$滞后6个月 $\rule[0.5ex]{2em}{0.4pt}$滞后12个月　　　$\cdots\cdots$2006年6月 $----$2008年8月 $\rule[0.5ex]{2em}{0.4pt}$2011年10月

图10-5　质押式回购利率对公开市场操作冲击的脉冲响应结果

图10-5显示质押式回购利率对公开市场操作冲击的脉冲响应具有明显的时变特征，从2005年到2013年初，公开市场操作净投放一个单位的正冲击对质押式回购利率的短期(滞后1个月)、中期(滞后6个月)、长期(滞后12个月)影响都为负值，并且随着时间的推移影响效果逐渐减弱，在2013年初时基本减为0。2013年开始之后冲击反应变为正值，而且随着时间的推移反应程度逐渐增强。这种时变特征表明在2013年之前，公开市场操作还可以调控质押式

回购利率，净投放的增加可以起到降低质押式回购利率的效果，但这一作用逐渐减弱，到 2013 年之后，甚至出现了相反的效果。这是因为货币市场中参与主体逐渐增加，同业业务发展迅速，货币市场利率市场化程度逐渐增加，受公开市场操作这种量的投放的影响变小，甚至会由于公开市场净投放释放出流动性紧缺的信号，在短期内引起市场恐慌，从而使回购利率上升。从脉冲响应的路径可看出，如果公开市场净投放有一个单位标准差的正向冲击，那么会使当期质押式回购利率下降，一个月内作用程度渐渐增强，并在滞后一个月达到峰值，其后冲击作用逐渐减弱。

总体来看，公开市场操作和质押式回购利率对于银行间债券市场流动性都有一定的调控作用，但也存在较大的差异。第一，公开市场操作的资金投放对于银行间债券市场流动性的改善效果较为显著，作用程度也大，同时这种调控效果较为稳定，不随市场流动性的状况变化而发生改变，因此可以针对银行间债券市场流动性使用数量调控。值得注意的是，对债券市场流动性进行量的调控效果是短期的，在 6 个月后，公开市场操作净投放冲击的影响已经基本为 0。第二，对于银行间债券市场流动性的价格调控渠道是存在的，但从调控的作用程度来看，质押式回购利率这种价格调控明显弱于数量调控，这是因为银行间市场发展还不够完善，价格发现功能不足，市场化进程仍在继续，目前数量调控的作用效果好于价格调控。同时，公开市场操作在当期即引起了债券市场流动性的变化，而质押式回购利率冲击影响是在一个月内逐渐增加的，相对而言，数量调控更加及时，价格调控存在滞后性。从作用时长的角度来看，相较于公开市场操作这种量的调控，质押式回购利率冲击作用的持续时间更长，在滞后 12 个月后，利率冲击的影响仍然比较明显，因而价格调控在中长期的流动性调控中更有优势。此外，质押式回购利率调控存在较为明显的非线性作用效果，在流动性动荡期间，利率的变动对债券市场流动性的作用程度更大，价格调控工具比平稳时期更加有效。

考察公开市场操作对质押式回购利率的调节效果可以发现，2005～2016年，公开市场操作对于质押式回购利率的调控作用越来越小，已经基本无效，甚至出现反向作用，说明量的调控已经很难有效调控质押式回购利率变化，这对央行实施价格调控形成了阻碍。随着货币市场化程度的加深，银行间回购市场交易规模的增大，央行简单的资金量投放已经很难调控货币市场利率，需要有新的货币政策工具来引导短期基准利率，以此来实施价格调控。中国人民银行营业管理部课题组提出，要完善存贷款便利机制和利率走廊机制来实现利率引导，以再贷款利率和超额准备金利率分别作为货币市场利率的上下限，同时央票发行利率和公开市场操作中的招标利率也可以用来有效引导短期基准利率。

10.4.2.3 稳健性检验

上文已经用公开市场操作净投放量来代表数量型工具，用质押式回购利率作为价格型工具代表，研究了数量型工具和价格型工具对银行间债券市场流动性的不同调控效用。为进一步检验实证结果的稳健性，下面用货币供给量M0作为数量型工具的代表，用隔夜银行间同业拆借利率IB作为价格型工具代表来进行稳健性检验。

现有文献中杨源源等（2020）和周浩等也将货币供应量作为数量型货币工具的代理变量。我们以货币供应量M0代替公开市场操作PO重新做实证检验，检验主要结论是否具有稳健性。首先对M0进行单位根检验，ADF检验结果显示其存在单位根，然后为了保证数据的平稳性，对M0进行一阶差分，一阶差分后的变量dM0变得平稳，不存在单位根，因而本讲这里用dM0作为数量型货币工具变量，dM0表示货币供应量的增加量。

稳健性检验中建立dM0、R、ILLIQ的三变量TVP-SV-VAR模型进行重新回归，参数设定与上文模型相同。利用MCMC方法模拟得到参数的后验分布，进而得到变量之间的脉冲响应结果，如图10-6和图10-7所示，其中图10-6表示债券市场非流动性对M0增加量冲击的脉冲响应结果，图10-7表示债券市场非流动性对质押式回购利率冲击的脉冲响应结果。

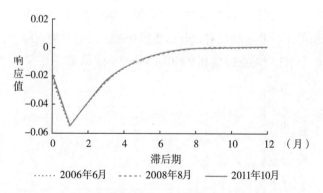

图10-6 债券市场非流动性对M0增加量冲击的脉冲响应结果

从图10-6和图10-7可以发现，M0增加量的一个单位正向冲击会立刻引起债券市场非流动性的下降，响应值的绝对值在滞后一个月达到最大，最大接近

0.06 后，冲击作用随后逐渐减弱，并在滞后 8 个月时影响已几乎为 0，而质押式回购利率的冲击影响最大值不到 0.03，低于 M0 增加量的影响，但其带来的冲击影响比 M0 增加量的冲击更加持久，在滞后 12 个月后仍然有一定的影响。将这一结果和上文中的脉冲响应结果对比可以发现，更换 M0 作为数量型调控工具代表并未实质性地改变数量型工具和价格型工具对于债券市场流动性的调控效果。

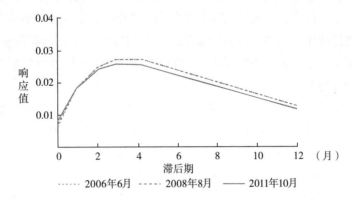

图 10-7   债券市场非流动性对质押式回购利率冲击的脉冲响应结果

进一步地，本讲用隔夜银行间同业拆借利率 IB 代替隔夜银行间质押式回购利率作为价格型工具进行稳健性检验，彭小林和方舟等都将同业拆借利率作为价格型工具的代表变量。首先，对隔夜银行间同业拆借利率进行 ADF 检验，检验的结果表明其不存在单位根。其次，建立 PO、IB、ILLIQ 的三变量 TVP-SV-VAR 模型进行重新回归，参数设定与上文模型相同。利用 MCMC 方法模拟得到参数的后验分布，进而得到变量之间的脉冲响应结果，如图 10-8 和图 10-9 所示，其中图 10-8 表示债券市场非流动性对公开市场操作冲击的脉冲响应结果，图 10-9 表示债券市场非流动性对同业拆借利率冲击的脉冲响应结果。

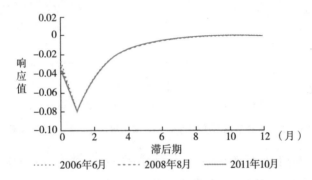

图 10-8   债券市场非流动性对公开市场操作冲击的脉冲响应结果

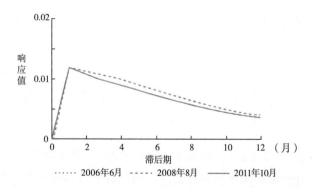

图 10-9 债券市场非流动性对同业拆借利率冲击的脉冲响应结果

可以看到，PO 的一个单位正向冲击对银行间债券市场非流动性的影响和上文基本一致，仅是冲击影响绝对值的最大值略微增加，冲击作用略微延长，在滞后 12 个月时冲击影响大致变为 0。同业拆借利率和质押式回购利率冲击对银行间债券市场非流动性的影响也基本一致，只是 IB 的冲击对银行间债券市场非流动性有一定的滞后作用，在当期冲击影响较小，随后逐渐增加。IB 和 R 的冲击对银行间债券市场非流动性的影响都呈现先增加后下降的趋势，而且也都在滞后 12 个月时仍然存在一定的影响，冲击影响时间显著长于 PO 和 dMO，同时从影响的作用大小来看，IB 对银行间债券市场非流动性影响的最大值仅略高于 0.01，远低于 PO 带来的影响，这一点与 R 是一样的。因此，更换银行间同业拆借利率作为价格型调控工具代表并没有实质性地改变数量型工具和价格型工具对于债券市场流动性的调控效果。

综合两次稳健性检验的结果来看，两次结果和先前分析结果基本一致，数量型货币政策工具和价格型货币政策工具对银行间债券市场流动性调控的不同特征没有实质性改变。考虑到银行间债券市场流动性度量是数据处理的重点，本讲将 Amihud（2002）的非流动性指标引入债券市场，对债券市场流动性进行了有效测度。在稳健性检验中，以换手率 turn 代替非流动性指标 ILLIQ 重新做实证检验，检验主要结论是否具有稳健性。检验中建立 PO、R、turn 的三变量 TVP-SV-VAR 模型进行重新回归，参数设定与上文模型相同。先对换手率 turn 进行 ADF 检验，结果表明变量在 1% 的显著水平上平稳，然后利用 MCMC 方法模拟得到参数的后验分布，进而得到变量之间的脉冲响应结果。通过脉冲响应结果的对比可以发现，更换债券市场流动性度量方法并没有实质性地改变变量之间的相关关系，公开市场操作和质押式回购利率对银行间市场流动性的调控特征及公开市场操作冲击对质押式回购利率的影响与先前实证分析结果基本一致，没有实质性改变。综上所述，本讲的实证结果具有一定的稳健性。

10.5 结论

通过选取 2005 年 1 月到 2016 年 12 月的中国市场数据进行实证分析，本讲研究探讨了公开市场操作和质押式回购利率对中国银行间债券市场流动性的调控效果，以此来研究数量型工具和价格型工具哪一种调控更加有效，各自的调控效果又有什么差异。本讲还进一步分析了公开市场操作能否有效引导质押式回购利率，央行能否通过公开市场操作的资金投放和回笼来间接实现价格调控。实证结果表明：第一，数量型工具和价格型工具对于银行间债券市场流动性的调控都是有效的，数量调控渠道和价格调控渠道都存在，相较而言，数量调控的作用程度比价格调控更大，也更能及时发挥作用。从作用时长来看，公开市场操作这样的数量型工具对银行间债券市场流动性的调控是短期的，而质押式回购利率这样的价格型工具对于流动性调控的影响更加持久，可以在中期甚至长期发挥作用。同时，要注意质押式回购利率对银行间债券市场流动性调控有着较为明显的时变特征，其调控效果在市场流动性动荡时期更加显著，中国银行间市场存在较为明显的流动性螺旋现象。第二，公开市场操作对于质押式回购利率的调控作用越来越小，已经基本无效，甚至出现反向作用，数量型工具已经很难有效调控利率变化，这对央行实施价格调控形成了阻碍。

基于上述对不同类型货币政策工具流动性调控效果的实证分析，为有效维持银行间债券市场流动性的稳定，本讲提出以下几点政策建议：一是数量型工具和价格型工具对债券市场流动性都有一定的调控效果，但数量型调控更加有效和迅速，在银行间债券市场流动性调控中应该优先选择，而价格调控在作用时长方面更有优势，适合在中长期流动性调控中使用；二是在银行间债券市场流动性动荡时期，由于质押式回购利率变化对银行间债券市场流动性的影响加大，央行应该增加对质押式回购利率的关注程度；三是随着银行间市场的发展，公开市场操作对质押式回购利率的引导作用在下降，为了发挥价格型工具的调控作用，央行需要创新利率引导机制，考虑使用常备借贷便利、央票利率及利率走廊机制等货币政策工具来有效引导质押式回购利率，保证价格型调控工具传导的有效性。

　　本讲的不足之处在于数量型工具和价格型工具分别选择了最具代表性的公开市场操作和质押式回购利率，然而货币政策工具还有很多，后续研究加入其他工具进行全面比较可以得到更富启发性的结论。同时，本讲仅研究了银行间债券市场的流动性调控问题，后续的研究可以扩大研究范围，在银行间债券市场的基础上，进一步研究其他重要资本市场的流动性调控问题，以期更好地调控金融市场流动性，防范金融风险。

11 PART

第 11 讲

超低利率政策传导渠道和有效性分析

本讲提要

  自21世纪以来，面对全球经济增速放缓、经济增长缺乏新动力的情况，世界各国纷纷采取创新的货币政策，逐渐从以"量"为主导的货币政策调控转变成了以"价"为主导的调控。从利率零下限约束到各大中央银行(以下简称"央行")推出超低利率乃至负利率政策，非常规的货币政策再次成为人们讨论的焦点。本讲介绍了欧美发达国家和日本的超低利率实践，并以美国为重点研究对象，从后凯恩斯主义理论的角度研究其超低利率政策的有效性。

  超低利率政策和传统的货币政策一样，都是通过利率渠道、资产价格渠道、汇率渠道、信贷渠道四大渠道来传导的，政策的目标也都是促进经济的发展。根据后凯恩斯主义理论，信用和需求决定了货币是内生的，贷款供给也是由贷款需求推动的，后凯恩斯主义学派认为超低利率政策无法顺利降低银行贷款利率，也无法使银行在经济衰退的大环境下增加贷款，甚至可能转向高风险的资产投资，资产价格被推高，企业无法获得资金支持，而消费者由于对经济失去信心，也不会增加消费。在后凯恩斯主义学派来看，超低利率政策的效果是非常微弱的。

  本讲利用时间序列模型，从金融市场、房地产市场、居民消费及制造业投资等视角，分析所选变量有效联邦基金利率、美国证券交易所(以下简称"纽交所")股价指数、美国十年期国债收益率、美元指数、消费者信心指数、美国工业生产指数等之间的相互作用。变量间的关联、影响顺序及其影响程度，主要是通过格兰杰因果检验、脉冲响应及方差分解来分析的。实证研究结果表明,美国超低利率政策整体效果较为微弱,且对金融市场的影响要快于且大于对实体经济的影响。我们在最后分析了超低利率政策对我国可能造成的影响,并结合我国的实际情况和特点提出建设利率走廊机制、利率市场化改革及加强金融监管等一系列建议和措施。

11.1 引言

11.1.1 研究背景

2007 年美国爆发次贷危机,随着危机波及的范围越来越广,美国整体金融业都受到了极大的冲击,超大型金融机构纷纷倒闭,出现了严重的流动性和信用危机。由于美国金融市场在世界范围内具有极大的影响力,2008 年爆发了全球性的金融危机,这次危机对全球经济危害巨大,造成居民消费表现低迷、企业投资显著减少、就业形势严峻等。面对这场危机,各国采取了应对措施,其中美国采取了降低联邦基金利率的措施,从 2008 年 10 月到 2018 年 3 月实施,最低利率为 0.25%。2009 年,瑞典中央银行(以下简称"央行")也开始实行负利率政策,将 7 天回购利率下降至-0.25%。2012 年,丹麦央行也将存款收益率降至-0.2%。自 2011 年以来,瑞士央行长期保持接近零的利率,并在 2014 年 12 月首次将超额准备金利率降至-0.25%。欧洲央行也开始实施负利率政策,于 2014 年 6 月将隔夜存款收益率降至-0.1%。1999 年,日本央行决定将隔夜拆借利率降至 0.1%,而 2008 年国际金融危机之后,日本央行开始实施利率分级政策,对现有的超额和法定储备余额按 0.1%支付利息,而以上两项以外的实施-0.1%的利率。越来越多的国家和地区已经开始加入超低利率政策的行列中来。超低利率中的负利率打破了传统的零利率下限,进一步扩大了政策的利率下限,但对其有效性而言,学术界还未形成一致的观点。

11.1.2 研究意义

本讲研究意义主要有理论和现实两个方面。回头看各国为改善经济现状而实施过的所有政策发现,利率政策一直扮演着非常重要的角色。在很长一段时间里，发达国家实施的货币政策都是围绕"利率"进行的。但在发生金融危机后，传统的货币政策逐渐失去效果，各国央行也开始对货币政策进行创新，超低利率政策应运而生。因此，在理论上，对超低利率政策进行研究可以推动货币政策的研究。另外，由于目前实施超低利率政策的国家以发达国家为主，它们是全球经济发展的主体，因此该项研究对于发展中国家乃至全世界国家央行的货币政策制定都具有重要的借鉴意义。

各发达国家在金融危机之后预期通过实施超低利率政策和负利率政策来达到刺激实体经济复苏的作用，虽然政策的效果还未达成共识，但是在全球经济紧密联系的今天，世界经济的形势并不乐观，加上我国经济对外依存度较高，一旦发生金融危机，对我国经济很可能带来极大的不利影响。因此，在这种情况下，研究美国超低利率政策，可以为我国货币当局制定货币政策带来一定的启发和思路，在处理类似问题时有可以借鉴的经验，从而推动我国经济持续平稳健康地发展。

11.2 文献综述

11.2.1 零利率下限约束研究现状

11.2.1.1 零利率下限约束理论

传统的经济学理论认为利率存在零下限，不可能为任何低于零的值，西尔沃·格塞尔在 1884 年第一次提出了对现金征税的理论设想，后来被人们称为"格塞尔税"，该设想为负利率政策构建了最初的理论基础。他认为在经济危机出现时，为了增加人们的投资和消费，应该对现金进行纳税，避免人们过度囤积现金。Fisher(1933)提出的零利率下限的最初原型便是该学说，他认为将货币持有在手中是毫无成本的，在理性人的前提假定下，一旦借贷出去的货币需要支付利息而不是收取利息，那么人们将永远不会选择贷出货币。还有学者也认为如果持有货币的成本低到接近零并且不大于零，加上零利率或负利率，那么贷出货币将无法获得利息收入，反而还需要给借款人支付利息，还不如将其持有在手中，所以利率不可能是负的。

11.2.1.2 零利率下限约束的影响

有一部分学者认为利率零下限约束对于经济发展有一定的正向作用，通过实证发现，零利率和负利率下限对于经济发展而言都具有一定的正向作用。Eggertsson(2004)认为，在利率面临零下限约束时，应该更关注政府支出的分配，将其合理地分配在与私人消费替代性较弱的领域，这样会更好地刺激实体经济。还有一部分学者认为利率零下限约束会阻碍经济的发展。杨光等(2017)建立了 DSGE 模型，该模型中包括了利率零下限约束，以此来研究不利的外部冲击对实体经济相关变量的影响，发现存在利率零下限时，不利的外部冲击扩大了产出、通胀、信贷等实体际经济指标的波动性。研究证明了利率零下限不仅会降低总产出，还会增加系统性金融风险。Hirose 和 Inoue(2016)构建了 DSGE 模型进行实证分析，结果显示利率零下限会让脉冲响应函数的结果明显偏离实际情况，这表明利率零下限对于经济的正常运行有一定的阻碍。Neri 和 Notarpietro(2014)提出，零利率下限会对债务通缩机制产生不利影响，而债务通缩机制也会反过来影响零利率下限，这样循环多次后，通货紧缩会更严重。

11.2.2　超低利率政策的传导机制

关于超低利率的传导途径，国内学者进行了一系列的研究。范志勇(2017)认为，负利率政策的传导分为对实体经济的传导和对金融市场的传导，通过研究发现负利率更容易对金融市场的利率、汇率产生影响，但要评判负利率是否真的有效就要看其能否显著地提高贷款的供求。巴曙松等(2018)认为，负利率政策的传导途径是从短期利率到长期利率，主要通过信贷渠道、资产平衡渠道及汇率渠道来刺激经济增长。管涛(2016)认为，在负利率发挥作用之前，已经有一系列超低利率、量化宽松等政策通过信用渠道、资产价格渠道等发挥作用，因此负利率的边际作用还有待商榷。马理和黎妮(2017)运用欧元区的数据构建 DSGE 模型，实证发现负利率有其特殊的传导机制，且超低利率会使常规货币政策的效果下降，但对财政政策的效果不会有显著影响。莫滕·本奇等(2016)通过整理欧元区各个国家的负利率政策发现，较为和缓的负利率对货币市场的影响与常规货币政策下的正利率大致相同，同时指出负利率会提高那些期限较长、风险较高产品的利率。孙国峰(2017)构建了具备现代银行体系特征的 DSGE 模型，对利率零下限在负利率政策传导过程中的作用进行实证分析，结果显示利率零下限对于负利率政策的传导是一个很大的障碍，并提出如果存款利率能有效地降到零以下，那么负利率政策将能有效地抑制通货紧缩和经济衰退，同时能稳定信贷供给。周莉萍(2017)认为，欧美国家负利率政策的主要措施就是将超额存款准备金利率定为利率下限，以此来有效减少央行持有货币的成本，并提高其对整个金融周期的管理水平。

有研究认为，对于货币政策的传导渠道，负利率的传导渠道和常规货币政策的传导渠道基本一致，只不过前者会更复杂，复杂的渠道会降低货币政策的传递效果，对于发展中国家和新兴的经济体会存在一定的溢出效应。Hannoun（2015）认为，负利率政策的传导是通过信贷、通胀、汇率、资产组合渠道，其效果也要看这四大渠道的传导效果，其中，信贷渠道是指当对准备金收取负利息时，商业银行会降低其存款准备金，增加贷款，这将降低企业的融资成本；通胀渠道是指负利率政策使群众充分认识到央行实施宽松货币政策的强烈意愿，从而增加自身对通胀的预期，这样就能逐渐实现通胀目标；汇率渠道是指负利率使资本外流，从而推动本币贬值，出口增加，拉动经济增长和就业；资产组合渠道是指负利率使资产贴现率下降，债券等资产价格上升，相应主体的资产负债表改善，投资和消费需求增加，经济实现增长。

11.2.3　超低利率政策的有效性

超低利率作为一种非传统货币政策，广泛地受到了社会各界人士和经济学家的关注，整体上来看，研究者对超低利率政策的影响和效果持有三种观点。

第一种观点认为超低利率政策是有效的。曾智等（2017）对欧元区商业银行的数据进行实证分析，发现负利率政策较为显著地降低了瑞士商业银行的风险水平，证明负利率是有效的。陈浪南等（2018）通过 TVP-VAR 实证模型分析了负利率政策对欧元区货币供给量 M3 及通胀和经济的影响，发现在实施负利率政策后，M3 对于通胀和经济增长传导的有效性显著增强了，表明负利率政策是有效的。巴曙松等（2018）通过常数均值模型对中欧负利率政策的效果进行测度，发现总体上它能够显著地降低货币市场和债券市场的利率，表明在一定层面上实现了从短期利率到长期利率的传导。Hau 和 Lai（2016）对欧元区的投资数据进行实证分析，发现超低利率和负利率都会让投资者改变自身的投资偏好，偏好从风险较低的国债转到了各类风险较高的资产上，这将推动投资的发展，从而提高通胀水平。Praet（2017）通过对欧元区的相关数据实证发现，负利率实施后，银行贷款利率显著下降，信贷增速加快，消费意愿加强，经济逐渐复苏，负利率政策效果显著。Honda 和 Inoue（2019）对日本政府实施的负利率政策进行实证分析，发现负利率降低了长期利率，刺激了对私有房产的投资，对日元的升值也可能有较好的抑制作用。

第二种观点认为超低利率不仅没有效果，还会产生负面影响。管涛（2016）认为，负利率主要是通过四大渠道来发挥作用的，但在负利率实施之前已经有一系列超低利率、零利率、量化宽松等非常规的货币政策作为铺垫，它们的政策效果在慢慢显现，因此完完全全由负利率带来的效果还有待商榷。郭杨（2016）对实施负利率的所有经济体的通胀和汇率数据进行回归分析，发现只有部分国家和地区实现了增加通胀、稳定汇率的目标，同时提出我国不能照搬国外负利率政策的做法，要结合自身实际谨慎对待。通过分析负利率实施后国际债券市场的走向，发现负利率政策实施后多个主权国家的债券收益率降为负值，这样导致了全球债券收益率持续下降。马理等（2018）以欧元区 12 个主权国家的经济数据作为研究样本，运用向量自回归模型分析了负利率政策的效果，结果显示负利率并未实现增加通胀和促进经济复苏的效果。宋艳伟（2016）通过分析经济数据发现，负利率降低了商业银行的存款和贷款利率，缩小了银行的存款和贷款利息差，损害了商业银行的盈利能力，让银行体系变得更脆弱了。谭小芬和李昆（2017）通过对比各国负利率实施之后的各指标变化发现，长期的负利率政策会减少结构性改革和财政整顿的动力，降低风险溢价，使投机现象更普遍，从而导致金融市场扭曲，给金融稳定埋下重大隐患。袁辉和谢戈扬（2021）通过梳理后凯恩斯主义的相关学说和理论，并结合欧洲地区和日本的负利率政策实际进行分析，发现在货币供给内生的情况下，负利率政策会加剧金融的脆弱性、收入分配的恶化及金融资产价格的攀升，最终导致鞭梢效应及货币战的发生，无法从根本上解决需求不足的问题，因此政策制定者应该更重视财政政策，而非采用这种非常规的货币政策。张慧莲（2016）则表示，负利率会造成货币竞相贬值及过度投机等现象，无法实现推动经济发展的目标，各国央行不能过度依赖，唯有科技的提升与产业结构的调整才能持续地推动经济增长。结合欧元区和日本所实施的负利率政策对负利率实施的现状和效果进行了分析发现，负利率使银行资产负债表恶化，息差收窄，还提高了各类资产价格，加剧了金融市场的泡沫，并没有促进经济发展。周莉萍（2017）观察负利率政策实施后短期内各大金融主体的反应，发现负利率政策对债券的收益率、商业银行的利差收益、存款者的利息收入均带来了负面影响，短期内对经济复苏并无太大作用。

Arteta 等（2018）认为，长时间的负利率会降低银行以及非银金融机构的福利水平，增加金融系统的不稳定性。Borio 和 Gambacorta（2017）选取了欧元区

108 个大型银行的样本，对其进行实证后发现，在利率已经非常低的情况下，负利率政策只会对银行贷款带来负面影响。Stroukal 和 Kadeábková（2016）认为，负利率会加剧房地产市场泡沫，还会给银行的资产负债表带来较大的负面影响，降低银行的营利能力。Fatih（2016）认为，所有的负利率政策都会削弱银行的营利能力，增加银行系统的不稳定性。Mersch（2017）认为，负利率忽视了储蓄者的利益，引发金融机构的倒闭，导致社会问题的恶化和失业的增加，这些问题如果不能有效解决，可能会让欧元区经济再次衰退。Netzenrn（2017）认为，欧元区的负利率增加了欧元区居民的债务水平，这将给消费带来负面影响。Mersch（2017）指出，超低利率会让股市投资者不看好商业银行，抛售银行的股票，引发股价下跌，使银行股本成本提高，这会降低银行贷款的净回报率，使银行在后续发放贷款时变得更加审慎、保守。

第三种观点认为超低利率政策的效果存在很大的不确定性，无法肯定地说是无效还是有效。因此负利率的效果很难和量化宽松政策的效果区分开来。Grisse（2015）认为，要判断负利率政策的有效性，主要是要看其市场主体是否会在政策实施后调整对利率的预期，若下调后的预期与政策利率有较大差距，那么常规利率政策将会有效地传导到长期利率上。Aurissergues（2016）研究发现，长时间的低利率会通过两个途径影响企业投资，一是预防途径，二是企业净值途径，但这两个途径在利率下降时对投资的作用方向是相反的，因此不能确定利率的降低是否真的能增加企业投资。综上所述，负利率能否真的促进实体经济的发展还有待商榷。

11.2.4 文献评述

通过广泛研读国内外有关超低利率的文献可以发现，每个国家实施超低利率都有自己特定的背景、动机、方式及效果，差异较大，其中一部分学者认为超低利率对于刺激消费和经济增长是有效的，另一部分学者认为超低利率政策是无效甚至有害的，不仅不能促进经济增长，还会削弱银行的盈利能力和放贷能力，同时加剧房地产市场泡沫，影响整个金融市场的稳定。对于以上不同学者的不同观点，笔者不禁提出疑问：为什么对于超低利率会有这么多不同的看法？他们的结论是否全面，是否准确？如果结论不是全面准确的，那么如何分析才能使论证过程更全面、更可靠呢？针对以上疑问，本讲将以美国为例，以后凯恩斯主义理论为基础，结合规范分析与实证分析对美国超低利率政策效果进行深入研究。与已有研究相比，本讲的研究角度更多元化、更全面。

11.3 理论基础

11.3.1 利率决定理论

马克思指出利润总额决定着利息量，利息率取决于平均利润率，平均利润率是利息率的最高水平。古典学派的实际利率学说认为利率取决于投资和储蓄，投资引起的资金需求是利率的减函数，储蓄引起的资金供给是利率的增函数，利率的变动取决于储蓄和投资的平衡。

凯恩斯则重视货币相关因素对利率的决定作用，指出利率是对放弃流动性的补偿，而并非对储蓄的回馈。他认为，货币的需求和供给决定了利率水平，其中货币需求量由人们的流动性偏好决定，货币供给量由各国央行决定。在货币供给不变的情形下，随着人们的流动性偏好增强，想要持有的货币数量增加，利率随之走高。凯恩斯指出，当利率下降到一定幅度时会掉入流动性陷阱，此时人们的流动性偏好会变得非常大，不管新增多少货币供给，人们都会选择将其储存起来，因此通过增加货币供给来刺激投资和消费从而增加总需求的方法是行不通的。

新剑桥学派的可贷资金利率学说在实际利率理论的框架内纳入货币供求变动的因素，同时将货币和实际因素考虑到利率的决定问题中去，该学说认为借贷资金供给和需求的变动决定着利率。可贷资金的需求取决于对应的投资流量和人们希望留存的货币余额的变化，可贷资金的供给则来自某一时期货币供给的增量和储蓄流量，与利率水平呈正相关。该理论认为，在投资和储蓄这些实际因素保持不变的情况下，货币供求均衡的变动将导致利率发生变动。

11.3.2 一般流动性效应理论

一般流动性效应理论出自罗萨于 1951 年发表的《利率与中央银行》一书，该理论涉及的学说为"信用的可得性学说"。一般流动性效应理论从贷款人的角度对利率政策的有效性进行分析，认为利率的变动会影响贷款人的流动性，自身流动性的变化会促使贷款人调整自己的资产结构，进一步对贷款和信用的供给产生影响。比如，当利率下降时，债券价格上升，贷款人的流动性增强，为了兼顾流动性和收益性，贷款人会选择增加贷款供给或者购买收益率更高的债券，这样会使信用供给增加，投资和消费也随之增加。因此，一般流动性理论强调利率通过影响信用供给而影响消费和投资的路径，而不是直接对投资产生影响。

11.3.3 货币政策的传导渠道理论

11.3.3.1 利率传导渠道

利率传导渠道长期以来被视为货币政策最重要也是最有效的渠道，其作用机制主要有两个：一是投资的利率弹性机制，二是流动性偏好机制。货币供给量发生变化之后，破坏了货币供给和货币需求本来的均衡状态，使均衡利率水平发生变化，利率的变化进一步作用于投资规模、产量和收入，使其产生变动。具体来看，如果采用宽松的货币政策，货币供应量就会上升，利率也随之下降，使投资需求增加，人们会扩大投资规模，因此货币需求量增加，最终带动就业率、生产水平和收入的增加。如果货币当局决定实施从紧的货币政策，那么会减少市场上的货币供给，但需求不变，这会形成供不应求的局面，因此市场均衡利率会提高，这又会降低企业的投资需求，最终导致产出和国民收入的减少。超低利率政策主要是通过调整利率走廊的下限，即存款便利利率，影响银行间隔夜拆借利率和银行在央行的超额准备金率，进而影响商业银行贷款利率。

11.3.3.2 信贷传导渠道

信贷传导分为两个基本途径：一是广义的信贷途径，即企业资产负债表途径，该途径从信贷需求的角度来分析，指出该途径通过货币供应量的变动影响利率水平，进而对企业的资产负债表产生影响，这又会间接或直接地影响借款人的地位，然后对其可以从银行获得的贷款总量产生影响，最终影响投资和产出的途径。二是狭义的信贷渠道，即银行借贷渠道，该渠道是指通过改变存款准备金率来改变银行超额储备金，从而影响银行的可贷资金数量及贷款供给，最终影响投资、消费和产出的渠道。超低利率政策除了在金融市场上传导，在实体经济层面也会更进一步传导。随着银行信贷的增加，在"贷款创造存款"的主张下，贷款增加将体现为企业等非金融部门的存款增加，这将促进居民消费，进一步推动企业生产增加，使经济得到改善。

11.3.3.3 金融资产价格传导渠道

货币政策对于金融资产价格的影响，主要是通过财富效应和资产结构调节效应发挥作用的，其中最关键的两个途径是托宾 q 理论和莫迪利安尼的生命周期理论。托宾认为，货币政策实施后，会率先对股价产生影响，之后才会影响投资。他把企业在股市的总市值与其重新建设成本的比值定义为 q，q 的大小体现了企业的投资意愿。若 q 较大，则表明重置成本更低，因此企业会选择建立新的厂房，购进新的设备，这时投资会增加；若 q 较小，则表明企业的市值较小，投资人就会选择直接收购企业，则投资减少，经济更不景气。当央行实施超低利率政策时，若利率渠道实现了有效传导，则利率会下降，股价上升，而股价上升使 q 变大，因此企业投资支出增加，从而刺激产出的增加。莫迪利安尼的生命周期理论认为宽松的货币政策会通过扩大货币供应量增加人们对股票、债券等金融资产的需求，因此股价和债券价格上升，会使股票和债券持有者的财富增加，进而提高消费者收入，居民消费增加，在消费乘数的作用下，国民收入水平会实现数倍扩张。这就是利率政策的金融资产价格传导机制。在超低利率环境下，名义零利率和名义负利率会促使投资者放弃持有风险较低的政府债券，转而去投资风险更高的金融产品，因为此时高风险资产与低风险资产的收益率趋同。

11.3.3.4　汇率传导渠道

在开放经济的条件下，汇率是一个十分关键的宏观经济指标，在货币政策的汇率传导渠道中，大致可以分成两个不同的阶段。第一个阶段为从货币政策推出到实际汇率发生变动这段时间；第二个阶段为从实际汇率发生变动到实体经济相关指标发生变化这段时间。例如，当采取宽松的货币政策时，利率降低，境内资本外流，导致本币贬值，本币汇率下跌使国内商品相对于海外商品更便宜，由此刺激消费者对本国产品和劳务的需求，使净出口增加，最终实现产出增加。但若本国利率下降的幅度小于国外利率下降的幅度，或者本国利率下降幅度小于通胀率下降的幅度，将无法导致本国货币贬值。另外，本国利率的下降也很有可能吸引一系列的外国投资，外币的大量流入有可能引起本币升值。

11.3.4　后凯恩斯主义货币金融理论

11.3.4.1　货币的本质

后凯恩斯主义者从凯恩斯关于货币的本质相关理论出发去探索信用货币的衍生和发展，由此出现了两种有影响力的观点：新货币国定说和金融体系演化说。

在新货币国定说看来，货币的本质是信用货币，是人们用来结算债务和偿还债务的媒介。在社会发展和货币发展史上，政府有权以货币形式向公民征税。因此，政府有权决定用什么作为基础货币，建立一个完整的货币体系。而从金融体系演化说来看，货币经济是在信用货币不断发展的背景下产生的，和信用体系一样，货币经济也经历了一个自发、渐进的演变过程。随着私有产权制度的逐渐完善及资本主义金融制度的发展，资本主义信用制度逐步发展到高级阶段。存款已逐步成为各类金融机构的主要交易对象，信用货币逐步替代了商品货币和法定货币。

总之，在后凯恩斯学派的货币理论中，货币与之前的商品货币和法定货币不同，归根结底来说货币是一种信用。后凯恩斯主义认为，货币是银行与客户之间的债权债务关系，由内生信贷需求决定。

首先，他们认为存款是由贷款创造的，由贷款决定。后凯恩斯学派认为，在贷出资金之前，银行不会什么也不做而只等着储户自己过来存款，相反，他们认为银行会主动扩大资产业务或者扩大除存款外的负债项目来寻找新的业务点，从而增加自身的利润。信用货币产生于商业银行贷款，消失于贷款的偿还。当企业向银行借款并将其存入银行时，就形成了存款，伴随着存款的是信用货币的诞生；当企业用存在银行的存款偿还贷款时，信用货币就消失了。贷款信用扩张的根本原因是企业融资需求的增加。因此，商业银行的存款和贷款利率决定了货币存量的扩张和收缩。与主流理论不同，后凯恩斯学派倡导的因果链是一种从贷款到存款的看似"反向"的因果关系。在后凯恩斯主义理论中，央行是最后贷款人，有义务确保存款的流动性和商业银行准备金的灵活可用性。

其次，他们提倡投资和储蓄之间为因果关系。企业在进行生产之前，需要为生产所需要的设备、原材料等准备充足的资金，它们会向银行进行融资，因此企业的生产投资可以创造储蓄。然而，投资不需要依赖存款和储蓄，只要企业所在国的经济资源没有得到充分利用，资本投资就只取决于借款人的信誉和现存的金融体系。同时，他们也改变了传统货币数量理论中货币与收入之间的因果关系，批判了长期以来主流理论认为储蓄主导投资的传统观念。

因此，我们发现，后凯恩斯主义内生货币供给理论的主要核心观念是，货币供给是内生的，是由信贷和需求决定的。

11.3.4.2 利率决定问题

主流货币理论通常将利率分为实际利率和货币利率。所谓实际利率是由资本的边际产出决定的，而货币利率取决于许多因素，如实际利率、通胀、货币数量和央行的控制。后凯恩斯学派对这种观点持反对态度。他们认为利率本质上是一种货币现象，实际利率是由名义因素决定的，这是凯恩斯的基本思想。在货币供求方面，他们普遍坚持凯恩斯的流动性偏好理论，越来越明确地坚持货币供应的内生观点。然而，利率的理论解释缺乏一致性：一些学者强调加价定价模型，削弱了流动性偏好的解释力，而另一些学者主张将流动性偏好理论保留在加价定价模型的框架内。对前者的分析形成了完全可调的水平货币供应量曲线，并逐渐发展为所谓适应主义法（也称水平主义法）。对后者的分析得出了一条向上倾斜的货币供应曲线，即随着借款人债务资本比率的增加，利率将上升，流动性偏好将随着经济周期的变化而变化。后来，它逐渐倾向于所谓结构主义方法。这两种方法都将货币供应视为信贷需求的结果，差异在于对总贷款供应曲线斜率的不同看法，以及额外银行贷款对货币供应量的影响上。

具体来说，根据适应或水平主义的方法，在利率为纵轴和货币供应量为横轴的直角坐标系中，贷款货币供应量曲线是水平的。其理论意义是，银行的贷款总量取决于居民和企业的贷款需求，因此央行必须根据商业银行准备金的需求进行调整适应。此时，信贷货币供给的利率弹性是无限的。这种方法实际上是在卡尔多和温特劳布的货币理论中构想出来的。提倡结构主义方法的学者认为，货币供应量只是部分由需求创造的。当流动性出现短缺时，央行及金融市场主体会做出相应的调整，货币供应发生变动，因此贷款货币供应曲线在利率货币供应空间中并不总是保持水平形状，而是正向倾斜。该方法的理论意义在于，货币供给曲线的斜率受央行政策的影响。结构主义方法的倡导者包括奇克、明斯基、鲁斯等。鲁斯认为适应性方法太过极端，于是他分别从银行、货币流通速度和金融机构创新等不同的层面对其进行反驳和纠正。他认为，如果央行不能满足货币需求的增长，保持直接货币供应量不变，那么流通速度的反应就很难大到足以在任何可行的利率水平下弥补货币缺口。此时，有效的货币供给曲线向右上方倾斜，斜率为正，货币供给与利率的变动呈正相关关系。一旦央行限制非借款准备金的增加，银行便会到处寻找准备金，金融体系的组织结构将发生创新性变化。创新模式的债务管理会使新的储备在金融机构中诞生，这会大大降低由于贷款利率提高而给金融机构带来的压力。因此，适应主义所认为的利率单一地由央行控制的观点是不成立的，利率是由市场中多种混合因素共同决定的。虽然央行对于利率的影响程度很大，但金融市场要素的变化和创新对于利率的影响和作用也是非常关键的。

凯恩斯主义者非常重视利率，他们相信利率是一国货币政策的中枢和导向。货币当局扩大货币供应量将引起利率下降和投资增加，通过乘数效应会使总需求和名义收入发生变化。在后凯恩斯主义的不完全资本市场假设下，信贷配给直接限制了企业的借贷和融资能力。对银行而言，它也同样承担了很大的压力，体现在储户和银行财产的风险增大，银行破产的可能性也会增加。银行也是风险规避的，无论它是否影响投资水平，都应该采用使其预期收益最大化的利率。这样它就只能通过信贷配给改善信贷量来影响经济发展。因此，在后凯恩斯主义中，货币政策有两种传导机制，即利率和信贷配给。

然而，在资本主义发展史上，利率机制并不总是有效的。20 世纪 90 年代初期，日本经济泡沫开始破裂，特别是房地产行业，银行给企业提供的贷款出现了大量显性或隐性坏账。与此同时，国际通行的资本充足率让商业银行不得不提高资本充足率。在这种双重压力下，商业银行只能减少贷款。尽管日本央行将利率降至接近零的水平，并大幅度增加了流动性，但是效果并不明显。这也表明利率机制并不总是有效的。

11.3.4.3　金融不稳定假说

明斯基的金融不稳定假说是后凯恩斯主义学说在金融市场范畴上的进一步拓展，也是后凯恩斯主义货币学说的主要成分。明斯基指出，资本主义经济体系从根本上来说是信用货币经济，包括相互依存的各种资产、负债和现金流，还有着极其复杂的金融体系。在这个体系中，货币和金融是经济运行的关键因素，银行家及其客户是关键人物，而根据企业现金流量表、资产负债表及利润表的综合表现，可以将其财务现状分为以下三种具体类型。第一种是套利融资，也称对冲融资。此时，投资者承担少量债务，偿还资本和利息费用没有问题。套利融资单位可以通过其现金流履行所有合同还款义务：在负债结构中，权益融资的权重越大，就越有可能被称为套利融资单位。第二种是投机性金融。此时，投资者扩大了财务规模，只能承担利息支出，无法偿还本金。投机性融资单位可以在债务人的"收入账户"上履行还款承诺，即通过发行新债券来偿还到期债务，如政府发行债券、公司和银行发行融资融券等，它们都是典型的投机性融资单位。第三种是庞氏金融。此时，投资者的债务水平不断上涨，需要通过价格水平的持续提高来保持相对平衡。对于使用庞氏融资的机构，由于营业活动所形成的资金流并不能满足支付到期本金和利息的需要，这些机构只能通过出售资产或借贷来偿还债务。

金融不稳定假说有两个理论。一是在部分融资机制下，经济系统是较稳定的，而在一些其他的融资机制下，经济系统又是不稳定的。二是经济在维持了一段时间的长期繁荣之后，系统内有助于维持稳定的金融关系会转变成不利于维持稳定的金融关系。例如，在经济增长期，投机性融资和庞氏融资的比例会增加，金融系统会更脆弱。因此，在经济增长期，会出现更多的庞氏融资和投机性融资，整个金融系统会变得更加脆弱。在消费水平偏高、投资水平偏高、人们预期偏向乐观及流动性偏好下降的情况下，套利融资向投机性融资及庞氏融资转化的概率也会更大。更重要的是，如果经济中带有庞氏融资的投机性金融单位处于通胀状态，央行又试图实施紧缩的货币政策应对通胀，那么这时的投机性金融单位很容易就变成庞氏金融单位，而那些已经被定义为庞氏金融单位的企业净价值很快就会蒸发为零。

根据后凯恩斯主义货币理论，利率机制有效，但利率机制也会经常失效。因此，该理论认为，如果任由市场自己发展，将产生不稳定和经济周期，无法增加总需求，也无法实现充分就业，最终它将丧失竞争力，面临消亡，因此政府干预是非常有必要的。金融不稳定假说是以信用货币学说为基础的，但明斯基认为，金融危机产生的真正罪魁祸首是政府没有采取有效的措施。他主张政府应实行财政赤字政策。因此，对于财政政策和货币政策的选择，后凯恩斯学派更倾向于财政政策。

11.4　全球主要经济体超低利率政策实施背景及现状

超低利率即为利率降低至 1% 甚至是 0 以下的超低水平。当利率降至 0 以下时，即出现负利率，负利率是指名义利率为负数，一般特指央行对商业银行存放于央行的超额准备金收取负利息，从而促使商业银行减少在央行的存款，将自有资金用于增加贷款、扩大信贷等，从而实现提高物价和降低汇率等目标。首先，负利率政策只涉及央行和商业银行，不直接涉及企业和居民的贷款、存款利率。其次，负利率是指名义利率为负数，与由于通胀率高于名义利率所产生的实际负利率是有区别的。

从 20 世纪末开始，全世界步入低利率时期。2008 年的美国次贷危机，这场危机不仅对美国，还对世界产生了极大影响，从而导致全球性的金融危机，进一步将全球带入超低利率时期。2012 年，丹麦首次引入负利率，正式宣告了"全球负利率时代"的来临。2020年11月6日，美联储议息会议上表示利率水平将维持在0~0.25%的水平，如今联邦基金利率仍处于1%以下的水平。

11.4.1 超低利率实施背景

11.4.1.1 美国实施超低利率政策的背景

人口、资本、技术是经济增长最关键的要素，自21世纪以来，美国人口增长率持续走低，技术进步率也处在20世纪70年代以来的相对较低点，资本产出比大幅度下降，经济潜在增长率呈下降趋势。与此同时，金融市场快速膨胀，2019年末，美国金融资产规模达到了112万亿美元，约是当年GDP的5.18倍，然而金融市场对利率的敏感性更强，波动性更大。因此，当金融市场由于过度繁荣出现剧烈动荡时，美联储不得不通过降低利率、提高流动性的方式来稳定金融市场。与此同时，美国还不断进行信用扩张，扩大货币供给，从而达到债务扩张的目的，这反过来又加剧了金融市场的波动性，如此恶性循环，从而使利率不断降低。

11.4.1.2 日本实施负利率政策的背景

20世纪90年代，日本经济泡沫开始破裂，面临通货紧缩，日本政府想通过不断增加政府支出、扩大公共投资规模及实施量化宽松政策来刺激经济增长，但由于公众预期下降，股价及地产价格持续下降，企业投资增加有限，经济及通胀持续低迷。与此同时，不断增加的政府开支也使政府的债务水平增加，日本政府部门杠杆率持续上升，2008~2014年杠杆率从150%上升到了200%，这让政府无法实施进一步的财政政策。再加上日元持续贬值，日本经济更不景气，促使日本央行不断下调利率水平，并于2016年初实施了负利率政策。

11.4.1.3 欧盟国家实施负利率政策的背景

20世纪80年代前后，欧洲各国已经普遍形成了保障程度较高的社会福利制度，也就是被称为"从摇篮到坟墓"的社会福利体系。2014年，欧盟社保费用占GDP比例高达28.7%，其资金主要源于两个途径，一个是国家财政税收，另一个是社会缴费，分别占40%和54%。但由于国民经济增长变慢甚至停滞不前，高额的工资和税金导致企业无利可图，产业不得不向外转移而形成产业空心化，欧元区制造业不断萎缩，而产业空心化又进一步降低了税收收入，财政上却因不断维持高标准的社会保障入不敷出，经济实力相对薄弱的希腊最先出现了债务危机，并逐渐扩大为整个欧盟的债务危机。由于欧债危机造成欧元区各国需求不足，通胀低迷，政府财政政策与结构性政策的成效有限，因此欧洲央行也开始实施负利率政策。总结来看，欧元区实施负利率政策的直接因素有三个：一是受欧债危机的负面影响，国内外需求总体低迷；二是欧债危机爆发后，欧元区内财政政策逐渐淡出市场，加之没有统一的中央政府，无法采取较为有效的财政政策促进经济运行；三是伴随着欧元区金融改革迟缓，银行业疲软，又进一步加剧了欧元区的经济下行，使通胀水平不断下降。

11.4.2 超低利率政策实施现状

11.4.2.1 美国零利率政策实施现状

美国目前虽然还未真正进入负利率时代，但是自 21 世纪以来，美国历史上已多次出现超低利率。从 2002 年起，美联储出现多次大规模降息，联邦基金利率 2008 年次贷危机中从 6.5% 降至 -0.25%，贴现率也降至 0.5%，美国开始进入了零利率时代。在 2009 年 1 月、2011 年 8 月及 2012 年 9 月，美联储多次申明将维持较长时间的超低联邦基金目标利率，并最终宣布将期限延长至2015 年中期。直至 2016 年初，联邦基金利率才恢复至 2.5% 左右。随后在2019 年 7 月，美联储又进入了新一轮的降息周期，到新冠疫情暴发前的 2019年底，联邦基金利率已经降至 1.5%~1.7%。2020 年 3 月新冠疫情暴发，美联储在半个月内连续降息 150 个基点至 0~0.25%，直到 2022 年 1 月，联邦基金利率一直维持在 0~0.25%。

11.4.2.2 日本负利率政策实施现状

1997 年亚洲金融危机爆发后，日本央行在 1999 年 2 月把隔夜拆借利率降至 0.15%，不久又进一步下调至 0.1%。尽管后来有过小幅度回升，但是在2008 年国际金融危机之后，日本央行又进行了两次降息。2016 年 1 月，日本政府宣布对法定准备金余额按 0% 的利率付息，对于已存在的所有超额准备金按 0.1% 利率付息，而对于以上两种之外的所有超额准备金按 -0.1% 的利率执行，从此日本成为亚洲首个执行负利率货币政策的国家。

11.4.2.3 欧洲地区利率走廊下的负利率实施现状

11.4.2.3.1 欧元区

2014 年 6 月，欧元区央行将隔夜存款便利利率降至 -0.1%，此后又实施了四次降息，到 2019 年 9 月，欧元区隔夜存款便利利率降至 -0.5%，而隔夜

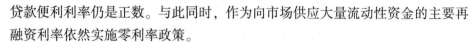

贷款便利利率仍是正数。与此同时，作为向市场供应大量流动性资金的主要再融资利率依然实施零利率政策。

11.4.2.3.2　瑞典

2009年7月，瑞典央行决定将7天回购利率降至-0.25%；2010年9月，政府临时放弃了负利率政策，将回购利率回调至正值；2014年7月，回购利率降至0.25%，与此同时，隔夜存款便利利率亦降至-0.5%；2015年2月，央行将回购利率再次转为负值，最低降至-0.5%，而隔夜存款便利利率相应地降至-1.25%。

11.4.2.3.3　瑞士

自2011年以来，为缓解瑞士法郎升值压力，该国央行一直将利率维持在0左右；2014年12月，瑞士央行首次宣布超额存款准备金利率将下降至负数，为-0.25%，其后于2015年1月再次将超额存款准备金利率降至-0.75%，利率目标区亦相应地调整为-1.25%~-0.25%。

11.4.2.3.4　丹麦

自2012年欧洲央行降息后，由于丹麦克朗仍存在升值压力，为稳定丹麦克朗的币值，丹麦政府将央行存单利率降至-0.2%。规定限额以内的准备金将采取零利率，对超额准备金则适用负利率；再贴现利率和商业银行向央行借贷的利率为零利率，或很低的正利率。尽管在2014年4月丹麦暂停了负利率政策，但是在数月后央行存单利率连续5次下降，至2015年2月存单利率再次变为-0.75%，负利率政策则一直保持到现在。

11.4.2.3.5　匈牙利

鉴于匈牙利通胀情况未达到预期水平，加之欧元区整体降息，匈牙利央行于2016年3月将隔夜存款利率下限降至-0.05%，同时将政策基准利率降至1.2%。2017年9月，政策基准利率继续降至0.9%，隔夜存款利率的下限也相应地降至-0.15%。

11.5　美国超低利率政策效果理论分析

在后凯恩斯主义学说中，货币供应量是内生的，是由信用、需求决定的，因此贷款供给是由贷款需求推动的，若超低利率政策无法增加有效贷款需求，就无法增加贷款供给，则是无效的。在超低利率政策实施后，不一定会引起信贷利率的下降，即使贷款利率降低，也不一定会引起信贷需求的增加，信贷需求的增加也不一定会促使银行增加信贷供给。因此，后凯恩斯学派认为超低利率政策的效果是微乎其微的。接下来我们将从四大渠道角度对其进行分析说明。

11.5.1 利率传导渠道有效性分析

关于货币政策的利率传导渠道，后凯恩斯主义认为超低利率政策不一定会降低贷款利率。当美联储调低超额准备金利率之后，银行会在营利性和流动性之间不断权衡，也许并不会降低贷款利率，再加上由于负利率产生的成本费用的上升，银行甚至可能采取更高的贷款利率和更低的存款利率，或者向客户征收更高的手续费来维持利润。上述措施会对总需求带来负面冲击。与此同时，更低的存款利率及更高的手续费使客户开始大量提取存款，导致商业银行资产负债表的紧缩，同时由于银行资本充足率的硬性要求，银行不得不通过出售资产和回收贷款来维持充足的资本金，这也许会引发银行的债务危机。不仅如此，更低的存款利率还会对保险公司等非金融机构产生负面影响，使它们无法实现对退休员工的支付承诺，从而引发一系列的社会矛盾和纠纷。

11.5.2 信贷传导渠道有效性分析

后凯恩斯主义也不认同货币政策的信贷传导渠道，即使利率传导渠道真的有效，贷款利率真的降低了，银行也不一定会增加贷款。在经济衰退时，利率的变动会引起更大的不确定性，也会引发人们对风险的错误评估。在低利率的环境中，货币为了找到落脚点，产生了许多风险溢价较低的风险资产需求，这抬高了风险资产的价格，把风险溢价降低到了不合理的水平，市场参与者对风险的错误评估会使资金流向价格不合理的资产。银行亦是如此，当银行认为新发生的和现存的贷款风险上升时，它们也许会选择保留超额准备金而不是全部将其贷出去，或者选择改变自己的流动偏好及资产负债表的结构，更多地去购买金融市场上收益率比较高的产品，而不是发放更多贷款给企业和公众。此外，降低的贷款利率会使企业投资资本密集型企业，而忽略劳动密集型企业，未来的劳动力需求将会降低。加上由于工资刚性，劳动力的价格将会远高于资本的价格，因此企业会进一步用机器代替工厂的职工，这会进一步提高失业率。

对企业和家庭来说，贷款的增加不会增加它们的消费和投资。在货币内生的系统中，商业银行发放贷款，并由此创造了货币。因此，央行乐观地认为只要增加了贷款就能促进消费和投资，但事实并非如此。首先，贷款的增加从侧面反映出企业负债的增加，这会使企业资产负债表恶化；其次，增加的贷款也不一定会按照预期的那样促进消费和投资的增加。企业拿到贷款后可能会增加资产的购买，尤其是土地，最终使土地的价格和楼市价格上涨，但产品的价格仍在下降，这不仅不会增加消费和投资，反而还会导致信用泡沫，增加的贷款还有可能被用于投机活动，如在零利率条件下的远期市场，这也会使远期业务价格水平抬升，加剧了金融市场泡沫和不稳定。对于家庭来说，在经济萧条时本身的需求就不足，加上超低利率政策使他们对未来经济的预期更悲观，进一步降低了他们的借贷意愿，因此货币当局通过增加贷款来刺激消费和投资的愿望落空。

11.5.3　金融资产价格传导渠道有效性分析

关于超低利率政策传导的金融资产价格渠道，后凯恩斯主义也认为其有效性是非常有限的。在利率水平较低的情况下，投资的预期收益率处于较低水平，所有新增的信贷都偏向投资股票、债券等非生产性资产。后凯恩斯主义不认为超低利率能够通过财富效应提高资产价格，相反，其认为较低的贷款利率和逐渐膨胀的资产价格会让更多企业热衷于投资金融资产、企业收购等非生产性活动，这会进一步降低金融市场的稳定性，加大金融市场的风险。容易忽视的是，资产价格的上涨只会给那些拥有资产的富人带来收益，对于那些不拥有资产的人来说，只会加大他们的债务负担，导致收入差距进一步扩大，恶化的收入分配会给经济带来进一步的打击。这对于促进增长无法带来任何帮助。

11.5.4　汇率传导渠道有效性分析

对于货币政策传导的汇率渠道，传统的观点认为在国内需求低迷的情况下，货币会有贬值趋势，这会提高本国商品在国际市场上的价格优势，也会降低进口商品的优势，从而推动净出口的增加，净出口的增加会对国内的消费需求带来正向刺激作用。但后凯恩斯主义对此不甚认同，其认为在全球经济不景气的大环境下，本国货币的贬值可能会引起外国货币的竞相贬值，或者引发全球资本市场大量的套利活动，最终会使货币政策失效，因此超低利率政策想通过货币贬值来刺激出口从而促进经济增长是无法实现的。

11.6　实证分析

为了更清晰地观察美国超低利率政策的效果及产生此效果的原因，我们将通过向量自回归模型(VAR 模型)对各个变量进行回归检测。VAR 模型通过对每个变量的滞后值进行回归分析，可以得出各变量之间是否具有动态关系的具体形式。本讲采用 Eviews.10 软件对 VAR 模型进行检测和估计。

11.6.1　变量选取及数据说明

本讲主要从美国金融市场、实体经济中的房地产市场、居民消费及工业生产四大角度对美国政府的超低利率政策展开实证研究，样本指标中选择了有效联邦基金利率(efr)、十年期国债收益率(10yrsb)、纽交所股价指数(Innys)、房地产价格指数(repi)、美元指数(usdx)、消费者信心指数(cci)、工业生产指数(ipi)七大指标。其中，金融市场选取了美国有效联邦基金利率；金融市场选取了纽交所股价指数、十年期国债收益率和美元指数三个指标，由于纽交所综合股价指数数值较大，因此我们对其取对数，变量指标由此变为 Innys；房地产市场选取了房地产价格指数为指标，居民消费和工业生产选取了消费者信心指数和工业生产指数作为观测指标。在建立 VAR 模型之前，我们首先要建立以月度为时间单位的时间序列变量，时间序列为同一变量在不同时间点上的不同取值，变量时间范围为 2002 年 10 月到 2022 年 1 月。

接下来对于模型中选取的变量进行简要的解释说明。有效联邦基金利率是美联储对美国商业银行征收的准备金利率，其作用类似于银行同业拆借利率，该利率的变动能从侧面反映银行资金的变动及对消费和投资的影响。十年期国债收益率是美国政府发行的十年期国债的收益率，是美国乃至全球资产价格的一个重要衡量标准，能反映金融市场的变化趋势。纽交所股价指数是纽交所在 1966 年根据选定的全美 1500 余家企业的 1570 种股票制作而成的股票价格指数，能比较全面和及时地反映股票市场活动的综合变化情况。美元指数能较好地反映美元汇率变化情况，选定一揽子货币，然后计算美元与其变化的比率来反映美元的变动情况，从而判断美元是升值还是贬值。房地产价格指数采用百分比的形式表现了房地产价格的变动趋势和变动幅度，由交易价格指数、租赁价格指数和销售价格指数三部分构成，较为全面地展现了美国房地产市场价格的整体水平和变动趋势。消费者信心指数由消费者满意指标和消费者预期指标构成，综合体现了消费者对当前宏观经济形势的判断和对自身收入水平的期望，也体现了消费者信心的强弱变化。工业生产指数是美国联邦储备委员会以1987年为基期，根据来自27种不同工业的250家企业的样本数据编制成的工业产品实物量指数，反映了美国工业的综合发展速度。

本讲通过检验分析有效联邦基金利率对于股票价格、债券收益率、美元汇率、消费、工业等市场变量的影响来探讨美国超低利率政策的有效性。

11.6.2 VAR 模型的构建与分析

11.6.2.1 平稳性检验

我们需要对模型中各个变量进行 ADF 平稳性检测，结果如表 11-1 所示。

表 11-1 变量的单位根检验结果

变量	检验类型	ADF 值	P 值	平稳性
efr	（C，T）	−1.845717	0.6791	不平稳
D(efr)	（I，N）	−6.135745	0.0000	平稳
10yrsb	（C，T）	−3.313533	0.0666	不平稳
D(10yrsb)	（I，N）	−11.87232	0.0000	平稳
lnnys	（C，T）	−2.328333	0.4165	不平稳
D(lnnys)	（I，N）	−13.60518	0.0000	平稳
repi	（C，T）	−1.009230	0.9396	不平稳
D(repi)	（I，N）	−5.373367	0.0000	平稳
变量	检验类型	ADF 值	P 值	平稳性
usdx	（C，T）	−3.363025	0.0590	不平稳
D(usdx)	（I，N）	−10.87885	0.0000	平稳
cci	（C，T）	−2.155707	0.5116	不平稳
D(cci)	（I，N）	−14.86164	0.0000	平稳
ipi	（C，T）	−3.047690	0.1217	不平稳
D(ipi)	（I，N）	−18.78638	0.0000	平稳

根据表 11-1，先对 cci 做有趋势和截距项的 ADF 检验，可以看到 P 值大于 0.05，非平稳，因此我们尝试先做一阶差分处理，再对经过差分处理过的

序列进行 ADF 检测，结果显示 P 值小于 0.05，D(cci)为一阶差分后的消费者信心指数。同理，对 efr、10yrsb、Innys、repi、usdx 等变量分别进行 ADF 检验，结果均表明原变量为非平稳序列，而进行一阶差分后变量为平稳序列。根据以上分析我们可以判断，所有变量均为一阶单整序列。

11.6.2.2 最优滞后阶数及协整检验

在确定原变量为一阶单整后，我们进行最优滞后阶数的判定。在判断模型最优滞后阶数时常用的信息准备包括 AIC 准则、SC 准则、HQ 准则、LR 准则等，即选择一个滞后阶数使以上准则对应数值最小。需要注意的是，在使用信息准则时我们还需要设定一个最大滞后阶数，否则容易出现判断错误。

如表 11-2 所示，最优滞后阶数判断结果显示，不同信息准则下得到的滞后技术不同，根据 FPE 准则、AIC 准则、HQ 准则确定滞后阶数为二阶滞后，而根据 SC 准则确定滞后阶数为一阶滞后，相比之下，我们可以选取对应准则数值最小较多的二阶作为滞后阶数。因此，我们确定最优的滞后阶数为二阶滞后，建立滞后阶数为二阶的 VAR 模型。

表 11-2　最优滞后阶数判断

滞后期	LR 准则	FPE 准则	AIC 准则	HQ 准则	SC 准则
0	NA	4874.623	28.35694	28.39997	28.46355
1	3849.393	0.000138	10.97317	11.31745	11.82609 *
2	156.2591	0.000101 *	10.66302 *	11.30854 *	12.26223
3	85.41432	0.000103	10.67768	11.62444	13.02319
4	84.46720	0.000104	10.68202	11.93002	13.77382
5	62.37169	0.000116	10.78775	12.33700	14.62585
6	70.36819 *	0.000124	10.83648	12.68696	15.42088
7	59.08270	0.000140	10.93442	13.08615	16.26512
8	44.15673	0.000170	11.10751	13.56048	17.18450

注：＊表示显著。

11.6.2.3 协整检验

由于模型变量必须符合同阶单整的要求，可以对其进行协整检验。协整检验主要有两种方式，第一种是 Engle - Granger 两步协整检验法，第二种是 Johansen 协整检验。Johansen 检验法一般用于多个变量协整关系的检验，并且可以得出它们之间的具体协整方程。此处，我们使用 Johansen 协整检验法，结果如表 11-3 所示。

表 11-3　Johansen 协整检验结果

滞后期	特征值	迹统计量	0.05 置信值	P 值
None*	0.193792	163.5587	125.6154	0.0000
At most 1*	0.151313	114.0137	95.75366	0.0016
At most 2*	0.123362	76.27865	69.81889	0.0139
At most 3	0.100739	45.99647	47.85613	0.0740
At most 4	0.067593	21.57472	29.79707	0.3228
At most 5	0.023333	5.478088	15.49471	0.7561
At most 6	0.000208	0.047786	3.841466	0.8269

注：轨迹测试显示至少有三个协整方程。* 表示显著。

Johansen 协整检验的结果显示变量之间是存在协整关系的，并且存在三个协整方程。协整方程的具体形式可以写成：usdx = 62.19424 × 10yrsb − 4.252314cci − 102.9583efr − 5317.576 lnnys + 57.03069 ipi + 51.06081repi。

11.6.2.4　模型稳定性检验

根据上述滞后阶数的判断可知，滞后二期时 AIC、HQ 和 SC 的值最小，因此我们可以建立滞后阶数为二阶的 VAR 模型，并对模型整体进行稳定性检验。由表 11-4 和图 11-1 可以看到，所有系数都是小于 1 的，所有的点也都在单位圆内部，因此可以判断 VAR 模型是稳定的。

表 11-4　VAR 模型稳定性检验结果

特征值	系数
0.996552	0.996552
0.982412−0.041065i	0.983270
0.982412+0.041065i	0.983270
0.947209	0.947209
0.834302−0.116413i	0.842385
0.834302+0.116413i	0.842385
0.806249	0.806249

特征值	系数
0.558253	0.558253
−0.009913+0.537454i	0.537546
−0.009913−0.537454i	0.537546
−0.223764+0.477430i	0.527266
−0.223764−0.477430i	0.527266
0.037361+0.441824i	0.443401
0.037361−0.441824i	0.443401
−0.383300	0.383300
0.204798+0.270339i	0.339154
0.204798−0.270339i	0.339154
−0.167553−0.209378i	0.268167
−0.167553+0.209378i	0.268167
−0.109951	0.109951
0.030487	0.030487

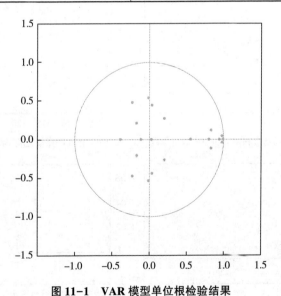

图 11-1　VAR 模型单位根检验结果

11.6.2.5　脉冲响应函数

在确定了存在格兰杰因果关系之后，我们继续在 VAR 选定的二阶滞后模型中进行脉冲响应检验。脉冲响应函数主要是用来研究动态系统中不同变量之间的相互作用关系，具体来说就是研究随机扰动项一个标准差的变动对于系统中其他变量的影响，该函数可以更清晰直观地反映变量之间的相互作用关系。图 11-2 至图 11-6 的横坐标为滞后期数，纵坐标为响应程度，分析期长度选择为 40 期，中间的实线为脉冲响应函数的计算值，虚线分别表示正两倍和负两倍标准差置信水平。

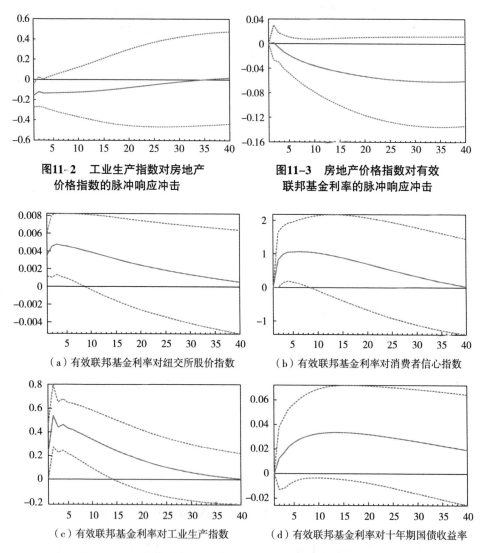

图11-2　工业生产指数对房地产
价格指数的脉冲响应冲击

图11-3　房地产价格指数对有效
联邦基金利率的脉冲响应冲击

（a）有效联邦基金利率对纽交所股价指数

（b）有效联邦基金利率对消费者信心指数

（c）有效联邦基金利率对工业生产指数

（d）有效联邦基金利率对十年期国债收益率

图 11-4　有效联邦基金利率对纽交所股价指数、消费者信心指数、
工业生产指数、十年期国债收益率的脉冲响应冲击

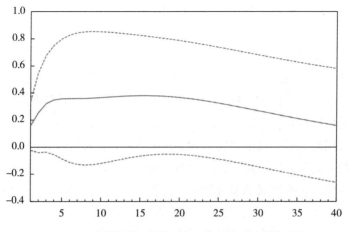

图 11-5　消费者信心指数对美元指数的脉冲响应冲击

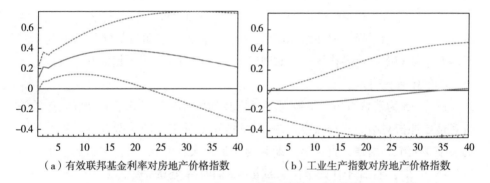

（a）有效联邦基金利率对房地产价格指数　　　（b）工业生产指数对房地产价格指数

图 11-6　有效联邦基金利率、工业生产指数对房地产价格指数的脉冲响应冲击

图 11-2 为工业生产指数对房地产价格指数的脉冲响应冲击，可以看出在给工业生产指数一个正向冲击时，会对房地产价格指数造成一个负面冲击，使其下降大概 0.2% 个单位，直到第 35 期，冲击基本降至 0 水平，房地产价格指数变动趋于平稳。

图 11-3 为房地产价格指数对有效联邦基金利率的脉冲响应冲击。从图 11-3 可以看到，1 个百分点的房地产价格指数会在第 3 期后导致有效联邦基金利率出现下降的趋势，第 35 期达到最大值，下降了 0.06% 个单位，然后开始维持在这个水平上，表明房地产价格指数对有效联邦基金利率的影响较持久。

图 11-4 为有效联邦基金利率对纽交所股价指数、消费者信心指数、工业生产指数、十年期国债收益率的脉冲响应冲击。

图 11-4（a）为有效联邦基金利率对纽交所股价指数的脉冲响应冲击，可以看到 1 个百分点的有效联邦基金利率冲击会导致纽交所股价指数出现 0.004% 的上升，有非常微弱的正向作用，该正向作用会在第 2 期达到最大值 0.005%，然后逐渐降低，直到第 40 期左右降为 0。这表明有效联邦基金利率的降低会让股市有轻微回暖。图 11-4（b）为有效联邦基金利率对消费者信心指数的冲击，可以看出冲击在第 5 期达到最大，为 1%，随后在第 40 期影响降为 0，趋于平稳，表明超低利率政策实施后对于提振消费者信心指数起到了一定的正面作用，宽松的货币政策增加了人们的消费意愿。

图 11-4（c）为有效联邦基金利率对工业生产指数的脉冲响应冲击，在第 1 期冲击达到最大，为 0.5%，随后一直下降到第 40 期冲击降到 0 水平附近，趋于平稳，表明有效联邦基金利率的降低在某种程度上促进了工业的发展。由图 11-4（d）可以看到 1 个百分点的有效联邦基金利率冲击会给十年期国债收益率带来正向冲击，在第 15 期冲击达到最大，为 0.03%，但整体较为微弱，随后冲击幅度开始下降，但在第 40 期还未达到平稳，表明有效联邦基金利率对于债券市场利率的传导作用持续时间较长，也从侧面说明了超低利率政策向金融市场的传导更有效。

图 11-5 为消费者信心指数对美元指数的脉冲响应冲击，1 个百分点的消费者信心冲击对给美元指数带来约 0.2% 的正面冲击，即消费者信心指数的增加会使美元汇率增强，直到第 3 期影响达到最大，为 0.4%，该影响水平会保持到第 20 期，然后才开始下降，到第 40 期时降至 0.1% 并保持下降的趋势。这体现了消费者消费意愿和美元汇率之间的紧密联系。

图 11-6 为有效联邦基金利率、工业生产指数对房地产价格指数的脉冲响应冲击，可以看到有效联邦基金利率变动 1% 时，会给房地产价格指数带来正向冲击，冲击持续扩大到第 20 期，随后开始下降并趋于平稳。与前面有效联邦基金利率对于工业生产指数、消费者信心指数等实体经济指标的影响时间相比，有效联邦基金利率对于房地产市场的影响更持久，传导效果更明显。当工业生产指数变动 1% 时，会给房地产价格指数带来约 0.2% 的负面冲击，直到第 35 期冲击降低为 0 并趋于平稳。无论是从影响的程度还是从时间来看，工业生产指数对房地产价格指数的影响都不及有效联邦基金利率对房地产价格指数的影响。

11.6.2.6 方差分解分析

通过方差分解可以得到每个变量的变动对于整个 VAR 系统变量的影响程度。图 11-7 为纽交所股价指数的方差分解，子标题均为每个变量加 10 年期国债收益率对纽支所股价指数方差影响情况。

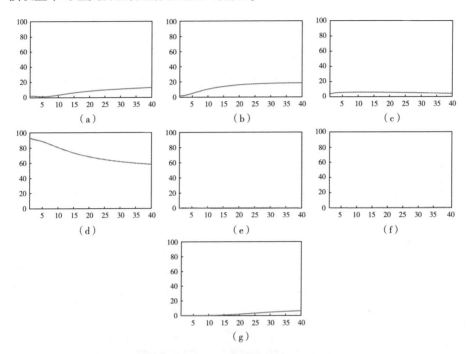

图 11-7　纽交所股价指数的方差分解

从图 11-7 可以看到，第 1 期时纽交所股价指数自身的方差解释度为 93.15%，到第 40 期时为 58.26%，始终是最大的，表明其变动对股市的影响是最大的。消费者信心指数和十年期国债收益率的方差解释度分别从第 1 期的 1.61% 和 1.68% 扩大到了第 40 期的 18.30% 和 12.77%，表明消费者信心指数和十年期国债收益率的变动对股市的影响随着期数的增加而不断加强。第 40 期时有效联邦基金利率的方差解释度仅为 4.13%，影响极其微弱。

图 11-8 为有效联邦基金利率的方差分解，可以看到其自身的方差解释度从第 1 期的 97.66% 下降至第 40 期的 36.80%。消费者信心指数、美元指数、十年期国债收益率的方差解释度分别从第 1 期的 2.08%、0.26% 和 0.34% 提高至第 40 期的 33.58%、11.20% 和 8.68%。消费者信心指数对其的方差解释度与有效联邦基金利率自身的方差解释度较为接近，表明联邦基金的利率的变动主要是由自身因素和消费者信心指数的变动共同引起的。十年期国债收益率、美元指数、纽交所股价指数、房地产价格指数对于有效联邦基金利率的方差解释度都比较小。

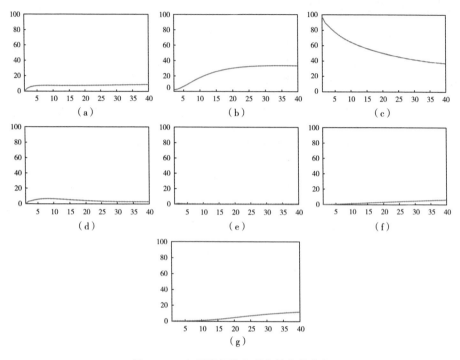

图 11-8　有效联邦基金利率的方差分解

图 11-9 为十年期国债收益率的方差分解，可以看到其对自身的方差解释度第 1 期时为 100%，到第 40 期时为 74.64%，始终是最大的，表明其自身的变动解释了大部分的方差。与此同时，纽交所股价指数的贡献度从第 1 期的 0上升到了第 40 期的 10.78%，表明纽交所股价指数的变动对十年期国债收益率变动的影响随着时间推移而加强。美元指数、有效联邦基金利率及房地产价格指数的贡献度均较小，在 10%以下。

图 11-10 为房地产价格指数的方差分解，对于房地产价格指数，第 1 期时其自身的方差解释度为 95.08%，随着超低利率政策的实施，到第 40 期时其自身方差解释度已降至 7.88%，此时纽交所股价指数的方差解释度最大，已经超过其自身的冲击影响达到 37.62%。这表明，房地产价格指数的变动有很大一部分是由股价的变动引起的。第 40 期时，消费者信心指数和美元指数的方差解释度分别为 27.71%、13.90%，表明这两大指标的变动对于房地产价格指数的变动也有一定的作用，且超过了房地产价格指数自身的方差解释度。第 40期时，有效联邦基金利率的方差解释度仅为 8.23%。

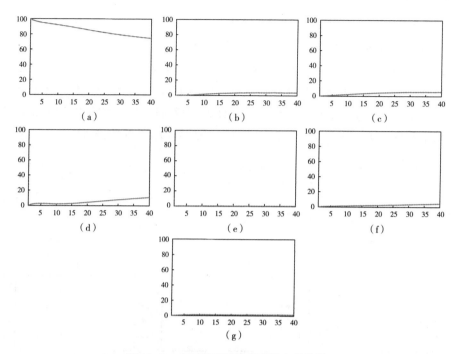

图 11-9　十年期国债收益率的方差分解

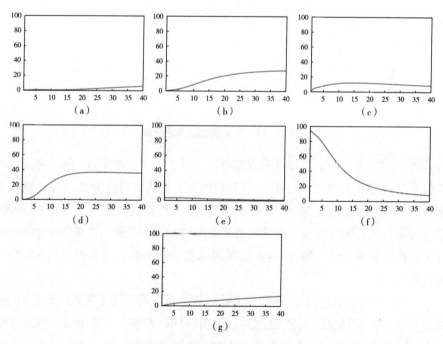

图 11-10　房地产价格指数的方差分解

由图 11-11 可以看到，对于美元指数，第 1 期时其自身的方差解释度为 81.80%，到第 40 期时其自身的贡献度降至 64.79%，但仍为最高，表明美元汇率的波动对于美元指数变动的影响是最大的。与此同时，纽交所股价指数和消费者信心指数的方差解释度分别从第一期的 10.87% 和 1.25% 上升到了最后一期的 16.7% 和 10.50%，解释度随着时间的推移而上升。而第 40 期时有效联邦基金利率对美元指数变动的方差解释度仅为 0.79%，几乎没有影响。

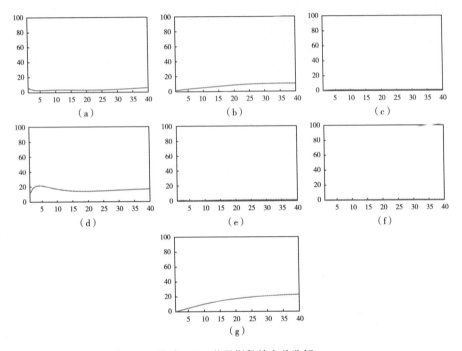

图 11-11　美元指数的方差分解

图 11-12 为工业生产指数的方差分解，对于工业生产指数，第一期时其自身的方差贡献度为 95.20%，纽交所股价指数对其的贡献度为 1.16%，到第 40 期时其自身的贡献度仅为 29.04%，纽交所股价指数的贡献度上升至 33.69%，超过其自身的方差解释度，表明股市价格的波动对于工业生产景气度的影响超过了选取的其他变量。第 40 期有效时联邦基金利率的方差解释度为 11.33%，占比较小。

图 11-13 为消费者信心指数的方差分解，可以看到第 1 期的消费者信心指数自身的方差解释度达到了 98.22%，随着时间的推移，到第 40 期时其自身的贡献度下降至 50.93%，但仍然是最大的，表明消费品价格的变动是消费者信

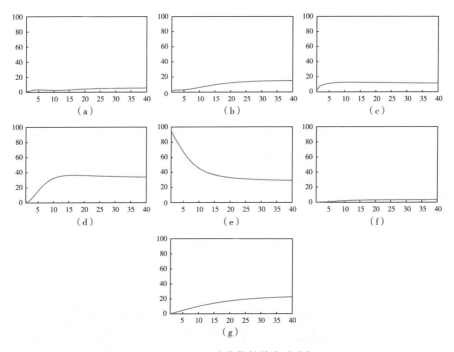

图 11-12 工业生产指数的方差分解

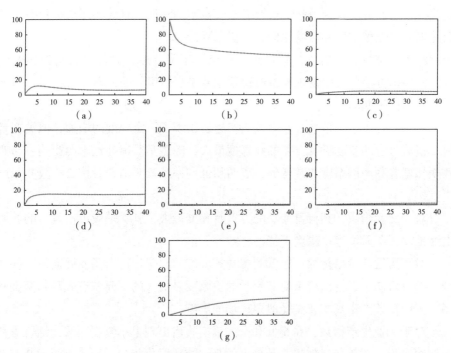

图 11-13 消费者信心指数的方差分解

心指数变动的主要原因。有效联邦基金利率的方差解释度第 1 期时为 0，到第 40 期时为 3.69%，一直处于较低的水平，表明有效联邦基金利率对消费者信心指数变动的影响程度很小。

11.6.3　小结

本讲选取了美国有效联邦基金利率(efr)、十年期国债收益率(10yrsb)、纽交所股价指数(Innys)、房地产价格指数(repi)、美元指数(usdx)、消费者信心指数(cci)、工业生产指数(ipi)七个变量建立 VAR 模型，从不同的角度阐述了美国超低利率政策的效果。

结合脉冲响应图和各变量的方差分解图可以发现，美联储超低利率政策实施后，国债收益率、股市、消费者的消费信心、房地产价格指数、工业生产的确产生了一定程度的正向变动，但这些变动均不是由有效联邦基金利率的降低直接引起的。

对于十年期国债收益率，从脉冲响应图我们可以看出，超低利率政策实施后，十年期国债收益率出现了一定的提升，结合方差分解图发现国债收益率自身的影响最大，其次是股市的影响，有效联邦基金利率的影响极其微弱，表明是债券价格的变动直接引起了长期债券收益率的降低，有效联邦基金利率的降低并未直接作用于债券市场使债券收益率降低。

对于纽交所股价指数，有效联邦基金利率降低后，股价有极其微弱的回升，但根据方差分解图发现股价的变动主要是自己引起的，而非有效联邦基金利率的降低引起的。

对于消费者信心指数，利率政策实施后出现了一定幅度的增加，但消费者信心指数自身的变动对其方差的解释度最大，随后是股市和汇率的影响，与有效联邦基金利率联系度非常微弱，表明超低利率政策对消费者信心指数并未产生直接影响。

对于美元指数，其自身变动的方差解释度最大，其次是股市，股市的微弱上涨推动了美元汇率小幅度上涨。

对于房地产价格指数，超低利率政策实施后，房地产市场发展向好，但结合方差分解图可以看出股市对其变动的贡献度是最大的，而非有效联邦基金利率，表明房地产市场主要是受股票市场的影响。

对于工业生产指数，在超低利率政策实施后出现了小幅度上涨，结合方差分解图来看，对该刺激效果贡献最大的是纽交所股价指数，而非有效联邦基金利率，这与房地产类似，主要是受股票市场的影响。

总结起来就是有效联邦基金利率的下降对于股票市场、外汇市场、消费、工业生产等并未产生直接影响。与此同时，产生影响最大、最广泛的是股票市场，股价的变动对于其他的经济变量带来了不同程度的影响，影响最大的是房地产市场的价格和工业生产，这两个市场的变动直接是由股市引起的，其次是长期债券市场、美元汇率及消费，这三大市场的变动除自身因素以外，股价变动的影响是最大的。因此，超低利率政策整体效果较为微弱，且对金融市场的影响要快于且大于对实体经济指标的影响。

11.7 对中国可能产生的影响和启示

11.7.1 对中国可能产生的影响

目前来看，我国经济体量位居世界前列，是全球范围内重要的新兴经济体，欧元区、日本、美国等经济体采取以超低利率为代表的新一轮宽松货币政策很有可能对我国产生一系列的政策外溢效应，给我国经济带来风险和挑战，同时也会带来一些机遇。

11.7.1.1 跨境资本流动风险增加

目前，美国、欧洲等国家和地区的国债收益率降至零或零以下的水平，国债的投资收益日益降低，资金开始流向股票等高风险、高收益的资产。与此同时，人们越来越多地进行跨境资本套利交易，套利交易使资金频繁流入流出，加剧了国内金融市场的波动性。热钱持续流入国内会使金融市场出现虚假繁荣的景象，人民币汇率被抬高，加深了金融市场脱离实体企业发展的程度，出口企业经营越来越困难，后期一旦资产泡沫破灭，热钱将会外流，这就产生逼仓和挤兑，进而加剧金融市场的不稳定性。

11.7.1.2 企业境外融资风险增加

随着美国、日本等世界主要经济体普遍实施超低利率和负利率政策，世界范围内债务融资的成本明显下降，出现大批国内发行主体赴境外发债融资，甚至发行债券超过实际需求，即过度融资的现象。据彭博社的统计，我国发行人在境外发行各类债券募集资金显著增加，2020 年一度创下国内最高纪录。一且未来利率水平再度上涨，企业还款成本大幅增加，很有可能出现大量债券无法偿还的现象。

11.7.1.3 发展机遇

超低利率也有可能为我国的经济发展带来新的机遇。由于我国还未实行超低利率乃至负利率政策，与美国、日本等国家相比资产更具吸引力，许多海外投资者会选择来中国投资。统计资料表明，2018年我国实际使用外资金额为8856.1亿元，2021年实际使用外资金额为11493.6亿元，增长29.8%。2018~2021年，外资累计净增持境内债券和股票超过7000亿美元，年均增速34%，创历史新高。因此，如果国家能有效地进行风险管控，完善相关监管制度，外资大量流入会使国内企业能以较低成本获得资金支持，对国内企业来说，这将是一个很好的转型升级机会。

11.7.2 对中国的启示

11.7.2.1 结合实际合理运用货币、财政政策

通过对美联储超低利率政策效果的分析发现，在经济衰退时，降低利率的货币政策效果不太明显。一方面，即便利率降低，企业也不会加大投资；另一方面，银行为控制自身的风险，也不愿意借出资金。此外，货币政策具有时滞性，当实施超低利率政策时，首先要影响货币的供给，进而再影响银行利率和投资，最终影响国民收入和就业。因此，从它实施到真正起作用还需要较长的反应时间。货币政策的实施效果还与经济结构相关，虽然同是超低利率政策，但是在欧洲国家、美国及日本等不同的国家和地区实施效果会差很多，若实施不当，还会引起资金配置的扭曲，金融发展"脱实向虚"，不利于金融的稳定和实体经济的复苏。因此，在实施货币政策时，货币当局应充分考虑我国经济状况、金融市场结构及货币政策实施框架，同时辅之相应的财政政策和监管措施，这样才能最大幅度地发挥货币政策的效果。

11.7.2.2 深化利率市场化改革

从美国的超低利率实践来看，利率的传导在整个货币政策实施过程中十分关键。若超低的政策利率能有效地降低商业银行的资金成本，就能增加市场的流动性，也有利于私人部门融资成本的降低，从而利于刺激经济复苏，但这一切的前提都是超低利率政策能顺利地传导至金融市场，以及金融市场的各个主体能对此采取相应积极的措施。对于我国来说，由于目前的金融市场改革还

处在结构性不完善的阶段，长期市场利率和短期市场利率之间联系甚微，信贷市场、债券市场和货币市场脱节，银行发放贷款的主要定价基础也是央行设定的基准利率，较少参考市场利率，因此货币政策的效果传导受阻，对实体经济促进作用较弱。随着金融市场的不断改革，金融产品、工具和传媒途径不断创新，货币政策调控方式也需要升级转型，从数量型调控转向价格型调控。

11.7.2.3 加快利率走廊机制的建设

利率走廊机制就是央行设定利率走廊的上限和下限，通过上下限的配合实现对金融市场短期资金价格的调控和引导。欧洲地区和日本实施的负利率政策中充分运用了该机制，将上下限对应的不同利率标的进行调整，有利于负利率政策的充分传导。但利率走廊机制的运用需要一个较为发达的金融市场，包括银行同业拆借市场、回购交易市场和国债交易市场等。我国要加快利率走廊机制的建设，就要加快对存款准备金制度的改革。在我国，法定存款准备金率较高，商业银行对于自有资金的自主使用权限较少，限制了商业银行在货币政策执行过程中的作用。因此，我们应降低法定存款准备金率，或者将强制的法定准备金制度转变成自愿的，为利率走廊的构建创造基础。在法定存款准备金率要求较低的情况下，央行构建的利率走廊系统能够推动目标利率的实现。

对于利率走廊机制所需的各个要素也要积极设计和构建，如利率走廊上限、利率走廊下线、利率走廊区间长度和政策利率的设计、打造等。对于利率走廊上限，可以扩大市场利率的定价基准，常备借贷便利并不能代表全部的市场利率，在适当的时候可以将以常备借贷便利为基准转化为以"一篮子利率"为基准。同时，应逐步拓宽常备借贷便利的应用范围，从全国性商业银行、政策性银行逐步扩大到地方性商业银行、信用社等，充分发挥其作为利率走廊上限的作用。对于利率走廊下限，可以学习欧美发达国家和地区将超额存款准备金利率作为利率下限。同时，我国还应结合自身情况对准备金制度进行改革，逐步实施自愿准备金制度，这样才能更好地发挥利率走廊下线的支撑作用。在确定了利率走廊的上下限之后，进一步对走廊区间宽度进行合理的调控，理论上来说，为实现通过利率走廊降低市场利率波动的目标，应该设定较窄的利率走廊，但也不是越窄越好，要结合当前的经济现状和需求，将利率走廊的宽度设置在合理的范围内。

11.7.2.4 大力发展普惠金融和金融科技

在完善了金融市场相关运作制度和监管制度之后，应该对金融在实体经济领域的应用加以发展。例如，可以加大普惠金融和金融科技的发展力度，将其作为金融业未来发展的方向，这样能更好地推动实体经济的发展。发展普惠金融，在金融体系层面，要构建普惠金融体系，扩大普惠金融涉及的领域，包括农村金融和小额信贷等。政府部门也要完善普惠金融的顶层设计，如完善相关的立法和政策等，同时还要加大对普惠金融的宣传力度，告诉民众什么是普惠金融，发展普惠金融有哪些好处，发展普惠金融能给公众带来什么实际的好处，让人们充分地了解普惠金融，这样才能充分地建立起群众的普惠金融意识。另外，当今社会大数据分析、人工智能、物联网、5G等技术持续迭代升级，工业互联网呈现蓬勃发展态势，这为普惠金融发展注入了新动力，要抓住工业互联下物联网、大数据、区块链等新兴技术，完善升级普惠金融体系。

加大金融科技的发展力度，主要从三个方面进行：一是积极培育金融科技相关主体，可以鼓励境内外各大银行、保险、证券等金融机构设立金融科技子公司、金融科技研发中心和实验室等，同时配套建设金融科技产业园，为金融科技主体提供良好的办公环境。二是在解决了金融科技主体的问题之后，就要对金融科技研发和成果转化提供支持。政府可以鼓励带动各大高校与金融机构合作，为其研发提供经费支出，同时对于金融科技研发成果，政府可以将其积极运用在城市管理、居民生活等城市公共服务中，为成果的转化提供更广阔的平台，推动成果的落地运用。三是对于金融科技人才，可以学习、引进国外人才培养的模式和经验，加大对金融科技人才的补贴力度。

11.7.2.5 完善金融市场法律制度和监管机制

从美国超低利率政策实施的背景来看，因为缺乏监管而导致金融危机是一个很重要的因素。当金融市场监管不到位时，虚拟经济容易出现过度繁荣，经济泡沫加剧，但泡沫终将会破灭，从而给实体经济带来冲击，加剧社会不稳定性。因此，完善金融市场的法律制度和监管机制尤为重要。要创造一个稳定的金融市场环境和良好的秩序环境，首先要完善相应的法律法规，提供充足的法律制度保障。其次要完善监管体系，金融体系是一个非常复杂的体系，并不是单个系统拼凑而成的，因此在监管时不能只看单个系统的稳健，还要将其作为一个整体从宏观层面进行评估和分析，也就是要加强对整体系统性风险的监管，弥补微观审慎监管的缺陷。要从被动的事后监管转变成主动的事前风险防范，监管能力和水平的提高有利于构建完善、有弹性、有韧性的金融市场，从而更有效地促进实体经济的发展。

11.7.2.6 推动供给侧结构性改革和产业结构转型升级

若超低利率政策能有效地传导到市场利率上，市场上的贷款利率也将会降低，企业能够以较低的成本获得资金，但也会导致一些盈利能力差、高风险、低成长性的"僵尸企业"继续存活在市场上，它们会占用较多的信贷资源，阻碍经济的复苏。因此，供给侧结构性改革的第一步就是将这些"僵尸企业"清理掉。另外，也会有一些房地产企业趁虚而入，故对于房地产企业的贷款要加大审核力度，实施更高的贷款要求。要合理地发挥政府的作用，简政放权，精简相关的工商税务流程，降低企业税负，激发企业的投资热情和活力，在一些关键领域也要打破垄断，放开价格管制，形成竞争有序、公平公开的市场环境。

我国经济增长已经从要素驱动转变成了创新驱动，因此政府的财政支出也应该由基础设施领域转向科技、教育等产业，引导产能进行转移，为经济的发展寻找新的增长点。要出台更多激励中小企业技术创新的优惠政策，降低科技型企业的税率，提高补贴，加大对知识产权、专利权等的保护力度，激励更多的企业自主创新，从而更好地推动实体经济的复苏。

12 PART

第 12 讲

中国金融周期的测算与研究：基于省级动态面板数据的实证分析

🪙 **本讲提要**

　　本讲基于金融周期理论及 BIS 提出的金融周期概念，选用信贷、信贷/GDP 和房地产价格三个指标构建金融周期，系统跟踪测算了 2004~2018 年中国（不包括港澳台地区，下同）及各省区市中期低频范围内的金融周期，并利用省级动态面板数据实证分析了中国金融周期对经济周期的影响，为金融周期的研究提供了省级微观证据。结果显示：中国金融周期较西方发达国家周期长度更短，下行期持续时间长而振幅小，表明中国主动的金融调控政策减少了金融体系的波动；中国的金融周期对经济周期具有前置五个季度左右的显著正向放大作用，证实了"金融加速器"的存在；当前中国金融周期已进入较为痛苦的下行调整期，给经济稳增长带来更大的下行压力，但金融周期下半场远未结束，供给侧结构性改革任重道远；在省级层面上，福建省、海南省、西藏自治区等与全国的金融周期协同性较小，西部地区样本金融周期对经济周期的影响不显著，需警惕全国性的金融经济政策与自身状况不相适应而可能引发的区域性金融困境与经济失调。

12.1 引言

金融体系的周期运行对实体经济的影响不容忽视。经济繁荣期过度高企的杠杆率与资产价格泡沫往往蕴含着爆发危机的风险，2008 年美国次贷危机的爆发及由此引发的国际金融危机便是例证。然而，在危机爆发前，以真实经济周期理论为代表的主流宏观经济周期理论并未对金融体系自身运行特征及其对实体经济的影响机制给予足够的重视，其主张的是货币中性论与金融自由化，致使金融体系资产规模不断膨胀，全球杠杆率快速攀升，金融体系系统性风险不断累积，最终在经济高速增长、通胀平稳状态下，"突然"爆发了国际金融危机。

作为对危机的反思，以 Borio 为代表的一批经济学家开始重新审视金融因素在经济运行中的地位，在系列研究基础上提出了金融周期的概念：在有融资约束的环境中，各经济参与者对价值和风险的认知、风险承担和融资限制之间的自我强化相互作用（Borio，2014），这些相互作用可以放大经济波动，并可能导致严重的金融困境和经济混乱。此外，如果忽略金融周期长度和振幅普遍大于经济周期、金融周期的波峰往往与金融危机相伴等特征，那么政策应对措施虽然可能在短期内遏制经济下行，但是以今后更大的衰退为代价的，即出现"未完成的衰退"现象（Drehmann et al.，2012）。

近年来，中国 GDP 增长率连年下滑，2019 年则以 6.1% 创近新低。自 2019 年底以来，新冠疫情的暴发对中国经济的正常运行形成巨大冲击，经济下行压力陡增。为应对疫情冲击，美联储重启量化宽松政策，新一轮全球性货币宽松来势汹汹，而中国新一轮基建投资也蓄势待发。然而，中国扩张性政策空间还有多大？此轮扩张是否会进一步推高中国各部门杠杆率，对中长期金融稳定和经济增长带来更大挑战？这就需要认识中国的金融周期及所处阶段，厘清金融周期与经济周期的关系，从而平衡好稳增长和防风险的关系。同时，由于中国幅员辽阔，各省区市经济、金融发展程度也都存在差异，其金融周期表现也不尽相同，因此需要测算区域金融周期，为判断全国性政策在地方的适用性提供依据。

我们将在已有研究的基础上，设计适合中国经济金融特征的金融周期测算指标和方法，测算中国（不包含港澳台地区，下同）及各省区的金融周期。在此基础上，利用省级动态面板数据模型，为厘清金融周期与经济周期的互动关系提供省级层面的证据，也为制定宏观经济金融政策提供参考。

12.2 文献综述

12.2.1 金融周期的理论渊源与概念

马克思主义经济危机理论、债务—通缩理论、金融不稳定假说和金融加速器理论基本上构成了金融周期的理论基础。

早在19世纪，马克思便揭示了资本主义经济危机爆发的根本原因——生产社会化和生产资料私人所有制之间的矛盾。"货币作为支付手段的职能包含着一个直接的矛盾"[①]，即债权债务关系带来的危机可能性，货币危机是实体经济危机的前兆和第一阶段。当资本主义生产在信用体系支撑下被无限扩大，而劳动人民有支付能力的需求相对缩小，造成生产相对过剩，信用无法回流时，货币危机、实体经济危机便相继爆发。因此，马克思从劳动价值论和资本主义基本矛盾入手阐明了金融周期的根源及其对经济周期的影响。

美国20世纪30年代"大萧条"时期，以Fisher(1933)的债务—通缩理论为代表的金融周期理论逐渐进入西方经济学研究的视野。Fisher认为，过多的债务和通货紧缩会互相作用，并导致彼此螺旋式上升，两者的联动作用不仅是经济衰退的结果，还是经济衰退的起因。Fisher的理论实际上接近了金融周期理论的核心(张晓晶、王宇，2016)。

明斯基的金融不稳定假说(Minskey，1992)认为，金融繁荣时期的信贷扩张导致了随后的金融危机。具体而言，随着经济的复苏繁荣，企业的风险预期下降，信贷扩张、杠杆率提升、资产价格攀升，经济体中现金流财务状况为庞氏融资结构(现金流无法偿还本息，需出卖资产)的企业不断增加，当风险暴露时，可能导致资产价值崩溃、金融危机和大萧条。

1997年亚洲金融危机后，新凯恩斯学派的Bernanke等(1996)将金融加速器机制纳入DSGE分析框架中，其核心思想是银行信贷会通过资产价格渠道将金融冲击显著放大，并传导至实体经济。这一传导机制同时作用于借贷双方：在

[①] 马克思. 资本论(第一卷)[M]. 中共中央马克思列宁斯大林著作编译局，译. 北京：人民出版社，2004：161.

经济衰退期，银行谨慎放贷以减少违约风险与贷款损失，家庭和企业可抵押资产价值减少，越发难以得到贷款而加剧衰退；在经济上行期，则正好相反。现在的金融经济学家普遍认为，金融加速器是金融周期理论的核心。2008年美国次贷危机后，Gertler和Kiyotaki（2010）等将金融部门作为独立的经济部门纳入DSGE框架中，进一步将信贷约束内生化。

总体而言，马克思的经济危机理论给出了金融周期的本质，债务—通缩理论、金融不稳定假说则分别从信用收缩、信用扩张两个角度阐释周期发生的机制，金融加速器理论则着眼于银行信用供求视角。

Borio（2014）在已有研究基础上正式提出"金融周期"概念，即在一个有金融约束的环境中，经济参与者对于风险和价值的认知、对待风险的态度和面临的融资约束之间相互加强的交互作用所形成的金融周期性波动。在金融周期上行期，经济参与者自身价值条件较好、融资约束小，风险感知弱，倾向于加大风险承担，债权债务关系体量上升，这会推高资产价格，进一步放松融资限制、加大风险偏好，形成融资约束、债权债务关系体量、资产价格的顺周期螺旋式上升，形成金融周期的上行期。其间经济体的债务规模、杠杆率不断攀升，累积的系统性风险也不断增加。当杠杆率达市场预期峰值时，悲观预期开始显现，风险偏好逐渐下行，致使经济体债权债务关系体量收缩、资产价格下跌，产生与金融周期上行期相反方向的螺旋式下跌过程。与此相伴的，往往是实体经济下行或者危机的爆发。

虽然就金融周期的解释机制和概念而言，国内外学界尚无定论，但是各学派均关注债务规模、资产价格与危机发生的可能性。Borio的定义较准确具体而全面地界定了金融周期波动的本质和形态特征，且明确了信贷和房地产价格是衡量金融周期的核心指标（戴金平、朱鸿，2018）。

12.2.2 金融周期的实证研究评述

基于金融周期理论与概念，国内外学者开始测算不同经济体的金融周期并分析其形态特征。现有文献对金融周期的测度主要有单指标综合法和综合指标体系法两类。其中，单指标综合法是指直接选用某个或某几个最小一篮子金融变量（信贷、房地产价格、信贷/GDP），利用转折点分析和带通滤波法测算金融周期；综合指标体系法则是构建包含利率、汇率、信贷、资产价格等价格型和数量型金融变量的指标体系，以主成分分析法等合成金融周期指数来分析。前者指标明确，具有理论基础，因而便于分析；后者能更全面反映金融市场整体状况，但也存在指标协同性低、较难进行理论分析等缺陷。

　　不同方法测算的金融周期形态结论不一，但几乎所有文献的测算结果都证实金融周期的长度显著大于经济周期。Claessens 等（2012）以信贷总量、房地产价格、股票价格作为衡量金融周期的指标，利用转折点法考察了 OECD 国家1960~2007 年的金融周期，并指出其上行期通常持续 1.5~2 年，下行期约为 4年。Drehmann 等（2012）提取了七大工业样本国 1960~2011 年的信贷、房地产价格、信贷/GDP 的中期低频滤波分量，结合转折点分析法得出金融周期以中期波动为主，中周期是 8~30 年的结论。Schueler 和 Hiebert 等（2015）使用信贷、房地产价格、股票价格、国债利率作为基础指标测算了 13 个欧洲国家的金融周期，结果表明大多数样本国家金融周期的持续期在 15 年左右。国内学者也参考 BIS 的研究，分离出各单指标的周期分量后加权测算了中国的金融周期，均指出金融周期的长度和波幅大于经济周期，金融周期长度有 16 年（伊楠、张斌，2016）、10.5 年（范小云等，2017）等。也有学者参考 Goodhart 和Hofmann（2000）的做法，构建以利率、汇率、资产价格、货币供应量、信贷等多个金融指标为基础的金融周期指数（邓创、徐曼，2014；马勇等，2016），其中邓创和徐曼（2014）指出，中国金融形势表现出 3 年左右的周期性变动规律。在周期形态的对称性方面，已有测算显示，中国的金融周期呈现相对慢升快降的非对称性（邓创、徐曼，2014；伊楠、张斌，2016）。Borio（2014）总结指出，金融周期的频率（16 年）远低于传统经济周期（1~8 年），金融周期的长度和幅度取决于一国金融体制、货币体制和实体经济体制。

　　在金融周期对经济周期的影响方面，已有研究基本证实了金融加速器的存在，金融周期波动会放大经济波动。Claessens 等（2009）发现，经济衰退的严重程度和持续时间与金融变量间存在密切联系，信贷紧缩、房地产价格泡沫破裂会加重经济衰退、延缓经济复苏。范小云等（2017）的实证分析显示，中国的金融周期对经济周期有显著的领先放大作用，该影响作用具有两年左右的前置性。马勇等（2016，2017）则认为，金融周期波动是宏观经济波动的重要来源，要实现稳增长与防风险"双稳定"，应在货币政策实施中考虑金融稳定目标。Drehmann 等（2012）明确指出，金融周期的波峰对金融和经济危机有预警作用，且由于金融自由化程度加深，金融周期的长度和幅度明显增加，当经济周期衰退与金融周期的收缩阶段重合时，衰退就会更深一些。Borio（2014）总结指出，金融周期的波峰与系统性银行危机密切相关；金融周期有助于实时监测系统性风险的累积。

　　总体而言，第一，目前国内外现有研究大多使用单指标综合法和综合指标体系法测算金融周期，得到了一些关于金融周期的特征事实，但各研究在指标选取的理论依据分析上有待深入。依据金融周期理论渊源及概念，使用便于理论分析的单指标综合法，明确金融周期的测度应当考量经济中的债权债务关系体量(风险承担)、资产价格(价值、融资限制)和危机发生的可能性(风险)，并分别以信贷、房地产价格、信贷/GDP 进行衡量。第二，现有研究均使用国家层面的时间序列数据，对省级层面的金融周期测度尚属空白。中国幅员辽阔，各省区市金融与经济状况存在差异，信贷规模、房地产价格、杠杆率等指标在不同省份表现各异，需考察各省份金融周期与全国金融周期的协同性，便于不同地区因地制宜地进行宏观调控。

本讲综合参考国内外文献与中国经济金融发展实际，首次测算了各省区市的金融周期，在此基础上利用省级动态面板数据及东中西部等地区分组数据，实证分析金融周期与经济周期的关联，为金融周期的研究提供省级微观证据。当然，金融周期的测度与分析是需要持续追踪的研究，将样本区间更新至2018 年，进一步观察中国金融周期的形态特征，可为相关研究做资料参考。

12.3 金融周期的测算

12.3.1 指标选取与数据处理

12.3.1.1 金融周期和经济周期的度量指标选取

度量中国的金融周期，前提是找到能反映其特征化事实的指标。基于金融周期理论及系列实证依据，Borio(2014)指出，信贷和房地产价格是衡量金融周期的基本指标。综合前述理论分析，金融周期的测度应当考量经济中的债权债务关系体量(风险承担)、资产价格(价值、融资限制)和危机发生的可能性(风险)。

信贷直接连接着资金供求双方，能直观地测度经济中的债权债务关系体量，较好反映金融市场的波动(Gorton and He，2008)，因此可以使用信贷指标作为测度金融周期的核心变量之一。信贷扩张有助于消费、投资与经济增长，但过度膨胀易导致杠杆率高企和系统性风险的积累。国内外研究多选用 BIS 公布的"非金融私人部门信贷"作为衡量信贷总量的指标(Claessens et al.，2011；Drehmann et al.，2012；Borio，2014；伊楠、张斌，2016；范小云等，2017)，未考虑政府部门债务，也有学者使用"广义信贷"指标(朱太辉、黄海晶，

2018），但两者均无省级层面的统计数据。国家统计局从 2013 年开始公布各省市的"社会融资规模"，时间长度无法满足研究需要。鉴于数据可得性与完整性，最终选用时间跨度更长、更完整的"本外币各项贷款余额"①作为度量指标，数据来源为 Wind 数据库。

资产价格变量在金融周期理论中是顺周期自我强化的核心变量之一，影响着经济体的融资约束，进而影响风险偏好。房地产价格作为重要的抵押品价格，是连接实体经济与金融体系的重要纽带，通常被当作资产价格与识别价值风险的指标，用于研究宏观经济失调时的经济波动，其重要性主要体现在两个方面：一是房地产作为信贷的抵押品和资产证券化的基础资产，具有很强的金融资产属性。在中国，商业银行直接与房地产相关的信贷规模（含房地产开发贷款和个人住房按揭贷款）占信贷总额的 20%~30%（朱太辉、黄海晶，2018）。此外，还有房地产抵押贷款和以个人住房按揭贷款为基础资产的证券。因此，房地产价格的波动会带来信贷和资产价格的顺周期性，形成金融加速器效应。二是房地产是国民经济的重要部门，房地产的投资和消费及其对上下游相关产业的带动作用是经济增长的重要引擎，其形势的变化也将影响整体经济的增长动力。因此，将房地产价格作为资产价格的代表和度量金融周期的指标之一。选用各省区市房地产开发企业商品房销售额除以房地产开发企业商品房销售面积计算得到各省区市商品房累计平均销售价格，数据来源为中经网。

股票指数作为另一种资产价格，是否应被纳入金融周期的度量指标体系之中，在学术界尚存争议。由于金融体系的发展程度差异，不同国家与地区在测算时应因地制宜地进行取舍。就中国而言，虽然近年来股权融资在社会融资总量中的占比有所提升，但是总体仍处于较低水平。在多数年份中，当年非金融企业境内股票融资额占当年社会融资总量的比例仅为 2%~3%。此外，不同指标间的协同性研究显示，中国的股票价格与信贷、房地产等构建金融周期的主要指标的协同性较差（范小云等，2017）。因此，不把股票指数作为度量中国金融周期的指标体系。

信贷/GDP 指标作为宏观经济中杠杆状况的度量指标，反映着经济体的偿债能力，是衡量金融体系系统性风险积累的最佳指标（Drehmann et al.，2010），能

---

① 中国人民银行统计的各项贷款余额（本外币）包含境内贷款与境外贷款，其中境外贷款占比较小，以 2018 年北京市为例，其境外贷款占各项贷款余额的 3.02%。而境内贷款包含住户贷款、非金融企业及机关团体贷款、非银行业金融机构贷款。

反映危机或风险发生的可能性。信贷/GDP 对经济增长的影响呈倒"U"形，若其高于临界值，则表明债务杠杆过高，经济增长面临较大的系统性风险。事实上，银行利差、风险溢价、金融部门的利润和不良贷款率及其他衡量杠杆率和违约率的指标（Drehman et al.，2012；马勇等，2017）也可以用来描述金融周期。然而，由于数据可得性、时序长度、合成指标的稳定性等客观因素的制约，这些指标并未被用于金融周期的实证分析（Borio，2014）。

GDP 是测算经济周期的基础指标（马勇等，2016；范小云等，2017）。因此，基于真实经济周期理论对经济周期的定义，参考已有研究的一般做法，将实际GDP 季度累计值作为测算经济周期的基础指标，数据来源为 Wind 数据库。

12.3.1.2　数据的量纲处理与季节调整

基于数据可得性与横向可比性，将所有指标的数据区间确定为 2004 年第一季度至 2018 年第四季度，以 2004 年第一季度为基期剔除价格因素，并对变量进行 X-12 季节调整，剔除季节与不规则成分，得到只含趋势循环要素的序列，取对数以解决异方差问题。由于中国 GDP 与信贷等指标在样本区间内绝对值水平几乎一直呈上升趋势，可以关注其增长率的波动以提取周期信息。除信贷/GDP 指标外，对季节调整后的数据计算环比增长率。

12.3.1.3　带通滤波器的参数设置

Christiano 和 Fitzerald（2003）提出全样本非对称带通滤波[①]提取变量的循环因素方法，该方法可同时过滤随机误差引起的高频杂音和长期趋势对应的低频分量，故能有效捕捉经济时间序列中的周期成分，在测算金融周期时应用最为广泛。因此，以 C-F 带通滤波法测算中国及各省份金融周期，并对参数进行调整以适应国情。

金融体系的周期性波动有短期波动和中长期波动两类。Borio（2014）指出，金融周期的长度为 8~20 年，且中周期金融的波动性要大于 1~8 年的短周期经济的波动性，短期滤波中过多的市场信息随机噪声会对提取真正的金融周期性波动造成干扰，故将滤波频段选取在中周期范围内。滤波参数下限 Pd 设定为 24 个季度，滤波参数上限 Pu 设定为 60 个季度，经济周期的滤波参数范围则设置为 5 个季度至 24 个季度。

---

① 已有文献在测算金融周期时，一般会采用转折点法和 BP 滤波方法两类，但由于转折点法仅通过在一定范围内比较数值大小来寻找波峰波谷，并不能描述周期性波动的具体特征（范小云等，2017），因此为便于测算与比较各省市的金融周期，最终选取了更能解释金融周期意义的 BP 滤波方法。

关于金融中周期的上限，是基于滤波上限不能超过数据长度的原则设定的（范小云等，2017）；关于金融中周期的下限，即短周期的上限，主要是参考国际上将经济周期上限作为金融中周期下限参数设计标准的做法设定的（朱太辉、黄海晶，2018）。参考对中国 GDP 进行 BP 滤波分析的结果（经济周期为 2~6年），我们将金融中周期下限设为 24 个季度。

12.3.2 金融周期测算的实证分析

对全国与各省区市 2004 年第一季度至 2018 年第四季度的信贷总量、信贷/GDP 和房地产价格的增长率数据进行 C-F 带通滤波处理（Pd = 24Q，Pu = 60Q），得到单变量金融因素的周期分量，结果如图 12-1 至图 12-3 所示。

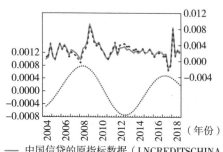

—— 中国信贷的原指标数据（LNCREDITSCHINA）
---- 非周期部分（Non-cyclical）
…… 周期分量（Cycle）

图 12-1　中国信贷的 BP 滤波结果

注：图中低频部分为周期分量，高频部分为原指标数据、非周期部分。

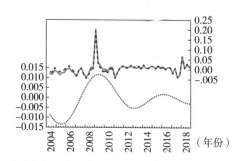

—— 中国信贷/国内生产总值的原指标数据（LNCTOGDPSCHINA）
---- 非周期部分（Non-cyclical）
…… 周期分量（Cycle）

图 12-2　中国信贷/GDP 的 BP 滤波结果

注：图中低频部分为周期分量，高频部分为原指标数据、非周期部分。

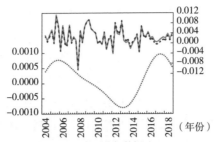

—— 中国房地产价格的原指标数据（LNHPRICESCHINA）

---- 非周期部分（Non-cyclical）

······ 周期分量（Cycle）

图 12-3　中国房地产价格的 BP 滤波结果

注：图中低频部分为周期分量，高频部分为原指标数据、非周期部分。

关于合成综合金融周期，国内外研究大多采用算术平均法将单变量周期分量合成为综合金融周期（Drehmann et al.，2012；朱太辉、黄海晶，2018），也有学者运用主成分分析法和加权平均法，考虑到数据量较大，采用使用最普遍也相对更简单的算术平均法计算合成金融周期，结果如图 12-4 所示。

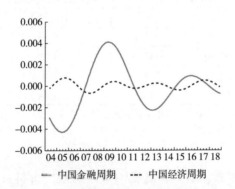

—— 中国金融周期　---- 中国经济周期

图 12-4　中国的综合金融周期与经济周期

注：图中低频部分为周期分量，高频部分为原指标数据、非周期部分；图中低频部分为综合金融周期，高频部分为经济周期。

这里先对全国各单变量金融周期与综合金融周期的周期性特征进行分析。

12.3.2.1　全国的金融周期分析[①]

从单变量滤波图中可以初步看到，中国的信贷、信贷/GDP 和房地产价格

---

①　对各省区市金融周期的分析方法与分析全国时相同，囿于篇幅此处不再具体展开，而将各省区市金融周期状况附于附录。

在样本区间内大致走势均为"上行—下行—上行—下行"，三者具有较好的协同性。依据单变量滤波分析可知，中国金融周期在 2016 年第二季度迎来峰值，经过拐点后当前中国金融周期正处于下行期。综合金融周期的具体走势与信贷/GDP 的 BP 滤波走势更为接近。而从中国的综合金融周期与经济周期对比图来看，当前中国正处于金融周期与经济周期的叠加下行期。

对各单变量的 BP 滤波结果及综合金融周期进行特征描述，结果如表 12-1 和表 12-2 所示。

表 12-1　全国金融周期的波峰波谷和周期长度特征

项目	波谷	波峰	波谷	波峰	下行	上行	峰—峰周期
信贷		2008Q2	2012Q4	2017Q2	18Q	18Q	36Q
信贷/GDP	2005Q2	2009Q2	2013Q1	2016Q1	15Q	16Q、12Q	27Q
房地产价格		2005Q4	2013Q2	2017Q3	30Q	12Q	42Q
综合金融周期	2005Q2	2009Q2	2013Q1	2016Q2	15Q	16Q、13Q	28Q

表 12-2　全国金融周期的波动性特征

项目	周期波动幅度[①]		周期波动的不对称性[②]	标准差
	上行期（%）	下行期（%）	上行/下行	波动性大小（%）
信贷	165.53	−194.42	0.85	0.05
信贷/GDP	160.30	−145.54	1.10	0.68
房地产价格	220.17	−203.69	1.08	0.06
综合金融周期	167.83	−155.57	1.08	0.23

注：①变量周期波动幅度，对于上行期来说是指变量从波谷至波峰的变化幅度，对于下行期来说是指变量从波峰至波谷的变化幅度。若存在多个上行期或下行期，则对多期取均值。②周期波动不对称性是指上行期波动幅度的绝对值/下行期的波动幅度的绝对值。

从峰谷时间点来看，信贷、信贷/GDP、房地产价格及综合金融周期在最近一个周期的"波谷—波峰"阶段时间较为接近，波谷在 2012Q4 至 2013Q2 之间，波峰在 2016Q1 至 2017Q3 之间，可知当前阶段无论是单变量金融周期还是综合金融周期均处于下行阶段。在最近一个周期的"波峰—波谷"阶段，波峰出现的时间点在信贷、信贷/GDP 与综合金融周期的滤波表现上较为接近，为 2008Q2 至 2009Q2。结合金融危机史可知，波峰之后出现的全球金融和经济剧烈震荡，即累积的系统性风险高企，因而引发金融与经济危机，在经济全球化时代，中国在一定程度上也受到了不可避免的影响。但对比 Borio（2014）对美国金融周期的测算结果（其同期金融周期波峰出现在 2006Q4 至 2007Q2）可知，中国在 2008 年国际金融危机爆发前尚未达到金融周期的波峰，与美国在金融周期波峰后出现的剧烈金融和经济动荡相比，中国在此次金融危机中的表现较为平稳，这可能与中国的制度背景、中央银行(以下简称"央行")进行宏观审慎调控从而平抑金融周期相关。

从周期长度来看，样本区间内各单变量及综合金融周期均至少经历了一个完整的周期，周期长度在 27Q 至 42Q(6.75~10.5 年)，综合金融周期长度为 28Q(7 年)。其中，周期最长的是房地产价格(42Q)，最短的是信贷/GDP(27Q)。在"峰—峰"周期中，除信贷的上下行期长度相等外(18Q)，信贷/GDP、房地产价格及综合金融周期的下行阶段基本长于上行阶段。

从波动性特征来看，除信贷外，房地产价格、信贷/GDP 及综合金融周期的下行期波动幅度均小于上行期波动幅度，结合"峰—峰"周期的下行阶段持续时间基本长于上行阶段来看，在中国，单变量金融周期与综合金融周期的收缩下行期较为和缓，振幅小但持续时间较长。这与 BIS(2014)对美国的金融周期测算得出的其金融周期上行缓慢而下行剧烈的左偏态分布相反，恰也印证了 Borio(2014)提出的金融周期的长度与波幅取决于一国的货币金融制度和实体经济制度的观点。

12.3.2.2 金融周期的协同性分析

为进一步分析各单一变量间周期成分的协同性，从而验证合成金融周期的有效性，参考 Harding 和 Pagan(2002)的方法，构建一致性指数来考察三个指标及合成金融周期间的协同性。类似地，为考察各省区市金融周期与全国金融周期的共性与个性，将各单一变量间的一致性指数推广到各省区市与全国的周期，进行一致性指数计算，具体方法如下：

在 t=1，2，3，…，T 内，变量(或地区)X 与变量(或地区)Y 之间的一致性指数为

$$\rho_{XY} = \frac{1}{T} \sum_{t=1}^{T} \left[\rho_t^X \times \rho_t^Y + (1-\rho_t^X) \times (1-\rho_t^T) \right] \qquad (12-1)$$

当变量(或地区)X 处于上行阶段时，ρ_t^X 取值为 1；当变量(或地区)X 处于下行阶段，则 ρ_t^X 取值为 0(ρ_t^Y 取值同理)。可知一致性指数计算的是两个变量(或地区)的周期因素同时处于上行期或同时处于下行期的时间占样本总时间的比重，一致性指数趋于 1，则两指标或两地区的金融周期的协同性越高。

按照以上方法计算全国的信贷、信贷/GDP、房地产价格及综合金融周期相互间的一致性指数，结果如表 12-3 所示。其中，从各单一指标间的一致性指数来看：信贷与房地产价格的协同性最高，达 0.78，这主要是由于银行信

贷政策是中国政府对房地产市场进行调控的一项重要手段，政策调控使短期内信贷与房地产价格呈现出较强的同涨同跌特征；信贷与信贷/GDP间的协同性次之，为0.73；房地产价格与信贷/GDP间的一致性指数也超过了0.5，为0.54。这表明信贷、信贷/GDP及房地产价格在一半以上的样本区间同向上升或下降，协同性较好。

表 12-3　全国金融周期指标的一致性指数

项目	信贷	信贷/GDP	房地产价格	综合金融周期
信贷	1.00	0.73	0.78	0.76
信贷/GDP	0.73	1.00	0.54	0.97
房地产价格	0.78	0.54	1.00	0.58
综合金融周期	0.76	0.97	0.58	1.00

再从综合金融周期与各单一指标间一致性指数来看，信贷/GDP与综合金融周期的协同性指数高达0.97，信贷与综合金融周期间的一致性指数为0.76，而房地产价格与综合金融周期间的一致性指数也超过0.5，这表明综合金融周期能较好地吸收三者的信息。

如表 12-4 所示，各省区市综合金融周期与全国综合金融周期的一致性指数显示，77.4%的省份金融周期与全国金融周期的一致性指数大于0.5，其中最高的为广东省，达0.95。仅三个省份一致性指数低于0.4，分别为福建省(0.26)、海南省(0.24)和西藏自治区(0.22)。单指标与综合金融周期可作为观测系统性风险并进行逆周期审慎监管的参考性指标。中央财政金融部门对各省区市的宏观调控具有较强的一致性，然而由于各地区金融与经济发展程度不同，金融周期所处阶段存在差异，金融体系对经济运行的强化作用的方向和大小存在差异，因此各地区在国家宏观调控背景下应更加注意分析自身的发展阶段与特征，警惕全国性的金融经济政策与自身状况不相适应而可能引发的金融困境与经济失调。

表 12-4　各省区市综合金融周期与全国综合金融周期的一致性指数

地区	省份	一致性指数	均值
东部地区	广东省	0.95	0.71
	上海市	0.93	
	山东省	0.91	
	江苏省	0.91	
	天津市	0.88	
	北京市	0.86	

续表

地区	省份	一致性指数	均值
东部地区	浙江省	0.69	0.71
	河北省	0.43	
	福建省	0.26	
	海南省	0.24	
中部地区	湖南省	0.90	0.70
	江西省	0.84	
	河南省	0.78	
	安徽省	0.76	
	山西省	0.45	
	湖北省	0.45	
西部地区	内蒙古自治区	0.95	0.80
	广西壮族自治区	0.93	
	云南省	0.91	
	贵州省	0.90	
	四川省	0.88	
	陕西省	0.86	
	青海省	0.83	
	甘肃省	0.83	
	新疆维吾尔自治区	0.81	
	宁夏回族自治区	0.81	
	重庆市	0.66	
	西藏自治区	0.22	
东北地区	辽宁省	0.57	0.50
	黑龙江省	0.50	
	吉林省	0.43	

12.4 金融周期与经济周期的实证分析

12.4.1 全国的金融周期与经济周期比较①

为更好地将金融周期与经济周期所处阶段进行对比分析，我们测算出经济

---

① 各省区市金融周期与经济周期对比图已附于附录。

周期的滤波分量，即对全国与各省区市2004年第一季度至2018年第四季度的GDP增长率数据进行短期C-F带通滤波处理（Pd=5Q,Pu=24Q），结果如图12-4所示。金融周期与经济周期的特征对比如表12-5所示。

表12-5　全国金融周期与经济周期特征对比

项目	标准差	波峰	波谷	周期长度
金融周期	0.00234	2009Q2 2016Q2	2005Q2 2013Q1	28Q
经济周期	0.00036	2005Q2 2009Q4 2013Q2 2017Q3	2007Q4 2011Q3 2015Q2	8Q

结果显示，中国金融周期的周期长度与波动幅度均大于经济周期，这与BIS（2014）的研究结果相同，即金融周期比经济周期更长，在一个金融周期内可以跨越多个经济周期。因此，在反复利用扩张性金融与经济政策刺激经济下行期的复苏时，应警惕系统性金融风险的累积与危机发生的可能性。

12.4.2　基于省级动态面板数据的金融周期与经济周期实证分析

为更深入量化研究中国金融周期与经济周期之间的关系，在描述性分析基础上，参考Goodhart和Hofmann（2000），马勇等（2016）以范小云等（2017）加入金融变量的产出模型设置，将其扩展成动态面板模型，并依经济周期理论加入控制变量，利用系统广义矩估计（GMM）方法，实证分析中国金融周期与经济周期之间的动态关联。具体回归模型如下：

$$EC_{i,t} = \sum_{k=1}^{m} \alpha_k EC_{i,t-k} + \beta ir_{i,t-1} + \gamma FC_{i,t-j} + \phi X_{i,t} + \mu_i + \nu_t + \varepsilon_{i,t} \qquad (12-2)$$

式中：地区$i=1,2,\cdots,31$；时间$t=1,2,\cdots,60$；FC滞后期$j=0,1,\cdots,8$；EC滞后期$k=1,2,\cdots,m$。

其中经济周期（EC）为被解释变量，即前文测算所得的实际GDP增速剔除季节因素后的BP滤波分量。由于经济增长具有惯性，过去较高的经济增长率带给当期较好的增长基础，可以加入经济周期的滞后项作为解释变量之一，形成动态面板数据模型。

核心解释变量为金融周期（FC），即前文测算所得的综合金融周期，由剔除价格因素和季节效应的信贷、信贷/GDP、房地产价格增长率的BP滤波分量计算平均值所得。对金融周期（FC）的不同滞后期逐一进行模型的GMM回归以检验模型稳健性，并考察核心解释变量对经济周期的解释力与领先性，因为使用的是季度频率数据，所以参照标准文献做法，将其最大滞后期设定为 8 期(2 年)①。

主要控制变量如下：第一，价格型。①实际利率(ir)，由名义利率与通胀率相减所得，其中名义利率选取银行间同业拆借 7 天利率，通胀率由各省区市定基 CPI 的逐年变化率计算得到；②物价水平(price)，以 2003 年第二季度为基期的居民消费价格指数(CPI)表示。第二，数量型。①投资(investment)，选取全社会固定资产投资完成额(不含农户)表示；②消费(consumption)，由居民人均消费性支出表示。以上控制变量均进行 X-12 季节调整与 BP 滤波分解，提取其周期分量(数量型指标计算环比增长率，为增长率周期)。样本区间为 2004 年第一季度至 2018 年第四季度，数据来源为 Wind 数据库和中经网。由控制变量的回归结果考察模型稳健性，投资往往与利率水平反向变动，故回归系数符号相反，而其对经济增长波动的方向不定，投资的数量与质量都会影响经济增长的波动，过度投资往往对经济增长有显著抑制作用；消费水平与物价具有顺周期特征，物价水平反映市场供求关系，也是宏观调控的重要目标之一，消费则是拉动经济增长的重要引擎之一，消费不足会拖累经济增长。

计量回归及相关检验结果如表 12-6 所示。由表 12-6 可知，除 FC 滞后 4 期外，其余回归方程 AR 检验结果均显示，扰动项的差分存在一阶自相关但不存在二阶自相关，可以使用系统 GMM 方法估计系数；Sargan 检验结果显示 Prob > chi2，均大于 0.05，不能拒绝原假设，模型设置正确。

对金融周期(FC)的不同滞后期回归系数符号、大小、显著性的分析可知，金融周期对经济周期具有显著的正向影响，即具有金融加速器作用。其中，金融周期的滞后 1 期、3 期、5 期在 1% 置信水平上显著，金融周期的滞后 2 期在 5% 置信水平上显著，金融周期当期值在 10% 置信水平上显著，金融周期滞后 6 期及以上不显著，表明金融周期对经济周期具有最大 5 期的领先性。结合对中国金融周期与经济周期的描述性统计分析，最近的金融周期高峰(2016Q2)较经济周期高峰(2017Q3)领先 5 个季度，也印证了回归结果。

---

① 事实上，为全面分析金融周期对经济周期的领先作用，我们也进行了滞后 9 期至滞后 12 期(3 年)的 GMM 回归，但如所报告回归结果显示，滞后 6 期及以上的金融周期对经济周期的正向影响不再显著。FC 滞后 7~12 期的回归结果限于篇幅未展示，已留存备索。EC_{t-k} 回归结果也已留存备索。

表12-6 中国金融周期对经济周期的动态面板 GMM 回归结果

FC 的滞后期数 j	0	1	2	3	4	5	6
$Fincycle_{t-j}$	0.000015 * (1.61)	0.000052 *** (4.03)	0.000021 ** (2.50)	0.000041 *** (5.10)	0.000053 *** (6.91)	0.000014 ** (2.02)	0.000006 (0.71)
ir_{t-1}	0.000330 *** (2.39)	-0.000057 (-0.62)	0.000041 ** (2.40)	-0.000314 *** (-2.68)	-0.001032 *** (-6.11)	0.000067 (0.37)	-0.000038 (-0.16)
investment	-0.000004 (-1.22)	-0.000011 *** (-2.60)	-0.000003 (-1.26)	0.000001 (0.18)	-0.000009 *** (-3.62)	-0.000014 *** (-4.71)	-0.000006 ** (-2.12)
consumption	0.000043 (1.34)	-0.000089 (-1.32)	0.000051 (1.46)	-0.000017 (-0.50)	-0.000070 *** (-3.00)	0.000037 (0.88)	0.000051 (1.31)
price	0.000007 (0.98)	0.000011 (0.87)	0.000000 (0.01)	-0.000009 (-0.80)	0.000010 (0.76)	0.000036 *** (2.72)	0.000008 (1.19)
EC_{t-1}	3.503725 *** (39.12)	3.457416 *** (26.28)	3.364983 *** (46.38)	3.1901310 *** (23.47)	3.2034850 *** (31.95)	3.544897 *** (37.71)	3.447325 *** (27.37)
Sargan test	154.71 (0.79)	151.71 (0.84)	152.56 (0.83)	150.13 (0.86)	143.99 (0.93)	143.82 (0.93)	145.07 (0.92)
AR(1)	-4.53 (0.00)	-3.89 (0.00)	-5.03 (0.00)	-1.89 (0.06)	-2.15 (0.03)	-5.23 (0.00)	-4.49 (0.00)
AR(2)	-1.32 (0.19)	1.96 (0.05)	1.66 (0.10)	1.19 (0.23)	2.63 (0.01)	1.37 (0.17)	1.62 (0.11)
N	1390	1390	1390	1390	1390	1390	1390

注：***、**、* 分别代表在 1%、5%和10%的置信水平上显著，括号内数值为回归系数的 z 检验统计量的值。运用 Sargan 检验进行过度识别检验，括号内数值为 Prob > chi2。AR 报告扰动项自相关检验结果，括号内数值为 Pr>z。

结合描述性统计分析及动态面板实证结果，可以分析中国 2009 年一季度到 2016 年二季度的新一轮金融周期内中国宏观经济状况。受国际金融危机的影响，中国 2009 年 GDP 增长率下跌明显，2009 年第一季度 GDP 名义增长率为 6.64%，季节调整后实际 GDP 环比增长率达-3.3%。为稳定经济增长、熨平国际金融危机对国内经济形势的影响，在 2008 年 12 月至 2010 年底的经济刺激政策，使中国经济在危机面前仍能出现繁荣景象，仅用一年时间便使经济增长回归危机前水平。但到 2010 年第二季度，中国实体经济仍步入了增速降缓的阶段，且经济增速不断回落，经济高速增长的形势一去不返，当前中国已进入了平稳增长的经济新常态。结合实证结果可知，由于金融周期对经济周期的影响作用存在大约 5 季度的领先性，自 2010 年以来的经济下行压力加大的根源很可能在于 2009 年即开始的中国金融周期的下行，受国际金融危机及国内长期积累的结构性问题风险暴露影响，前期高企的系统性风险逐渐释放，对经济运行带来巨大的下行压力。集中于房地产棚户改造、基础设施建设的财政刺激政策虽在短期内遏制了经济"硬着陆"，但是无法遏制金融周期的总体下行趋势，甚至由于银行风险偏好扭曲及影子银行的膨胀，进一步推高了杠杆率，加大了金融周期下行深度与实体经济结构性改革的难度。

自 2013 年第一季度开始，中国金融周期开始触底反弹，经济增长迎来顺金融周期保障经济平稳增长的空间，政策当局创新宏观调控思路，在守住稳增长、保就业下限和防通胀上限的前提下，不再采取大水漫灌式的短期刺激措施，而是集中精力转方式、调结构。M2 增长目标从 2012 年 14%下调至 13%，稳健的货币政策也显现审慎指向。作为对危机后国际国内形势的反思，在供给侧结构性改革的政策导向下，深化金融体系改革，防范化解重点领域风险，守住不发生系统性风险的底线，因而到 2016 年第二季度金融周期出现拐点时，上行幅度较上一轮金融周期大幅降低，宏观审慎逆金融周期调节效果初显。

当金融周期进入下行调整期，去杠杆的宏观审慎调控任务、供给侧结构性改革过程在短期内给经济增长造成较大的下行压力。但需要明确的是，在金融周期下半场仍未结束时，在进行逆经济周期调节以稳定经济增长的过程中，切忌不顾中长期系统性风险累积、通过加高杠杆与快速释放流动性的强刺激政策。应进一步探索与创新宏观调控，协调货币政策、财政政策和宏观审慎监管，避免政策组合不力引发经济金融体系出现较大震荡。

在全样本回归分析中国金融周期对经济周期影响的基础上，我们对东部、中部、西部及东北地区样本进行分组回归，以探究不同地区的差异性①。囿于篇幅，此处仅展示关键变量回归结果，其余部分已存备查。

表12-7中各地区分别报告了金融周期变量显著的最大滞后期结果。除西部地区外，各地区样本均表现出金融周期对经济周期的显著正向影响，即具有"金融加速器"作用。其中，东部地区（7季度）、中部地区（8季度）金融周期对经济周期的最大领先期数高于全国（5季度），东北地区（4季度）金融周期对经济周期的最大领先期数低于全国（5季度），西部地区未表现出明显的金融加速器效应。各地区应重视自身金融周期和经济周期与全国间的协同性差异，因地制宜分析研判当前形势。

表 12-7　中国金融周期对经济周期的动态面板 GMM 分组回归结果

项目	东部地区	中部地区	东北地区	西部地区
FC 的滞后期数 j	7	8	4	0
$Fincycle_{t-j}$	0.0002 *** (2.76)	0.0471 *** (−17.89)	0.0148 *** (−26.28)	−0.0040 (−0.53)
ir_{t-1}	−0.0057 * (−1.67)	0.0432 *** (−15.56)	—	0.0160 (−0.71)
investment	−0.0000 (−0.89)	−0.0003 *** (−41.64)	−0.0007 *** (−38.81)	0.0000 (−0.04)
consumption	−0.0001 (−1.39)	−0.0029 *** (−58.35)	—	0.0003 (−0.42)
price	−0.0000 (−0.17)	0.0004 *** (−47.34)	0.0005 *** (−20.23)	0.0000 (−0.22)
EC_{t-1}	2.0630 *** (8.85)	—	—	0.5390 (−0.17)
Sargan test	146.9 (0.90)	138.4 (0.97)	111.2 (0.63)	137.8 (0.97)
AR(1)	1.437 (0.15)	1.403 (0.16)	1.556 (0.12)	0.725 (0.47)
AR(2)	1.453 (0.15)	1.369 (0.17)	1.552 (0.12)	0.716 (0.47)
N	449	270	131	540

① 文章并未测算分地区的金融周期，是由于相较于各省市内相对统一的经济与金融环境，分东中西部等地区测算金融周期缺乏理论基础。此处分组回归仅作为各地区内省份与全国金融周期间协同性及其影响的参考。

12.5　结论与建议

本讲基于金融周期理论及 Borio（2014）总结的金融周期概念，选用信贷、信贷/GDP 和房地产价格三个指标构建金融周期，系统跟踪测算了 2004～2018 年中国及各省区市中期低频范围内的金融周期，详细描述了中国金融周期的具体特征，并分析了各省区市金融周期与全国金融周期之间的差异。此后，基于动态面板数据模型进行 GMM 回归，实证分析了中国金融周期对经济周期的影响，为金融周期的研究提供了省级层面的微观证据。实证结果表明：

第一，在金融周期长度与形态方面，测算结果显示中国金融周期的长度为 7 年，显著低于西方发达国家（16 年）；收缩期的持续时间长于扩张期，且收缩期的振幅较扩张期小，与西方发达国家金融周期的左偏态分布恰恰相反，且中国最近一个金融周期波峰振幅较 2009 年的振幅显著减小。由此可以推断，中国通过深化供给侧结构性改革，主动调整金融调控政策，在金融周期上行期控制金融和经济整体的杠杆率，实施逆金融周期的宏观审慎去杠杆政策，防控系统性金融风险；在金融周期的下行期则着力防止金融周期出现断崖式收缩对实体经济造成巨大冲击，降低了金融体系的中长期波动程度。

第二，金融周期与经济周期是相互交织的，金融周期具有比经济周期持续时间更长、波动幅度更大的特征，且往往一个金融周期中包含几个经济周期。此外，利用省级动态面板模型，通过 GMM 回归方法得出，中国的金融周期对经济周期具有前置五个季度左右的显著正向放大作用，证实了"金融加速器"的存在。而自 2010 年以来的经济下行压力加大的根源很可能在于 2009 年即开始的中国金融周期的下行，经济刺激政策虽在短期内遏制了经济下行并形成短暂的繁荣，但可能累积了更大的系统性风险及结构性问题。

第三，当金融周期进入下行调整期，给经济稳增长带来更大下行压力，金融周期下半场远未结束，供给侧结构性改革任重道远。平衡好"防风险"与"稳增长"，需要创新宏观调控，协调货币政策、财政政策和宏观审慎监管，避免政策组合不力引发经济金融体系出现较大震荡。应加快金融供给侧结构性改革，大力加强资本市场建设，促进多层次资本市场健康发展，从而加快直接融资比例的提升与债务存量处理，促进去杠杆进程与经济的可持续健康发展；进一步做好减税降费，促进经济平稳增长，同时增强企业偿债能力，优化资本结构；稳健的货币政策则应松紧适度，保持货币信贷与社会融资规模合理增长，改善货币政策传导机制，协调推进稳增长与防风险进程。

第四，中国幅员辽阔，经济发展程度与金融发展水平差异较大，因而有必要分析各省区市的金融周期特征及其对经济周期的影响，从而在中央宏观调控指引下因地制宜地进行逆周期管理。对各省区市的金融周期测算与研究发现，福建省、海南省、西藏自治区等与全国的金融周期协同性较小，西部地区样本金融周期对经济周期的影响不显著，这些省份和地区在金融政策层面，除了国家的宏观调控，应更加注意分析自身的发展阶段与特征，警惕全国性的金融经济政策与自身状况不相适应而可能引发的金融困境与经济失调，防止区域性风险的爆发。

拓展阅读

［1］Becker S. Global Liquidity 'Glut' and Asset Price Inflation［J］. Deutsche Bank Research, 2007.

［2］Becker S. Is the Next Global Liquidity Glut on Its Way? ［J］. Deutsche Bank Research, 2009.

［3］Bernanke B S, Gertler M, Gilchrist S. The Financial Accelator and the Flight to Quality［J］. Review of Economics and Statistics, 1996, 78(1): 1-15.

［4］Bernanke B S. Credit in the Macroeconomy［J］. FRBNY Quaterly Review/ Spring 1992-93, 1993: 50-70.

［5］Bhattacharya S, Goodhart C. Minsky's Financial Instability Hypothesis and the Leverage Cycle［J］. London School of Economics FMG Special Paper, 2011.

［6］Brunnermeier M K, Pedersen L H. Market Liquidity and Funding Liquidity［J］. The Review of Financial Studies, 2009, 22(6): 2201-2238.

［7］Cohen B J. The Benefits and Costs of an International Currency: Getting the Calculus Right［J］. Open Economies Review, 2012, 23(1): 13-31.

［8］Eichengreen B. From the Asian Crisis to the Global Credit Crisis: Reforming the International Financial Architecture Redux［J］. International Economics and Economic Policy, 2009, 6(1): 1-22.

［9］Godley W, Lavoie M. Monetary Economics: An Integrated Approach to Credit, Money, Income, Production and Wealth［M］. London: Palgrave MacMillan, 2007.

［10］Kramer M C F, Baks K. Global Liquidity and Asset Prices: Measurement, Implications, and Spillovers［M］. IMF Working Paper, 1999.

［11］L. 兰德尔·雷. 现代货币理论［M］. 北京: 中信出版集团, 2017.

［12］Pally T I. Financialization: What It Is and Why It Matters［J］. Political Economy Research Institute, Working Paper Series, 2007: 153.

［13］Schularick M, Taylor A M. Credit Booms Gone Bust: Monetary Policy, Leverage Cycles and Financial Crisis, 1870-2008［R］. NBER Working Paper, No. 15512, 2009.

［14］Wynne G. Money and Credit in a Keynesian Model of Income Determination［J］. Cambridge Journal of Economics，1999，23（4）：393-411.

［15］本·伯南克. 通货膨胀目标制：国际经验［M］. 大连：东北财经大学出版社，2006.

［16］大卫·哈维. 资本的限度［M］. 北京：中信出版集团，2017.

［17］樊苗江，柳欣. 货币理论的发展与重建［M］. 北京：人民出版社，2005.

［18］孟捷. 后凯恩斯主义经济学 新基础［M］. 北京：中国人民大学出版社，2021.

［19］盛松成，施兵超，陈建安. 现代货币经济学（第三版）［M］. 北京：中国金融出版社，2012.

［20］伊藤·诚，考斯达斯·拉帕维查斯. 货币金融政治经济学［M］. 北京：经济科学出版社，2001.

［21］朱太辉. 货币信贷内生扩张及其经济效应研究［M］. 北京：中国金融出版社，2015.

参考文献

[1] Abrigo M R M, Love I. Estimation of Panel Vector Autoregression in Stata[J]. The Stata Journal, 2016, 16(3): 778-804.

[2] Acharya V, Gromb D, Yorulmazer T. Imperfect Competition in the Interbank Market for Liquidity[J]. Working Paper, London Business School, 2007.

[3] Acharya V, Pedersen L H. Asset Pricing with Liquidity Risk[J]. Journal of Financial Economics, 2005, 77(2): 375-410.

[4] Acharya V, Viswanathan S. Leverage Moral Hazard and Liquidity[R]. Working Paper 15837, 2010.

[5] Adrian T, Shin H S. Liquidity and Leverage[C]//Financial Cycles, Liquidity, and Securitization Conference, 2008.

[6] Adrian T, Shin H S. Money, Liquidity and Financial Cycles[J]. The Role of Money: Money and Monetary Policy in the Twenty-First Century, 2006: 299.

[7] Aghion P, Bolton P, Dewatripont M. Contagion Bank Failures in a Free Banking System[J]. European Economic Review, 2000, 44(4/6): 713-718.

[8] Aharony J, Swary I. Contagion Effects of Bank Failures: Evidence from Capital Markets[J]. Journal of Business, 1983, 56(3): 305-322.

[9] Allen F, Gale D. Financial Contagion[J]. Journal of Political Economy, 2000(108): 1-31.

[10] Allen F, Gale D. Financial Fragility, Liquidity and Asset Prices[J]. Journal of the European Economic Association, 2004, 2(6): 1015-1048.

[11] Allen F, Gale D. From Cash-in-the-Market Pricing to Financial Fragility[J]. Journal of the European Economic Association, 2005, 3(2/3): 535-546.

[12] Allen F, Gale D. Optimal Financial Crises[J]. Journal of Finance, 1998(53): 1245-1284.

[13] Amihud Y. Illiquidity and Stock Returns: Cross-Section and Time-Series Effects[J]. Journal of Financial Markets, 2002(5): 31-56.

[14] Andrews D W K, Lu B. Consistent Model and Moment Selection

Procedures for GMM Estimation with Application to Dynamic Panel Data Models[J]. Journal of Econometrics, 2001, 101(1): 123-164.

[15]Arellano M, Bover O. Another Look at the Instrumental Variable Estimation of Error Component Models[J]. Journal of Econometrics, 1995, 68(1): 29-51.

[16]Arestis P, Sawyer M. The Effectiveness of Fiscal Policy in the Levy Institute's Stock Flow Model[C]//Contributions in Stock-flow Modeling: Essays in Honor of Wynne Godley. London: Palgrave Macmillan UK, 2012: 300-320.

[17]Arteta C, Kose M A, Stocker M, et al. Negative Interest Rate Policies: Sources and Implications[J]. CEPR Discussion Paper, 2016.

[18]Arteta C, Kose M A, Stocker M, et al. Implications of Negative Interest Rate Policies: An Early Assessment[J]. Pacific Economic Review, 2018, 23(1): 8-26.

[19]Aurissergues E. The Missing Corporate Investment, Are Low Interest Rate to Blame? [R]. HAL Working Papers, 2016.

[20] Ayuso J, Repullo R. A Model of the Open Market Operations of the European Central Bank[J]. Economic Journal, 2003(113): 883-902.

[21] Bagehot W. Lombard Street: A Description of the Money Market[J]. H. S. King, 1873.

[22]Baks K, Kramer C F. Global Liquidity and Asset Prices: Measurement, Implications, and Spillovers[R]. IMF Working Paper, 1999.

[23]Bangia A, Diebold F X, Schuermann T, et al. Liquidity Risk, with Implications for Traditional Market Risk Measurement and Management[J]. Wharton School, Working Paper, 1999: 99-106.

[24]Banks E. Measuring Liquidity Risk[J]. Liquidity Risk: Managing Asset and Funding Risks, 2005: 129-155.

[25] Barry Eichengreen. From the Asian Crisis to the Global Credit Crisis: Reforming the International Financial Architecture Redux [J]. International Economics and Economic Policy, 2009(6): 1-22.

[26]Bartolini L, Prati A. The Execution of Monetary Policy: A Tale of Two Central Banks[J]. Federal Reserve Bank of New York Staff Report, 2003: 165.

[27] BDF. Special Issue Liquidity [R]. Financial Stability Review, Bank of France, 2008-02.

[28] Bernanke B, Gertler M, Gilchrist S. The Financial Accelerator and the Flight to Quality[J]. The Review of Economics and Statistics, 1996(78): 1-15.

[29] Bezemer D J. Causes of Financial Instability: Don't Forget Finance[J]. Levy Economics Institute of Bard College Working Paper, 2011(665): 1-28.

[30] Bhattacharya S, Gale D. Preference Shocks, Liquidity and Central Bank Policy[J]. William Barnett and Kenneth Singleton, eds.: New Approaches to Monetary Economics, UK: Cambridge University Press, 1987.

[31] Bindseil U, Weller B, Wuertz F. Central Banks and Commercial Banks' Liquidity Risk Management: What is the Relationship? [J]. Economic Notes, 2003, 32(1): 37-66.

[32] Bindseil U. Monetary Policy Implementation: Theory, Past, and Present[M]. Oxford: Oxford University Press, 2004.

[33] BIS. Liquidity Risk: Management and Supervisory Challenges[J/OL]. https://www.bis.org/publ/bcbs136, 2008.

[34] BIS. Market Liquidity: Research Findings and Selected Policy Implications [J/OL]. https://www.bis.org/publ/cgfs11overview, 1999.

[35] Blankespoor E, Miller G S, White H D. The Role of Dissemination in Market Liquidity: Evidence from Firms' Use of Twitter[J]. Social Science Electronic Publishing, 2013, 89(1): 79-112.

[36] Bordo M D, Redish A. Putting the 'System' in the International Monetary System[J]. Monetary economics, 2013.

[37] Borio C, Gambacorta L. Monetary Policy and Bank Lending in a Low Interest Rate Environment: Diminishing Effectiveness? [J]. Journal of Macroeconomics, 2017(54): 217-231.

[38] Borio C. The Financial Cycle and Macroeconomics: What Have We Learnt? [J]. Journal of Banking and Finance, 2014(45): 182-198.

[39] Brei M, Borio C, Gambacorta L. Bank Intermediation Activity in a Low-Interest-Rate Environment[J]. Economic Notes, 2020, 49(2): e12164.

[40] Brunnermeier M K, Pedersen L H. Market Liquidity and Funding Liquidity[J]. The Review of Financial Studies, 2009, 22(6): 2201-2238.

[41] Brunnermeier M K, Pedersen L H. Predatory Trading[J]. The Journal of Finance, 2005, 60(4): 1825-1863.

［42］Brunnermeier M K, Sannikov Y. A Macroeconomic Model with a Financial Sector［J］. American Economic Review, 2014, 104(2)：379-421.

［43］Brusco S, Castiglionesi F. Liquidity Coinsurance, Moral Hazard, and Financial Contagion［J］. The Journal of Finance, 2007, 62(5)：2275-2302.

［44］Buiter Wi H. Negative Nominal Interest Rates：Three Ways to Overcome the Zero Lower Bound［J］. The North American Journal of Economics and Finance, 2009, 20(3)：213-238.

［45］Cao J, Illing G. Liquidity Shortages and Monetary Policy［R］. Munich Discussion Paper, No. 2007-25, 2007.

［46］Carlin B I, Lobo M S, Viswanathan S. Episodic Liquidity Crises：Cooperative and Predatory Trading［J］. Journal of Finance, 2007, 62(5)：2235-2274.

［47］Caruana J , Kodres L. Liquidity in Global Markets［J］. Banque de France Financial Stability Review：Special Issue on Liquidity, 2008(11)：65-74.

［48］Caverzasi E. The Missing Macro Link［J］. Levy Economics Institute of Bard College Working Paper, 2013(753)：1-24.

［49］Cecchetti, Crisis S G, Response. The Federal Reserve and the Financial Crisis of 2007-2008［R］. NBER Working Paper, No. 14134, 2008.

［50］Chen S H, Chang C L, Du Y R. Agent-based Economic Models and Econometrics［J］. Knowledge Engineering Review, 2012(27)：187-219.

［51］Choi W G, Cook D. Stock Market Liquidity and the Macroeconomy：Evidence from Japan［J］. IMF Working Papers, 2004, 5(5/6)：309-340.

［52］Choi W G, Kang T, Geun-Young K, et al. Global Liquidity Transmission to Emerging Market Economies, and Their Policy Responses［J］. Journal of International Economics, 2017(109)：153-166.

［53］Chordia T, Roll R, Subrahmanyam A. Commonality in Liquidity［J］. Journal of Financial Economics, 2002a, 56(1)：3-28.

［54］Chordia T, Roll R, Subrahmanyam A. Market Liquidity and Trading Activity［J］. Journal of Finance, 2001, 56(2)：501-530.

［55］Chordia T, Roll R, Subrahmanyam A. Order Imbalance, Liquidity, and Market Returns［J］. Journal of Financial Economics, 2002b, 65(1)：111-130.

［56］Chordia T, Sarkar A, Subrahmanyam A. An Empirical Analysis of Stock and Bond Market Liquidity［J］. The Review of Financial Studies, 2005, 18(1)：85-129.

[57] Christiano L J, Fitzerald T J. The Bandpass Filter[J]. International Economic Review, 1999, 44(2): 435-465.

[58] Chu X. Modelling Impact of Monetary Policy on Stock Market Liquidity: A Dynamic Copula Approach[J]. Applied Economics Letters, 2014, 22(10): 820-824.

[59] Chung K H, Elder J, Kim J. Liquidity and Information Flow around Monetary Policy Announcement [J]. Journal of Money, Credit and Banking, 2013, 45(5): 781-820.

[60] Cifuentes R, Gianluigi F, Shin H S. Liquidity Risk and Contagion[J]. Journal of the European Economic Association, 2005, 3(2/3): 556-566.

[61] Claessens S, Kose M A, Terrones M E. How Do Business and Financial Cycle Interact? [J]. Journal of International Economics, 2012, 87(1): 178-190.

[62] Claessens S, Kose M A, Terrones M E. What Happens during Recessions, Crunches and Busts? [J]. Economic Policy, 2009, 24(60): 653-700.

[63] Cohen B J. The Benefits and Costs of an International Currency: Getting the Calculus Right[J]. Open Economies Review, 2012, 23(1): 13-31.

[64] De Bandt O, Hartmann P. Systemic Risk in Banking: A Survey[C]// Financial Crises, Contagion, and the Lender of Last Resort: A Reader. Oxford University Press, 2002.

[65] Diamond D W, Dybvig P H. Bank Runs, Deposit Insurance, and Liquidity[J]. Journal of Political Economy, 2000, 91(3): 401-419.

[66] Diamond D W, Rajan R G. A Theory of Bank Capital[J]. Journal of Finance, 2000, 55(6): 2431-2465.

[67] Diamond D W, Rajan R G. Liquidity Risk, Liquidity Creation, and Financial Fragility: A Theory of Banking[J]. Journal of Political Economy, 2001, 109(2): 287-327.

[68] Diamond D W, Rajan R G. Liquidity Shortages and Banking Crises[J]. Journal of Finance, 2005, 60(2): 615-647.

[69] Dos Santos C H, Macedo e Silva, Antonio Carlos. Revisiting (and Connecting). Marglin-Bhaduri and Minsky: A SFC Look at Financialization and Profit-led Growth[J]. Levy Economics Institute of Bard College Working Paper, 2009(567): 1-35.

[70] Dos Santos C H, Zezza G. A Post-Keynesian Stock-Flow Consistent

Growth Model: Preliminary Results[J]. Economics Working Paper Archive, 2004 (402): 1-41.

[71]Dos Santos C H, Zezza G. A Simplified Stock-flow Consistent Post-Keynesian Growth Model[J]. Levy Economics Institute of Bard College Working Paper, 2005 (421): 1-28.

[72]Dos Santos C H, Zezza G. A Simplified, Benchmark, Stock-Flow Consistent Post-Keynesian Growth Model[J]. Metroeconomica, 2008, 59(3): 441-478.

[73]Dos Santos C H. A Stock-Flow Consistent General Framework for Formal Minskyan Analyses of Closed Economies[J]. Journal of Post-Keynesian Economics, 2005, 27(4): 711-736.

[74]Drehmann M, Borio C E, Tsatsaronis K. Characterising the Financial Cycle: Don't Lose Sight of the Medium Term! [J]. BIS Working Papers, 2012, 68(3): 1-18.

[75]Drehmann M, Elliot J, Kapadia S. Funding Liquidity Risk: Potential Triggers and Systemic Implications[R]. Mimeo, 2007.

[76]Drehmann M, Nikolaou N. Funding Liquidity Risk: Definition and Measurement[R]. Mimeo, 2008.

[77]Duncan R. Dollar Crisis: Causes, Consequences, Cures[M]. Singapore: John Wiley& Sons, 2005.

[78]Duncan R. The New Depression: The Breakdown of the Paper Money Economy[M]. Now York: John Wiley & Sons, 2012.

[79]Dutt A K. Interest Rate Policy in LDCs: A Post Keynesian View[J]. Journal of Post Keynesian Economics, 1990, 13(2): 210-232.

[80]Dynan K E, Elmendorf D W, Sichel D E. Can Financial Innovation Help to Explain the Reduced Volatility of Economic Activity? [J]. Journal of monetary Economics, 2006, 53(1): 123-150.

[81]Easley D, O'Hara M. Ambiguity and Non-participation: The Role of Regulation[J]. The Review of Financial Studies, 2009, 22(5): 1817-1843.

[82]Eggertsson G B, Woodford M. Policy Options in a Liquidity Trap[J]. American Economic Review, 2004, 94(2): 76-79.

[83]Eichengreen B. Ten Questions About the Subprime Crisis[J]. Financial Stability Review, 2008(11): 19-28.

[84] Eisfeldt A L. Endogenous Liquidity in Asset Markets [J]. Journal of Finance, 2004(59): 1-30.

[85] Ewerhart C, Cassola N, Valla N. Declining Valuations and Equilibrium Bidding in Central Bank Refinancing Operations [R]. FINRISK, Working Paper, No. 407, 2007.

[86] Ewerhart C, Valla N. Financial Market Liquidity and the Lender of Last Resort[J]. Financial Stability Review, 2008.

[87] Fatih T. Liquidity Management Systems, Negative Interest Rates and Endogenous Theft. [EB/OL]. http: //ftuluk. com/assets/ftuluk_research_paper223134. pdf, 2016.

[88] Feldstein M S. What's Next for the Dollar? [R]. National Bureau of Economic Research, No. 17260, 2011.

[89] Ferguson R W, Hartmann P, Panetta F, et al. International Financial Stability[C]//Geneva Reports on the World Economy, ICBM (International Center for Monetary and Banking Studies), CEPR, 2007: 9.

[90] Fernandez F A. Liquidity Risk: New Approaches to Measurement and Monitoring[J]. Securities Industry Association Working Paper, 1999.

[91] Fernández - Amador O, Gächter M, Larch M, et al. Does Monetary Policy Determine Stock Market Liquidity? New Evidence from the Euro Zone[J]. Journal of Empirical Finance, 2013(21): 54-68

[92] Fischer S. Monetary Policy, Financial Stability, and the Zero Lower Bound[J]. American Economic Review, 2016, 106(5): 39-42.

[93] Fisher I. The Debt-Deflation Theory of Great Depressions[J]. Econometrica Journal of the Econometric Society, 1933(1): 337-357.

[94] Flannery M. Financial Crises, Payments System Problems and Discount Window Lending[J]. Journal of Money, Credit and Banking, 1996(28): 804-824.

[95] Fostel A, Geanakoplos J. Leverage Cycles and the Anxious Economy[J]. American Economic Review, 2008, 98(4): 1211-1244.

[96] Freixas X, Giannini C, Hoggarth G, et al. Lender of Last Resort: A Review of the Literature[J]. Financial Stability Review, Bank of England, 1999: 12-17.

[97] Freixas X, Holthausen C. Interbank Market Integration under Asymmetric Information[J]. Review of Financial Studies, 2005, 18(2): 458-490.

［98］Freixas X, Jose J. The Role of Interbank Markets in Monetary Policy: A Model with Rationing［J］. Universitat Pompeu Fabra, Working Papers, 2007(1027): 25-31.

［99］Freixas X, Rochet J C, Parigi B M. The Lender of Last Resort: A Twenty-FirstCentury Approach［J］. Journal of the European Economic Association, 2004, 2(6): 1085-1115.

［100］Freixas X. Optimal Bail Out Policy, Conditionality and Constructive Ambiguity［J］. Netherlands Central Bank(DNB)Staff Reports 49, 2000.

［101］Friedman M, Schwartz A J. A Monetary History of the United States: 1867-1960［M］. Princeton: Princeton University Press, 1963.

［102］Furfine C. The Reluctance to Borrow from the Fed［J］. Economics Letters, 2001, 72(2): 209-213.

［103］Garcia G. The Lender of Last Resort in the Wake of the Crash［J］. American Economic Review, 1989(79): 151-155.

［104］Gatev E, Schuermann T, Strahan P E. Managing Bank Liquidity Risk: How Deposit-Loan Synergies Vary with Market Conditions［J］. The Review of Financial Studies, 2009, 22(3): 995-1020.

［105］Gatev E, Strahan P E. Banks Advantage in Hedging Liquidity Risk: Theory and Evidence from the Commercial Paper Market［J］. Journal of Finance, 2006, 61(2): 867-892.

［106］Gauti B, Michael E. Woodford Policy Options in a Liquidity Trap［J］. The American Economic Review, 2004.

［107］Geanakoplos J. Liquidity, Default, and Crashes: Endogenous Contractsin General Equilibrium［J］. Advances in Economics and Econometrics: Theory and Applications, Eighth World Conference, 2003(2): 170-205.

［108］George A. The Market for"Lemons": Quality Uncertainty and the Market Mechanism［J］. Quarterly Journal of Economics, 1970(84): 488-500.

［109］Gertler M, Kiyotaki N. Financial Intermediation and Credit Policy in Business Cycle Analysis［J］. Handbook of Monetary Economics, 2010, 3(3): 547-599.

［110］Gesell S. Die Natuerliche Wirtschaftsordnung［J］. Rudolf Zitzman Verlag, 1949.

［111］Godey W, Lavoie M. Fiscal Policy in a Stock-Flow Consistent(SFC)

Model[J]. Journal of Post Keynesian Economics, 2007, 30(1): 79-100.

[112] Godley W, Hannsgen G, Papadimitriou D B, et al. The US Economy: Is There a Way out of the Woods? [J]. Levy Economics Institute of Bard College Strategic Analysis, 2007: 1-11.

[113] Godley W, Lavoie M. Monetary Economics: An Integrated Approach to Credit, Money, Income, Production and Wealth[M]. London: Palgrave MacMillan, 2007.

[114] Godley W, Papadimitriou D B, Zezza G. The US Economy: What's Next? [J]. Levy Economics Institute of Bard College Strategic Analysis, 2007: 1-8.

[115] Godley W, Wary L R. Is Goldilocks Doomed? [J]. Journel of Economic Issues, 2000, 34(1): 201-206.

[116] Godley W, Zezza G. Debt and Lending[J]. Levy Economics Institute of Bard College Policy Note, 2006: 1-4.

[117] Godley W. Money and Credit in a Keynesian Model of Income Determination[J]. Cambridge Journal of Economics, 2004.

[118] Godley W. Seven Unsustainable Process: Medium-term Prospects and Policies for the United States and the World[J]. Levy Economics Institute of Bard College Special Report, 1999: 1-28.

[119] Gonzalez-Eiras M. Banks' Liquidity Demand in the Presence of a Lender of Last Resort[J]. Mimeo, Universidad de San Andrés, 2003: 17, 35.

[120] Goodfriend M, King R G. Financial Deregulation, Monetary policy and Central Banking[J]. Federal Reserve Bank of Richmond, Economic Review, 1988: 3-22.

[121] Goodhart C A E. Liquidity and Money Market Operations: A Proposal[M]. London: London School of Economics and Political Science, Financial Markets Group, 2008.

[122] Goodhart C, Hofmann B. Financial Variables and Conduct of Monetary Policy[R]. Sveriges Risk Bank Working Paper, No. 112, 2000.

[123] Goodhart C. Liquidity Risk Management[J]. Banque de France Financial Stability Review, 2008, 11(6): 39-44.

[124] Goodhart C. Why Do Banks Need a Central Bank? [J]. Oxford Economic Papers, 1987(39): 75-89.

[125] Goodhart M C A E, Huang M H. A Model of the Lender of Last Resort[M].

IMF Working Papers 99/39, 1999.

[126] Gorton G, He P. Bank Credit Cycles [J]. The Review of Economic Studies, 2008(4): 1181-1214.

[127] Gorton G, Huang L. Liquidity, Efficiency, and Bank Bailouts [J]. American Economic Review, 2004, 94(3): 455-483.

[128] Gorton G, Metrick A. Regulating the Shadow Banking System [J]. Brookings Papers on Economic Activity, 2010(2): 261-297.

[129] Gorton G. Banking Panics and Business Cycles [J]. Oxford Economic Papers, 1988, 40(4): 751-781.

[130] Goyenko R Y, Ukhov A D. Stock and Bond Market Liquidity: A Long-Run Empirical Analysis [J]. Journal of Financial and Quantitative Analysis, 2009, 44(1): 189-212.

[131] Grisse C. The Zero Lower Bound and Movements in The Term Structure of Interest Rates [J]. Economics Letters, 2015(131): 66-69.

[132] Gross D, Mayer T. How to Deal with Sovereign Default in Europe: Towards a Euro(pean) Monetary Fund [J]. CEPS Policy Brief, 2010(202): 35, 42.

[133] Hannoun H. Ultra-low or Negative Interest Rates: What They Mean for Financial Stability and Growth [EB/OL]. Speech at the Eurofi High-Level Seminar, Riga, http://www.raymondjames.com / paxpartnersrja/pdfs/ultra-low-or-negative-interest-rates, 2015.

[134] Harding D, Pagan A. Dissecting the Cycle: A Methodological Investigation [J]. Journal of Monetary Economics, 2002, 49(2): 365-381.

[135] Hart O, Moore J. A Theory of Debt Based on the Inalienability of Human Capital [J]. Quarterly Journal of Economics, 1994, 109(4): 841-879.

[136] Hau H, Lai S, Asset Allocation and Monetary Policy: Evidence From the Eurozone [J]. Journal of Financial Economics, 2016: 51-58.

[137] Hau H, Lai S. Asset Allocation and Monetary Policy: Evidence from the Eurozone [J]. Journal of Financial Economics, 2016, 120(2): 309-329.

[138] Helge B, Harjes T. Does Global Liquidity Matter for Monetary Policy in the Euro Area? [J]. International Finance, 2009, 12(1): 33-55.

[139] Herring R J, Vankudre P. Growth Opportunities and Risk-Taking by Financial Intermediaries [J]. The Journal of Finance, 1987, 42(3): 583-599.

[140] Herring R, Vankudre P. Growth Opportunities and Risk – taking by Financial Intermediaries[J]. Journal of Finance, 1987(42): 583-600.

[141] Hirose Y, Inoue A. The Zero Lower Bound and Parameter Bias in an Estimated DSGE Model[J]. Journal of Applied Econometrics, 2016, 31(4): 630-651.

[142] Hirose Y, Inoue A. The Zero Lower Bound and Parameter Bias in an Estimated DSGE Model[J]. Journal of Applied Econometrics, 2016: 12-20.

[143] Hoggarth G, Saporta V. Costs of Banking System Instability: Some Empirical Evidence[J]. Financial Stability Review Bank of England, 2001.

[144] Holmström B, Tirole J. Financial Intermediation, Loanable Funds, and the Real Sector[J]. Quarterly Journal of Economics, 1997, 112(3): 663-691.

[145] Holmström B, Tirole J. LAPM: A Liquidity-Based Asset Pricing Model[J]. The Journal of Finance, 2001, 56(5): 1837-1867.

[146] Holtz-Eakin D, Newey W, Rosen H S. Estimating Vector Autoregressions with Panel Data[J]. Econometrica: Journal of the Econometric Society, 1988, 56(6): 1371-1395.

[147] Honda Y, Inoue H. The Effectiveness of The Negative Interest Rate Policy in Japan: An Early Assessment[J]. Journal of the Japanese and International Economies, 2019.

[148] Houweling P, Mentink A, Vorst T. How to Measure Corporate Bond Liquidity? [J]. Journal of Banking and Finance, 2003.

[149] Hsieh T Y, Chuang S S, Lin C C. Impact of Tick-Size Reduction on the Market Liquidity—Evidence from the Emerging Order-Driven Market[J]. Review of Pacific Basin Financial Markets and Policies, 2008, 11(4): 591-616.

[150] Humphrey T M, Keleher R E. The Lender of Last Resort: A Historical Perspective[J]. Cato J, 1984(4): 275.

[151] Illing G. Financial Stability and Monetary Policy a Frame – work [J]. CESifo Working Paper Series, 2007(1971).

[152] Ioannidou V P, Ongena S, Peydro-Alcalde J L. Monetary Policy and Subprime Lending: A Tall Tale of Low Federal Funds Rates, Hazardous Loans, and Reduced Loan Spreads[J]. CEPR Discussion Paper, 2007.

[153] Jarrow R, Subramanian A. Mopping up Liquidity[J]. Risk, 1997(10): 170-173.

[154] Jermann U, Quadrini V. Erratum: Macroeconomic Effects of Financial Shocks[J]. American Economic Review, 2012, 102(2): 1186-1186.

[155] Kalecki M. Selected Essays on the Dynamics of the Capitalist Economy 1933-1970[M]. UK: Cambridge University Press, 1971.

[156] Kalecki M. Theory of Economic Dynamics: An Essay on Cyclical and Long-Run Changes in Capitalist Economy[M]. London: George Allen and Unwin, 1954.

[157] Kashyap A, Rajan R G, Stein J. Banks as Liquidity Providers: An Explanation for the Co-existence of Lending and Deposit-taking[J]. Journal of Finance, 2002, 57(1): 33-73.

[158] Kaufman G. Lender of Last Resort: A Contemporary Perspective[J]. Journal of Financial Services Research, 1991(89): 473-500.

[159] Keynes J M. A Treatise on Money: In Two Volumes[M]. London: Macmillan & Company, 1930.

[160] Kindleberger C. Manias, Panics, and Crashes: A History of Financial Crises[M]. New York: Basic Books, 1978.

[161] Kiyataki N, Moore J. Credit Cycles[J]. Journal of Political Economy, 1997, 105(2): 211-248.

[162] Kiyotaki N, Moore J. Liquidity, Business Cycles, and Monetary Policy[J]. Journal of Political Economy, 2019, 127(6): 2926-2966.

[163] Korinek A, Simsek A. Liquidity Trap and Excessive Leverage[R]. NBER Working Papers, 2014(19970).

[164] Kouretas G P, Vlamis P. The Greek Crisis: Causes and Implications[J]. Panoeconomicus, 2010, 57(4): 391-404.

[165] Lavoie M, Rodriguez G, Seccareccia M. Similitudes and Discrepancies in Post Keynesian and Marxist Theories of Investment: A Theoretical and Empirical Investigation[J]. International Review of Applied Economics, 2004, 18(2): 127-149.

[166] Le Heron E. A Debate with Wynne Godley on the Neutrality of Fiscal Policy[J]. Hampshire: Palgrave Macmillan, 2012: 266-299.

[167] Lebaron B. Agent-based Computational Finance[J]. Handbook of Computational Economics, 2006, 2(24): 1187-1233.

[168] Lee J, Ryu D, Kutan A M. Monetary Policy Announcements, Communication, and Stock Market Liquidity[J]. Australian Economic Papers, 2016, 55(3):

227-250.

[169] Liu S. Investor Sentiment and Stock Market Liquidity [J]. Journal of Behavioral Finance, 2015, 16(1): 51-67.

[170] Liu W. A Liquidity-augmented Capital Asset Pricing Model[J]. Journal of Financial Economics, 2006, 82(3): 631-671.

[171] Longstaff F A. Optimal Portfolio Choice and the Valuation of Illiquid Securities[J]. Review of Financial Studies, 2001, 14(2): 407-31.

[172] Love I, Ziccino L. Financial Development and Dynamic Investment Behavior: Evidence from Panel VAR[J]. The Quarterly Review of Economics and Finance, 2006, 46(2): 190-210.

[173] Maggiori M, Neiman B, Schreger J. The Rise of the Dollar and Fall of the Euro as International Currencies[J]. AEA Papers and Proceedings, 2019, 109: 521-526.

[174] Maria N. Securitisation, Wage Stagnation and Financial Fragility: A Stock-Flow Consistent Perspective[J]. Greenwich Papers in Political Economy, 2015(27): 1-26.

[175] Mckinnon R I. Money and Capital in Economic Development [M]. Washington DC: The Brookings Institution, 1973.

[176] McKinnon R I. The Rules of the Game: International Money in Historical Perspective[J]. Journal of Economic Literature, 1993, 31(1): 1-44.

[177] Mersch Y. Behaving Responsibly in a Low Interest Rate Environment: A Central Banker's Perspective[EB/OL]. http://www. ecb. Europa. eu/press/key/date/2017/html/sp170210. en. html, 2017.

[178] Merton R. Functional Perspective of Financial Intermediation [J]. Financial Management, 1995(2): 23-41.

[179] Miller M, Stiglitz J. Leverage and Asset Bubbles: Averting Armageddon with Chapter 11? [J]. The Economic Journal, 2010, 120(544): 500-518.

[180] Minsky H P. Stabilizing an Unstable Economy [M]. New Haven and London: Yale University Press, 1986.

[181] Minsky H P. The Financial Instability Hypothesis[J]. Levy Economics Institute, Economics Working Paper Archive, No. wp. 7, 1992.

[182] Morris S, Shin H. Co-ordination Risk and the Price of Debt[J].

European Economic Review, 2004, 48(1): 133-153.

[183] Neri S, Notarpietro A. The Macroeconomic Effects of Low and Falling Inflation at the Zero Lower Bound[R]. WorkingPaper, Bank of Italy, 2015(1040).

[184] Nyborg K G, Strebulaev I A. Multiple Unit Auctions and Short Squeezes[J]. The Review of Financial Studies, 2004, 17(2): 545-580.

[185] Padoa-Schioppa T. EMU and Banking Supervision [J]. International Finance, 1999, 2(2).

[186] Palley T I. The Fallacy of the Natural Rate of Interest and Zero Lower Bound Economics: Why Negative Interest Rates May not Remedy Keynesian Unemployment[J]. Review of Keynesian Economics, 2019, 7(2): 151-170.

[187] Papadimitriou D B, Nikiforos M, Zezza G, et al. Is Rising Inequality a Hindranceyo the US Economic Recovery? [R]. Levy Economics Institute of Bard College Strategic Analysis, 2014.

[188] Pastor L, Stambaugh R F. Liquidity Risk and Expected Stock Returns[J]. Journal of Political Economy, University of Chicago Press, 2003, 111(3): 642-685.

[189] Paul De Grauwe. Crisis in the Eurozone and How to Deal with It[J]. CEPS Policy Brief, 2010(204).

[190] Pennacchi G. Deposit Insurance, Bank Regulation and Financial System Risk[J]. Journal of Monetary Economics 2006, 53(1): 1-30.

[191] Peranginangin Y, Ali A Z, Brockman P, et al. The Impact of Foreign Trades on Emerging Market Liquidity[J]. Pacific-Basin Finance Journal, 2016, 40(4): 1-16.

[192] Pozsar Z, Adrian T, Ashcraft A B, et al. Shadow Banking[J]. Ssrn Electronic Journal, 2010, 105(458): 447-457.

[193] Praet P. The ECB's Monetary Policy: Past and Present[J]. Speech at the Febelfin, 2017.

[194] Rauch J E. The Missing Links: Formation and Decay of Economic Networks[M]. New York: Russell Sage Foundation, 2007.

[195] Repullo R. Liquidity, Risk Taking, and the Lender of Last Resort[J]. International Journal of Central Banking, 2005(2): 47-80.

[196] Risk M S, Soundness R F. Global Financial Stability Report[J]. International Monetary Fund, 2008.

[197] Robinson J. The Accumulation of Capital[M]. London: Macmillan, 1956.

[198] Rochet J C, Tirole J. Interbank Lending and Systemic Risk[J]. Journal of Money, Credit and Banking, 1996, 28(4): 733-762.

[199] Rochet J C, Vives X. Coordination Failures and the Lender of Last Resort: Was Bagehot Right after All? [J]. Journal of the European Economic Association, 2004, 2(6): 1116-1147.

[200] Rochet J C. Liquidity Regulation and the Lender of Last Resort[J]. Financial Stability Review, Banque de France, 2008.

[201] Rochon L P. The State of Post Keynesian Interest Rate Policy: Where Are We and Where Are We Going? [J]. Journal of Post Keynesian Economics, 2007, 30(1): 3-11.

[202] Ryoo S, Skott P. Public Debt and Full Employment in a Stock-Flow Consistent Model of a Corporate Economy[J]. Journal of Post Keynesian Economics, 2013, 35(4): 511-528.

[203] Salle I, Seppecher P. Stabilizing an Unstable Complex Economy on the Limitations of Simple Rules[J]. Journal of Economic Dynamics and Control, 2018 (91): 289-317.

[204] Sauer S. Liquidity Risk and Monetary Policy[R]. Department of Economics, University of Munich, No. 27, Discussion paper, 2007.

[205] Saunders A, Smirlock M. Intra-and Interindustry Effects of Bank Securities Market Activities: The Case of Discount Brokerage[J]. Journal of Financial and Quantitative Analysis, 1987, 22(4): 467-482.

[206] Saunders A. The Interbank Market, Contagion Effects and International Financial Crises[M]. New York: Cambridge University Press, 1987, 196-232.

[207] Schmeidler L. Instability, Liquidity and World Money: Perspectives on the US Dollar[J]. Lap Lambert Academic Publishing, 2008.

[208] Schnabl G, Hoffmann A. Monetary Policy, Vagabonding Liquidity and Bursting Bubbles in New and Emerging Markets an Over-investment View[R]. MPRA Paper, No. 5201, 2007.

[209] Schueler Y S, Hiebert P, Peltonen T A. Characterising the Financial Cycle: A Multivariate and Time-varying Approach[J]. ECB Working Paper, 2015 (1864).

[210]Schularick M, Taylor A M. Credit Booms Gone Bust: Monetary Policy, Leverage Cycles and Financial Crises, 1870-2008[J]. American Economic Review, 2009, 102(2): 1029-1061.

[211]Schwartz A J. The Misuse of the Fed's Discount Window[J]. Federal Reserve Bank of St. Louis Review September/October, 1992, 74(5): 58-69.

[212]Seppecher P. Flexibility of Wages and Macroeconomic Instability in an Agent-Based Computational Model with Endogenous Money[J]. Macroeconomic Dynamics, 2012, 16(2): 284-297.

[213]Sheng A. Financial Crisis and Global Governance: A Network Analysis[J]. Globalization and Growth Implications for a Post-Crisis World, 2010: 69-93.

[214]Shleifer A, Vishny R W. The Limits of Arbitrage[J]. Journal of Finance, 1997(52): 35-55.

[215]Spantig K. International Monetary Policy Spillovers: Can the RMB and the Euro Challenge the Hegemony of the US Dollar? [J]. Asia Europe Journal, 2015, 13(4): 459-478.

[216]Spiegel F V D. Will the Role of the Dollar as the International Reserve Currency be Challenged? [J]. International Economics & Economic Policy, 2005, 1(4): 293-304.

[217]Stahel C W. Is There a Global Liquidity Factor? [J]. SSRN Electronic Journal, 2005.

[218]Steindl J. Maturity and Stagnation in American Capitalism[M]. Oxford: Basil Blackwell, 1952.

[219]Strahan P. Liquidity Production in the 21st Century[R]. NBER Working Paper, No. 13798, 2008.

[220]Stroukal D, Boena Kadeábková. Negative Interest Rates and Housing Bubbles[J]. Stavební obzor-Civil Engineering Journal, 2016, 25(4).

[221]Takatoshi I, Andrew K R. Moneary Policy with Very Low Inflation in the Pacific Rim[M]. Chicago: The University of Chicago Press, 2006.

[222]Taylor L. Income Distribution, Inflation and Growth: Lectures on Structuralist Macroeconomic Theory[M]. Massachusetts: MIT Press, 1991.

[223]Terrones M M, Claessens M S, Kose M A. Financial Cycles: What? How? When? [M]. NBER International Seminar on Macroeconomics, 2011.

[224] Thorbecke W. On Stock Market Returns and Monetary Policy[J]. Journal of Finance, 1997(52): 635-654.

[225] Thornton D L. Identifying the Liquidity Effect at the Daily Frequencys[J]. Review-Federal Reserve Bank of Saint Louis, 2001, 83(4): 59-78.

[226] Thornton H. An Enquiry into the Nature and Effects of the Paper Credit of Great Britain[C]//Financial Crises, Contagion, and the Lender of Last Resort: A Reader. Oxford University Press, 2002.

[227] Tirole J. Liquidity Shortages: Theoretical Underpinningsy[J]. Banque de France Financial Stability Review, 2008.

[228] Tuluk F. Shadow Banking, Capital Requirements and Monetary Policy[R]. INFER Working Papers, No.5, 2019.

[229] Vermeiren M. International Monetary Power: A Comparative Capitalism Perspective[J]. Power and Imbalances in the Global Monetary System, UK: Palgrave Macmillan, 2014: 20-51.

[230] Yannis D. Debt Cycles, Instability and Fiscal Rules: A Godley-Minsky Model. Cambridge Journal of Economics, 2015, 42(5): 1277-1313.

[231] Yoshino N, Taghizadeh-Hesary F, Miyamoto H. The Effectiveness of Japan's Negative Interest Rate Policy[R]. ADBI Working Paper, 2017.

[232] Zezza G. The U.S. Housing Market: A Stock-Flow Consistent Approach[J]. Ekonomia, 2007, 10(2): 89-111.

[233] Zezza G. U.S. Growth, the Housing Market and the Distribution of Income[J]. Journal of Post Keynesian Economics, 2008, 30(3): 379-405.

[234] 艾伦·加特. 管制、放松与重新管制[M]. 北京: 经济科学出版社, 1998, 33-5.

[235] 奥村洋彦. 日本"泡沫经济"与金融改革[M]. 北京: 中国金融出版社, 2000.

[236] 巴曙松, 邵杨楠, 廖慧. 名义负利率及其影响[J]. 中国金融, 2016(10): 58-60.

[237] 巴曙松, 曾智, 王昌耀. 非传统货币政策的理论、效果及启示[J]. 国际经济评论, 2018(2): 146-161.

[238] 巴曙松. 应从金融结构演进角度客观评估影子银行[J]. 经济纵横, 2013(4): 27-30.

[239]本·伯南克．通货膨胀目标制[M]．大连：东北财经大学出版社，2006．

[240]曹勇．国际铸币锐的分配、计算与启示[J]．华南金融研究，2002(5)：9-12．

[241]陈斌开，林毅夫．金融抑制、产业结构与收入分配[J]．世界经济，2012，35(1)：3-23．

[242]陈达飞，邵宇，杨小海．再平衡：去杠杆与稳增长：基于存量流量一致模型的分析[J]．财经研究，2018，44(10)：4-23．

[243]陈放．互联网金融的顺周期性风险和逆周期监管研究[J]．经济体制改革，2017(4)：123-129．

[244]陈建奇．破解"特里芬"难题：主权信用货币充当国际储备的稳定性[J]．经济研究，2012，47(4)：113-123．

[245]陈浪南，洪英群，陈捷思．名义负利率背景下货币政策有效性的时变研究：基于欧元区的证据[J]．保险研究，2018(8)：111-127．

[246]陈亮．金融不稳定性假说的模型化新进展[J]．山西财政税务专科学校学报，2010，12(3)：22-25．

[247]陈瑞华，李宝伟，张云．数字货币的本质与职能：基于马克思主义政治经济学范式的分析[J]．新疆师范大学学报(哲学社会科学版)，2023，44(3)：116-126．

[248]陈志武．互联网金融到底有多新[J]．新金融，2014(4)：9-13．

[249]储小俊，刘思峰．货币政策、市场状态对中国股市微观流动性影响的实证分析[J]．数理统计与管理，2008(3)：549-556．

[250]戴金平，朱鸿．金融周期如何影响经济周期波动？[J]．南开学报(哲学社会科学版)，2018(5)：142-151．

[251]邓创，徐曼．中国的金融周期波动及其宏观经济效应的时变特征研究[J]．数量经济技术经济研究，2014，31(9)：75-91．

[252]杜莹．欧洲中央银行负利率政策对中国经济的溢出效应研究[D]．北京：北京交通大学，2019．

[253]范小云，袁梦怡，肖立晟．理解中国的金融周期：理论、测算与分析[J]．国际金融研究，2017(1)：28-38．

[254]范志勇，冯俊新，刘铭哲．负利率政策的传导渠道和有效性研究[J]．经济理论与经济管理，2017(2)：13-22．

［255］范志勇．基于后凯恩斯主义视角的负利率政策传导渠道及有效性分析［J］．中国人民大学学报，2017，31（2）：82-89.

［256］方舟，倪玉娟，庄金良．货币政策冲击对股票市场流动性的影响——基于 Markov 区制转换 VAR 模型的实证研究［J］．金融研究，2011（7）：43-56.

［257］符瑞武．全球发达经济体负利率政策实验：操作机制、传导效果与政策启示［J］．郑州大学学报（哲学社会科学版），2017，50（6）：73-78，156.

［258］高霞．当代普惠金融理论及中国相关对策研究［D］．沈阳：辽宁大学，2016.

［259］高毅．中国利率走廊的构建研究［D］．沈阳：辽宁大学，2018.

［260］格·R.克里普纳，丁为民，常盛，等．美国经济的金融化（上）［J］．国外理论动态，2008（6）：7-15.

［261］耿中元，王曦．货币政策对股票市场流动性影响的实证检验［J］．统计与决策，2016（21）：146-149.

［262］宫崎义一．泡沫经济的经济对策［M］．北京：中国人民大学出版社，2000：1-33.

［263］宫晓林．互联网金融模式及对传统银行业的影响［J］．南方金融，2013（5）：86-88.

［264］管涛．负利率能够治通缩吗？［J］．金融论坛，2016，21（8）：7-10，50.

［265］郭殿生，吴丽杰．西方内生货币供给理论及其对我国货币政策的解释意义［J］．税务与经济，2015（1）：8-12.

［266］郭嘉，毛翀．美元的国际铸币税问题研究［J］．贵州财经大学学报，2004（5）：76-80.

［267］郭杨．名义负利率政策是否实现了通胀和汇率调控目标？——基于五个经济体的实证分析［J］．南方金融，2016（10）：29-37.

［268］海曼·P.明斯基．稳定不稳定的经济：一种金融不稳定视角［M］．北京：清华大学出版社，2010.

［269］韩文秀．国际货币、国际语言与国家实力［J］．管理世界，2011（6）：1-10.

［270］韩亚欣，吴非，李志漫．互联网金融：理论解构与中国实践［J］．金融经济学研究，2016，31（2）：97-105.

［271］何干强．货币流回规律和社会再生产的实现：马克思社会总资本的再

生产和流通理论再研究[J].中国社会科学，2017(11)：27-52，204-205.

[272]何五星.互联网金融模式与实战[M].广东：广东人民出版社，2015.

[273]霍兵，张延良.互联网金融发展的驱动因素和策略：基于长尾理论视角[J].宏观经济研究，2015(2)：86-93，108.

[274]吉川元忠.金融战败[M].北京：中国青年出版社，2000.

[275]姜波，冯华.互联网金融：本质、模式、风险与监管[J].人民论坛·学术前沿，2017(20)：78-81.

[276]姜建清.流动性黑洞[M].北京：中国金融出版社，2008.

[277]姜立文，胡玥.比特币对传统货币理念的挑战[J].南方金融，2013(10)：31-35，92.

[278]蒋彧，周安琪.P2P网络借贷中存在地域歧视吗？——来自"人人贷"的经验数据[J].中央财经报，2016(9)：29-39.

[279]焦瑾璞，孙天琦，黄亭亭，等.数字货币与普惠金融发展：理论框架、国际实践与监管体系[J].金融监管研究，2015(7)：19-35.

[280]金春雨，张浩博.货币政策对股票市场流动性影响时变性的计量检验——基于TVP-VAR模型的实证分析[J].管理评论，2016，28(3)：20-32.

[281]考斯达斯·拉帕维查斯，李安.金融化了的资本主义：危机和金融掠夺[J].政治经济学评论，2009(1)：30-58.

[282]兰德尔·雷，郭金兴.货币的本质：后凯恩斯主义的观点[J].政治经济学评论，2012，3(1)：169-184.

[283]李爱君.互联网金融的本质与监管[J].中国政法大学学报，2016(2)：51-64，159.

[284]李宝伟，丁燕芳，陈瑞华，等.中国金融周期的测算与研究——基于省级动态面板数据的实证分析[J].金融发展评论，2022(1)：1-19，95.

[285]李宝伟，孙尧，张云，等.债务—美元国际货币霸权体系的支柱及优势：基于存量—流量一致模型分析[J].政治经济学评论，2024，15(2)：170-194.

[286]李宝伟，张云.国际金融危机再认识[M].天津：南开大学出版社，2015.

[287]李宝伟，张云.货币与金融经济学：基础理论[M].天津：南开大学出版社，2021.

[288]李宝伟，张云．现代金融危机的演进与政府干预深化[J]．经济学家，2009(7)：50-56．

[289]李宝伟．不均衡货币金融体系前提的全球资本流动、价格波动及应对策略[J]．改革，2008(3)：98-102．

[290]李宝伟．经济虚拟化与政府对金融市场的干预[M]．天津：南开大学出版社，2005．

[291]李宝伟．美国的金融自由化与经济虚拟化[J]．开放导报，2010(1)：44-48．

[292]李斌．国际货币的铸币税收益[J]．社会科学家，2005(5)：66-70．

[293]李炳，赵阳．互联网金融对宏观经济的影响[J]．财经科学，2014(8)：21-28．

[294]李波，伍戈．影子银行的信用创造功能及其对货币政策的挑战[J]．金融研究，2011(12)：77-84．

[295]李翀．超主权国际货币的构建[M]．北京：北京师范大学出版社，2014．

[296]李丛文，闫世军．我国影子银行对商业银行的风险溢出效应——基于 GARCH-时变 Copula-CoVaR 模型的分析[J]．国际金融研究，2015(10)：64-75．

[297]李黎力．"大衰退"以来明斯基思潮之动向：一个批判性评述[J]．经济评论，2014(1)：151-160．

[298]李向前，诸葛瑞英，黄盼盼．影子银行系统对我国货币政策和金融稳定的影响[J]．经济学动态，2013(5)：81-87．

[299]李扬．影子银行体系发展与金融创新[J]．中国金融，2011(12)：31-32．

[300]理查德·波斯纳．资本主义的失败[M]．北京：北京大学出版社，2009：21-112．

[301]理查德·邓肯．美元危机成因、后果与对策[M]．大连：东北财经大学出版社，2007．

[302]刘骏民．虚拟经济的经济学[J]．开放导报，2008(6)：5-11．

[303]刘伟，李绍荣．所有制变化与经济增长和要素效率提升[J]．经济研究，2001(1)：3-9，93．

[304]刘英，罗明雄．互联网金融模式及风险监管思考[J]．中国市场，2013(43)：29-36．

［305］刘勇．从长尾理论视角透视互联网金融［J］．财会月刊，2016（11）：99-102.

［306］柳欣，吕元祥，赵雷．宏观经济学的存量流量一致模型研究述评［J］．经济学动态，2013（12）：15-23.

［307］柳欣．剑桥资本争论之谜：实物还是货币、技术关系还是社会关系［J］．学术月刊，2012，44（10）：62-71.

［308］陆岷峰．互联网金融趋势下商业银行的变革策略［J］．金融市场研究，2014（12）：114-123.

［309］罗伯特·希勒．非理性繁荣（第三版）［M］．北京：中国人民大学出版社，2016.

［310］马国旺．后凯恩斯信用货币理论述评［J］．当代经济研究，2006（2）：21-26.

［311］马克思．资本论［M］．北京：人民出版社，1975.

［312］马理，黎妮．零利率与负利率的货币政策传导研究［J］．世界经济研究，2017（11）：3-16+135.

［313］马理，李书灏，文程浩．负利率真的有效吗？——基于欧洲央行与欧元区国家的实证检验［J］．国际金融研究，2018（3）：35-45.

［314］马勇，冯心悦，田拓．金融周期与经济周期：基于中国的实证研究［J］．国际金融研究，2016（10）：3-14.

［315］马勇，张靖岚，陈雨露．金融周期与货币政策［J］．金融研究，2017（3）：33-53.

［316］迈克尔·赫德森，曹浩瀚．从马克思到高盛：虚拟资本的幻想和产业的金融化（上）［J］．国外理论动态，2010（9）：1-9+71.

［317］麦金农．麦金农文集［M］．北京：中国金融出版社，2006.

［318］毛泽盛，万亚兰．中国影子银行与银行体系稳定性阈值效应研究［J］．国际金融研究，2012（11）：65-73.

［319］莫滕·本奇，艾泰克·马尔霍佐夫，吴婕．中央银行如何实施政策负利率［J］．国际金融，2016（5）：28-36.

［320］倪娜，王布衣．网络虚拟币的现实归属［J］．武汉金融，2007（7）：35-36.

［321］潘吟斐．美国的货币政策对中国经济的溢出效应研究［J］．时代金融，2013（35）：10-12.

[322]彭欢,邱冬阳.新结构经济学框架下金融结构与经济增长关系研究[M].北京:经济科学出版社,2014.

[323]彭小林.货币政策对股票市场流动性的影响研究[J].统计与决策,2012(16):168-171.

[324]彭兴韵.流动性、流动性过剩与货币政策[J].经济研究,2007(11):58-70.

[325]邱冬阳,肖瑶.互联网金融本质的理性思考[J].新金融,2014(3):19-22.

[326]裘翔,周强龙.影子银行与货币政策传导[J].经济研究,2014,49(5):91-105.

[327]沈悦,谢坤锋.影子银行发展与中国的经济增长[J].金融论坛,2013,18(3):9-14+36.

[328]宋艳伟.负利率时代展望以及对商业银行的影响分析[J].海南金融,2016(10):4-11.

[329]孙彬,杨朝军,于静.融资流动性与市场流动性[J].管理科学,2010,23(1):81-87.

[330]孙国峰,蔡春春.货币市场利率、流动性供求与中央银行流动性管理——对货币市场利率波动的新分析框架[J].经济研究,2014,49(12):33-44+59.

[331]孙国峰,何晓贝.存款利率零下限与负利率传导机制[J].清华金融评论,2018(4):99-100.

[332]孙剑.我国互联网金融发展的长尾理论解释[J].金融经济,2017(10):96-98.

[333]孙明春.从网络经济学视角看互联网金融[J].新金融评论,2014(3):140-158.

[334]谭小芬,李昆.负利率的理论基础、实施效果与中国对策[J].国际金融,2017(5):37-42.

[335]陶君道.国际金融中心与世界经济[M].北京:中国金融出版社,2010.

[336]陶娅娜.互联网金融发展研究[J].金融发展评论,2013(11):58-73.

[337]王淖力,李建军.中国影子银行的规模、风险评估与监管对策[J].中央财经大学学报,2013(5):20-25.

［338］王东风，张荔．东亚金融危机与美国次贷危机发生机理比较：基于明斯基理论的分析［J］．国外社会科学，2010（4）：136-143.

［339］王娜．本质和影响：互联网金融的政治经济学分析［J］．经济导刊，2016（11）：54-59.

［340］王念，王海军，赵立昌．互联网金融的概念、基础与模式之辨：基于中国的实践［J］．南方金融，2014（4）：4-11.

［341］王书朦．时变参数视角下美国对中国货币政策外溢效应［J］．财经问题研究，2016（6）：60-65.

［342］王曙光，张春霞．互联网金融发展的中国模式与金融创新［J］．长白学刊，2014（1）：80-87.

［343］王振，曾辉．影子银行对货币政策影响的理论与实证分析［J］．国际金融研究，2014（12）：58-67.

［344］吴晓光．浅谈网络融资业务在我国的发展与监管［J］．浙江金融，2011（6）：29-32.

［345］吴晓求．互联网金融：成长的逻辑［J］．财贸经济，2015（2）：5-15.

［346］吴秀波．海外负利率政策实施的效果及借鉴［J］．价格理论与实践，2016（3）：17-23.

［347］希法亭．金融资本［M］．北京：商务印书馆，1999，23-45.

［348］向松祚．不要玩弄汇率［M］．北京：北京大学出版社，2006.

［349］向松祚．量化宽松货币政策：根源、机制和效果［J］．中国金融，2012（20）：16-18.

［350］谢平，陈超．论主权财富基金的理论逻辑［J］．经济研究，2009（2）：4-17.

［351］谢平，邹传伟，刘海二．互联网金融的基础理论［J］．金融研究，2015（8）：1-12.

［352］谢平，邹传伟．互联网金融模式研究［J］．金融研究，2012（12）：11-22.

［353］谢平．互联网金融的现实与未来［J］．新金融，2014（4）：4-8.

［354］熊启跃，曾智，王书朦．"负利率"政策的理论基础、传导机制和宏观经济效果［J］．金融监管研究，2017（10）：25-39.

［355］徐涛．全球负利率政策的成因、影响与建议［J］．银行家，2021（2）：52-53+6.

［356］徐滢，周恩源．影子银行体系金融不稳定性扩大机制与美联储货币

政策应对研究[J]．上海金融，2011(7)：95-99．

[357]徐则荣，张一飞．马克思与明斯基经济危机理论比较研究[J]．经济纵横，2014(8)：36-42．

[358]颜伟荣，郝博策，李涓．初探中国网络金融风险监管模式的构建[J]．经济研究导刊，2013(6)：69-70．

[359]杨光，李力，郝大鹏．零利率下限、货币政策与金融稳定[J]．财经研究，2017，43(1)：41-50．

[360]杨源源，于津平，高洁超．零利率下限约束、宏观经济波动与混合型货币政策框架[J]．财贸经济，2020，41(1)：21-35．

[361]杨云龙，何文虎．基于文献综述的互联网金融发展研究[J]．吉林金融研究，2014(8)：16-24．

[362]姚登宝，刘晓星，石广平．金融系统中多维度流动性的集成测度构建——基于MVGARCH-熵模型的研究[J]．金融经济学研究，2016，31(2)：14-25．

[363]伊楠，张斌．度量中国的金融周期[J]．国际金融研究，2016(6)：13-23．

[364]易宪容，王国刚．美国次贷危机的流动性传导机制的金融分析[J]．金融研究，2010(5)：41-57．

[365]殷书炉．负利率政策传导机制与影响[J]．中国金融，2019(22)：88-90．

[366]应晓妮．美国三轮超低利率政策五种传导机制有效性研究[J]．西南金融，2021(5)：3-16．

[367]袁辉，谢戈扬．后凯恩斯主义对负利率政策及其影响的批判[J]．教学与研究，2021(4)：80-91．

[368]约瑟夫·斯蒂格利茨，布鲁斯·格林沃尔德．通往货币经济学的新范式[M]．北京：中信出版社，2005．

[369]曾智，何雅婷，曹国华．负利率、银行风险承担与风险异质性研究：基于欧洲银行业的实证分析[J]．商业研究，2017(7)：44-51．

[370]张定胜，成文利．"嚣张的特权"之理论阐述[J]．经济研究，2011，46(9)：133-146．

[371]张凤林．后凯恩斯经济学新进展跟踪评析[M]．北京：商务印书馆，2013．

[372]张红伟，陈禹．我国互联网金融支持实体经济发展研究[J]．天府新

论，2017(3)：116-123.

[373]张慧莲.负利率能否帮助全球经济走出困境？[J].金融与经济，2016(4)：35-39+30.

[374]张明.超低利率的理论与实践[J].经济导刊，2020(10)：54-63.

[375]张明.流动性过剩的测量、根源和风险涵义[J].世界经济，2007(11)：44-55.

[376]张铭洪，张丽芳.网络金融学[M].北京：科学出版社，2010.

[377]张小宇，于依洋.美国量化宽松与常规货币政策对中国实体经济溢出效应的实证检验[J].经济与管理研究，2017(1)：25-36.

[378]张亦春，彭江.影子银行对商业银行稳健性和经济增长的影响——基于面板 VAR 模型的动态分析[J].投资研究，2014，33(5)：22-23.

[379]张云，李宝伟，苗春，等.后凯恩斯存量流量一致模型：原理与方法——兼与动态随机一般均衡模型的比较研究[J].政治经济学评论，2018，9(1)：154-179.

[380]张云，刘骏民.关于马克思货币金融理论的探析[J].南京社会科学，2008(7)：1-7.

[381]张云，刘骏民.经济虚拟化与金融危机、美元危机[J].世界经济研究，2009(3)：33-37，88.

[382]张忠军.金融业务融合与监管制度创新[M].北京：北京大学出版社，2007：12-43.

[383]赵峰，马慎萧，冯志轩.金融化与资本主义危机：后凯恩斯主义金融化理论述评[J].当代经济研究，2013(1)：46-51.

[384]赵洁华.虚拟货币对现实的挑战[J].浙江金融，2007(8)：21-22.

[385]郑联盛.中国互联网金融：模式、影响、本质与风险[J].国际经济评论，2014(5)：103-118+6.

[386]中国社会科学院"国际金融危机与经济学理论反思"课题组，李向阳.国际金融危机与国际贸易、国际金融秩序的发展方向[J].经济研究，2009，44(11)：47-54.

[387]中国社会科学院"国际金融危机与经济学理论反思"课题组，刘迎秋.国际金融危机与新自由主义的理论反思[J].经济研究，2009，44(11)：12-21.

[388]中国社会科学院经济所"中国经济增长与宏观稳定课题组"，张晓晶，汤铎铎，等.全球失衡、金融危机与中国经济的复苏[J].经济研究，2009，44(5)：

4-20.

[389]周斌,朱桂宾,毛德勇,等.互联网金融真的能够影响经济增长吗?[J].经济与管理研究,2017,38(9):45-53.

[390]周耿,范从来.互联网金融产品的复杂度、佣金水平与市场的羊群效应[J].当代财经,2016(3):43-53.

[391]周莉萍.全球负利率政策:操作逻辑与实际影响[J].经济学动态,2017(6):132-134.

[392]周治富.互联网金融的内生成长、基本模式及对商业银行的影响[J].南方金融,2017(6):17-26.

[393]朱民.改变未来的金融危机[M].北京:中国金融出版社,2009,21-37.

[394]朱太辉,黄海晶.中国金融周期:指标、方法和实证[J].金融研究,2018(12):55-71.

[395]朱月.全球经济失衡与全球金融危机[J].管理世界,2009(12):172-173.

[396]庄雷,周勤.身份歧视:互联网金融创新效率研究:基于P2P网络借贷[J].经济管理,2015(4):136-147.

附录　各省区市金融周期与经济周期的
CF 带通滤波图

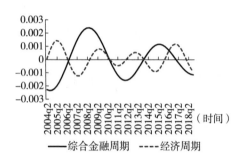

—— 综合金融周期　---- 经济周期

附图 1　安徽省金融周期与经济周期的
CF 带通滤波图

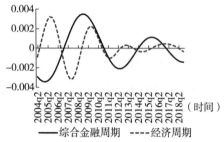

—— 综合金融周期　---- 经济周期

附图 2　北京市金融周期与经济周期的
CF 带通滤波图

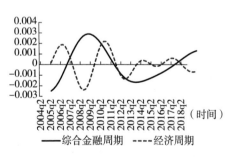

—— 综合金融周期　---- 经济周期

附图 3　重庆市金融周期与经济周期的
CF 带通滤波图

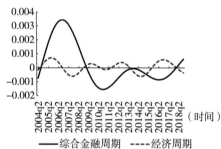

—— 综合金融周期　---- 经济周期

附图 4　福建省金融周期与经济周期的
CF 带通滤波图

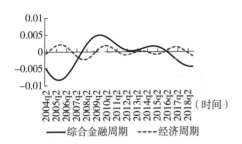

附图 5　甘肃省金融周期与经济周期的
CF 带通滤波图

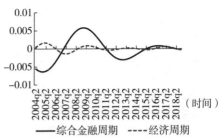

附图 6　广东省金融周期与经济周期的
CF 带通滤波图

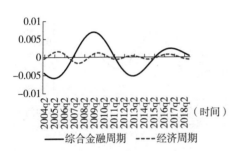

附图 7　广西壮族自治区金融周期与
经济周期的 CF 带通滤波图

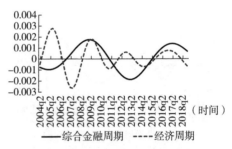

附图 8　贵州省金融周期与经济周期的
CF 带通滤波图

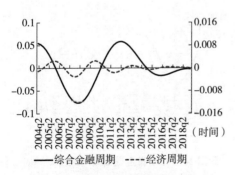

附图 9　海南省金融周期与经济周期的
CF 带通滤波图

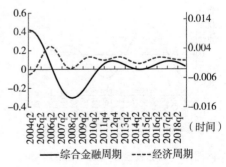

附图 10　河北省金融周期与经济周期的
CF 带通滤波图

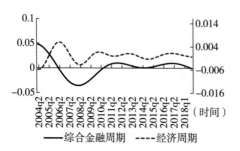

附图 11　黑龙江省金融周期与经济周期的
CF 带通滤波图

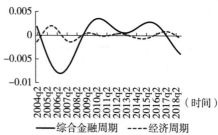

附图 12　河南省金融周期与经济周期的
CF 带通滤波图

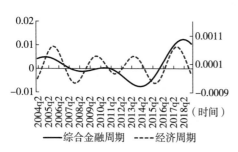

附图 13　湖北省金融周期与经济周期的
CF 带通滤波图

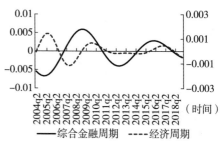

附图 14　湖南省金融周期与经济周期的
CF 带通滤波图

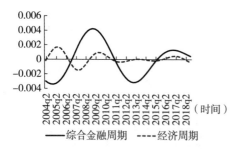

附图 15　江苏省金融周期与经济周期的
CF 带通滤波图

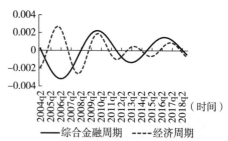

附图 16　江西省金融周期与经济周期的
CF 带通滤波图

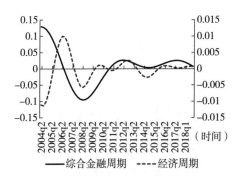

综合金融周期 ---- 经济周期

附图 17 吉林省金融周期与经济周期的
CF 带通滤波图

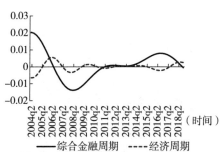

综合金融周期 ---- 经济周期

附图 18 辽宁省金融周期与经济周期的
CF 带通滤波图

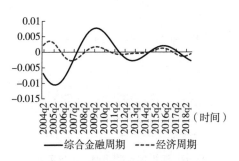

综合金融周期 ---- 经济周期

附图 19 内蒙古自治区金融周期与
经济周期的 CF 带通滤波图

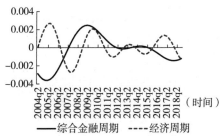

综合金融周期 ---- 经济周期

附图 20 宁夏回族自治区金融周期与
经济周期的 CF 带通滤波图

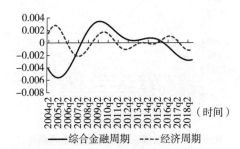

综合金融周期 ---- 经济周期

附图 21 青海省金融周期与经济周期的
CF 带通滤波图

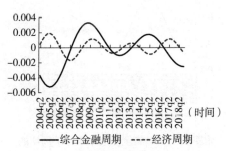

综合金融周期 ---- 经济周期

附图 22 陕西省金融周期与经济周期的
CF 带通滤波图

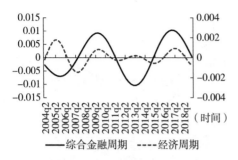

附图 23 山东省金融周期与经济周期的 CF 带通滤波图

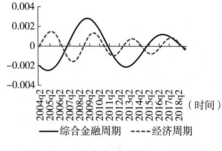

附图 24 上海市金融周期与经济周期的 CF 带通滤波图

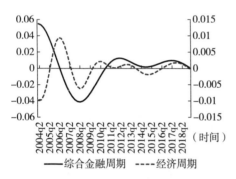

附图 25 山西省金融周期与经济周期的 CF 带通滤波图

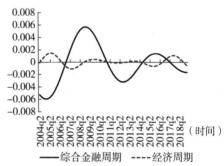

附图 26 四川省金融周期与经济周期的 CF 带通滤波图

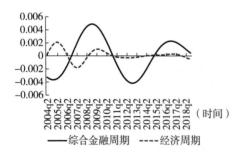

附图 27 天津市金融周期与经济周期的 CF 带通滤波图

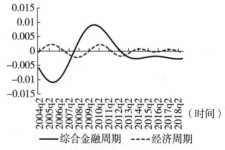

附图 28 新疆维吾尔自治区金融周期与 经济周期的 CF 带通滤波图

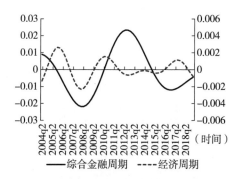

**附图 29　西藏自治区金融周期与
经济周期的 CF 带通滤波图**

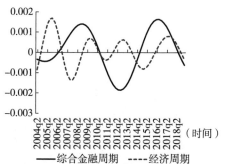

**附图 30　云南省金融周期与经济周期的
CF 带通滤波图**

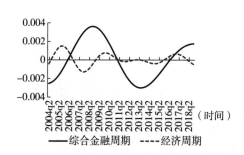

**附图 31　浙江省金融周期与经济周期的
CF 带通滤波图**